中国能源安全分析与预测预警

Energy Informatics, Early Warning and Prediction for China

陈　彬　刘耕源等　著

本书由国家自然科学基金创新研究群体科学基金项目(51121003)、国家科技支撑计划课题(2012BAK30B03)和国家自然科学基金项目(41271543,41101564)共同资助

科学出版社

北京

内 容 简 介

能源安全是一个国家或者区域安全的基础和核心，而对能源系统未来的演化趋势做出预期性评价，提前发现可能出现的问题，是保证国家能源安全的重要举措。本书在深入剖析国家能源安全理论的基础上，立足于中国能源安全现状分析与预测预警模型体系构建，结合我国传统能源与非化石能源发展中存在的核心问题，建立了中国能源预测模型，并从供应链的角度出发，构建了中国能源预警评价指标体系。上述理论方法应用于2015～2050年中国未来能源发展趋势分析，为我国能源安全发展提供实践案例，以期推进能源安全理论与方法的普适性和可操作性。

本书既可作为能源、环境和全球气候变化及其他相关学科的教学、科研和业务参考书，也可供能源、规划和环保部门的工作人员参考。

图书在版编目(CIP)数据

中国能源安全分析与预测预警/陈彬等著. —北京:科学出版社,2014.1
ISBN 978-7-03-039523-8

Ⅰ.①中… Ⅱ.①陈… Ⅲ.①能源-国家安全-研究-中国 Ⅳ.①TK01

中国版本图书馆 CIP 数据核字(2013)第 319639 号

责任编辑:张 震 / 责任校对:宣 慧
责任印制:赵德静 / 封面设计:无极书装

科 学 出 版 社 出版
北京东黄城根北街 16 号
邮政编码: 100717
http://www.sciencep.com

北京凌奇印刷有限责任公司 印刷

科学出版社发行 各地新华书店经销

*

2014 年 1 月第 一 版 开本:720×1000 1/16
2014 年 1 月第一次印刷 印张:13
字数:260 000

POD定价: 150.00元
(如有印装质量问题，我社负责调换)

目　录

第1章 绪论

本章节讨论了本书的研究背景、主要研究内容与目标，并从国内外能源预警研究进展、能源-经济-环境模型研究进展和能源预警指标体系研究进展三个方面进行了文献调研，可以看出当前的能源安全预测预警模型仍存在如下问题：

1）从国内外能源预警研究综述来看，问题主要集中于：①能源综合预测预警模型多停留于理论框架方面，预警模型框架的完整性和实用性尚待完善，距离真正的监测及定期发布预警信息的预测预报系统还相距甚远；②只是利用历史数据进行回溯型安全评价的体系已较完整，而与能源综合预测模型相结合的预警式预报系统尚待突破，预警系统与预测系统的对接需要进一步的研究。

2）从国内外能源-经济-环境模型研究综述来看，目前主要的能源-经济-环境模型迅速发展，但是还存在着不少难关需要攻克。例如，目前混合模型的构建还不成熟，自下而上的技术性思路和自上而下的经济性思路如何在建模过程中协调起来是很大的难题。

3）从国内外能源预警指标体系研究综述来看，从能源安全的影响因素出发建立的能源预警指标体系对能源安全内涵的诠释不同，因此归纳出的能源安全的影响因素也各有差异，使得最后构建的指标体系也不尽相同；引入“压力-状态-响应”（pressure-state-response，PSR）模型框架构建能源安全指标体系，由于指标间具有因果关系，所以该方法可以反映能源安全指标间的相互联系。

预警是对于某一系统未来的演化趋势进行预期性评价，以提前发现特定系统未来运行可能出现的问题及成因，为危机的防范和化解提供依据。关于预警的研究最早起源于经济领域，法国经济学家 Alfred Fourille 通过对经济进行监测，最先提出了监测预警的思想。到20世纪40年代，随着雷达、计算机的出现和战争的需要，雷达预警系统应运而生，并正式提出了预警系统的科学概念，随后预警思想和理论方法迅速渗透到粮食安全、环境安全和水资源安全等研究中（郑通汉，2003；James and Robert，2002；陈国阶，1996；Hutchinson，1991）。

能源预测预警引起各国重视源于20世纪70年代两次世界范围内的石油危机，阿拉伯石油输出国家将石油禁运作为政治武器，致使西方各国经济陷入严重衰退，因此与能源系统相关的监测、预警和分析逐渐成为人们关注的焦点。能源预测预警是指在对能源系统运行机制和演化趋势进行预期性评估的基础上，预报不正常的时空范围及危害程度，最终提出防范措施保证能源安全。由于能源预测预警的最终目的是保证能源安全，随着能源安全内涵的不断演变，对能源预测预警体系的构建也提出了新的要求。能源安全最初的概念以稳定原油供应和价格为核心，因此，能源预测预警主要关注能源供应和能源价格两个维度（IEA，1985）。随后能源安全的内涵不断扩展至技术、公共关系等维度，能源预测预警的研究范畴也随之不断延伸（刘立涛等，2012；Sovacool，2012；Kruyt et al.，2009）。但总的来看，能源预测预警的研究内容主要包括能源安全理论、基于预测模型的能源预测和基于安全评价指标体系的能源预警三部分研究内容，许多国家已将能源预测预警制定为国家安全战略的一个重要内容。然而在多数情况下，现阶段国家能源预测与预警研究脱节，客观预测与主管预警存在接口偏差，缺少科学的系统分析。因此，本书试图从能源安全的理论及其演变出发，综述现有能源预测模型和预警评价体系，通过文献分析方法把握当前能源预测预警的研究动态，旨在为完善我国能源预测预警研究体系提供有益参考。

1.1 能源安全的内涵及预测预警研究的演化分析

1.1.1 从能源预警范围的泛化到能源安全定义的延伸

能源预测预警是对能源系统未来的演化趋势做出预期性评价，提前发现可能出现的问题，为采取防范和化解措施提供依据。其目标是：①正确评价和诊断一国能源系统当前的总体运行状态；②正确预测一国能源安全状态的演变并及时发出预警指示；③采取防范化解措施。由此可见，能源安全是能源预测预警的对象，也是能源预测预警研究的核心内容，所以能源安全的内涵是什么，如何对能源安全的状态进行预测，如何针对未来状态进行预警，是当前能源预测预警研究的重点和难点。

正确地把握能源安全内涵，是建立有效能源预测预警体系的基础。自1974年，国际能源署（International Energy Agency，IEA，1985）率先提出以稳定原油供应和价格为核心的能源安全的概念后，随后不同学者和研究机构分别从不同角度就能源安全的内涵提出见解。传统的能源安全定义主要从能源供应和能源价格两个维度诠释能源安全的内涵。例如，Bohi 和 Toman（1996）认为，“能源安全是能源价格波动或能源供给中断导致的经济福利损失”。而 Dorian 等（2006）将能源安全定义为“以合理的价格保证能源的持续的供应，从而支持工业和经济的正常运转”。此后随着由能源使用引发的关注点不断增多，能源安全所涉及的维度也不断拓宽，特别是 20 世纪 80 年代以来，随着研究者对全球气候变暖和因能源使用引发的大气环境质量恶化等问题的深入研究，能源安全的内涵在保障供给安全的基础上增加了生态环境安全的内容，并由此促成了联合国环境和发展大会的召开、《京都议定书》草案的形成，以及后续的巴厘岛气候谈判和哥本哈根会议等的召开。张雷（2001）将国家能源安全划分为能源供应保障的稳定性和能源使用的安全性两部分。此后，2001 年美国 9·11 恐怖事件和 2005 年美国卡特里娜和飓风丽塔的发生，使能源安全的概念进一步延伸到国家基础设施和供应链安全方面，并推动了美国相关立法（Yergin，2006）。由此可见，能源安全的概念已经以最初的仅考虑供应安全为出发点逐步向着能源安全综合发展观过渡，其在发展的过程中被赋予了越来越多新的内涵（崔民选，2008）。从综合能源安全的角度出发，国家能源领导小组（2008）指出，能源安全既是经济问题，又是社会问题，是关系国计民生、涉及政治、经济、社会和军事的大安全问题。宋杰鲲等（2008）提出，能源安全是指一个国家或地区可以足量、经济、稳定地从国内外获取能源和清洁、高效地使用能源，保障经济社会平稳健康可持续发展的能力。亚太能源研究中心（Asia Pacific Energy Research Centre，APERC，2007）通过总结之前的研究，将能源安全归纳为四个维度，即可利用性（availability）——地质因素，可得性（accessibility）——地缘政治因素，可接受能力（acceptability）——环境和社会因素，可负担能力（affordability）——经济因素。Vivoda（2010）提出，应将能源安全政策概念纳入能源安全的概念中，从而建立一个涉及能源供给、需求管理、能源效率、经济、环境、人类安全、军队社会文化、公共关系、技术、国际关系和公共政策 11 个维度的能源安全的概念。Sovacool（2011）在 Vivoda 研究的基础上，通过广泛征求专家的意见进一步将能源安全概念拓宽至 20 个维度。史丹（2013）又进一步提出能源安全的内涵应与时俱进，随着世界能源格局的改变，能源安全已不仅仅是供应安全，还应包括运输安全、价格合理和高效清洁消费等多个方面。

从上述研究中可发现，虽然众多学者从不同角度对能源安全的定义进行了阐述，但是截止到目前，对能源安全的理解仍未达成共识。主要源于三方面的原因：首先，能源安全是一个涉及多学科交叉的复杂性问题，不同研究者多结合自己的研究背景诠释能源安全，不同程度地存在随意增加研究范畴等问题。

其次，能源安全不仅是一种状态，而且具有动态性的特征。随着能源系统面临的挑战和人们的关注点的不断变化，能源安全涉及的维度也在不断拓宽，容易出现不同维度之间边界模糊、含义重叠的问题。最后，能源安全的研究需要结合具体的背景，由于经济、环境和能源政策不同，同样的能源安全影响因素对不同国家的相对重要性不同（Alhajji，2007），所以需要因地制宜，设定研究边界。这里，我们认为能源安全的本质有两个方面：一个是能源系统的风险，另一个是能源系统的脆弱性。能源系统风险是指特定能源系统中所发生的非期望事件的概率和后果，如由于自然灾害或国家政治经济因素使能源供给中断，从而对宏观经济系统造成严重的负面影响。能源系统脆弱性是指在一定社会、经济、文化背景下，某一能源系统对非预期事件表现出的易于受到伤害和损失的性质。能源安全研究旨在评价能源系统的风险，通过改善能源应对风险的抵抗和恢复能力来提高能源安全。

对于能源安全而言，风险表征了非预期事件发生的概率和后果，相对来说它更多考虑了突发事件的危害，对危害管理的主动性和积极性较弱；而能源系统脆弱性应该是能源安全的核心，通过脆弱性分析和评价，可以识别能源安全的威胁因素，分析这些因子是如何相互作用的，可以通过什么样的调控手段提高能源安全程度等。

1.1.2 国际能源安全及预警文献分析

为了定量追踪能源预测预警研究的演变历程及其内在规律性，本研究借助 ISI Web of Science 检索数据库资源进行能源安全及预警研究文献分析。Web of Science 检索数据库是美国科学情报研究所（Institute for Scientific Information，ISI）出版，由 SCI（Science Citation Index）、SSCI（Social Science Citation Index）、A&HCI（Art & Humanities Citation Index）三个独立的数据库整合而成，所收录的文献覆盖了全世界最重要和最具影响的研究成果，是目前世界公认的自然科学领域最为重要的评价工具。本研究利用检索式 TS＝“energy security” OR TS＝“security of energy supply” OR TS＝ “energy early warning” 对 1990～2012 年以“能源安全”或“能源预警”为主题的文章进行检索，并从文章发表数量、引用频次、研究区域和研究涉及的学科领域等角度对检索结果进行分析。

文献总量反映了一定时期内科研活动的绝对产出，是衡量科研活动的一个重要因子，而引文数量反映了一个领域研究成果被吸收及关注的程度。从 1990～2012 年 ISI Web of Knowledge 数据库中检索得到的 1769 篇文章来看（图 1-1）：

自1990年起，以“能源安全”或“能源预警”为主题的文章不仅在文献发表量上逐年攀升，其被引用的频次也呈现逐渐上升的趋势。其中，在1990年到2002年与能源安全相关的研究及文章引用虽逐年上升，但其增速相对缓慢。2002年以后，伴随着格林斯潘低利率政策所引起的房地产泡沫越来越大，以及全球经济开始互联网泡沫后逐渐复苏，国际原油价格从2002年1月31日的最低每桶15.52美元一路飙升至2008年7月11日的每桶147.5美元，上涨幅度达850.4%。此时能源安全问题作为热点问题受到了不同领域专家和学者的关注，以“能源安全”或“能源预警”为主题的文章发表及引用频次迅猛增加。2008年金融危机爆发后，国际原油价格再次出现大起大落，因此到2009年对能源安全的研究及关注再次达到高峰。在随后的三年文献的发表数量虽然有所波动，但依然保持较高的数量。由此可见，随着全球化石能源的耗竭，全球能源供需矛盾的日益凸显，以及全球气候变化的背景下，以“能源安全”或“能源预警”为主题的研究成果逐年攀升，相关研究的关注程度也日益增加。

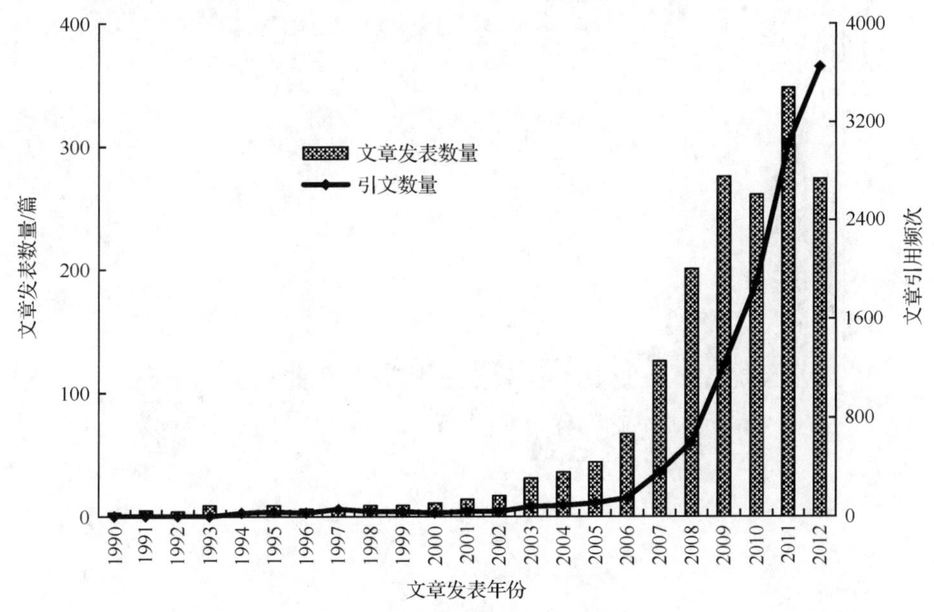

图1-1　文献年发表数量及引文数量

从研究的学科类型来看（图1-2），目前以“能源安全”或“能源预警”为主题的研究主要涵盖能源燃料科学、环境生态学、国际关系、经济贸易和计算机科学、计量经济学和地缘政治学等多个学科。这是由于能源安全问题是涉及自然资源学、社会学、经济学、地理学等多学科交叉的复杂性问题，同时能源与社会和经济存在一系列的复杂因果关系和联动效应。因此，从不同视角对能源安全问题进行研究有助于阐明能源系统各因素之间复杂的因果联系，定量把握能源系统安全状态及其演变趋势，从而为科学合理的能源安全战略的制定提供科学的参考依据。从国际关系角度出发，可以分析出如何通过各国协作更好地解决当前全球面临的能源问题。从经济学角度出发，可以分析如何影响能源供需的因素，建立能源模型，从而指导能源的供需管理。从地缘政治的角度出发，可以研究如何减少能源进口中的不安全因素，从而保证能源供应安全。同时在全球气候变化的背景下，能源的终端消费及对环境和人群健康的损害问题逐渐得到重视，从环境科学的角度对能源安全问题进行研究的文献逐年增加。

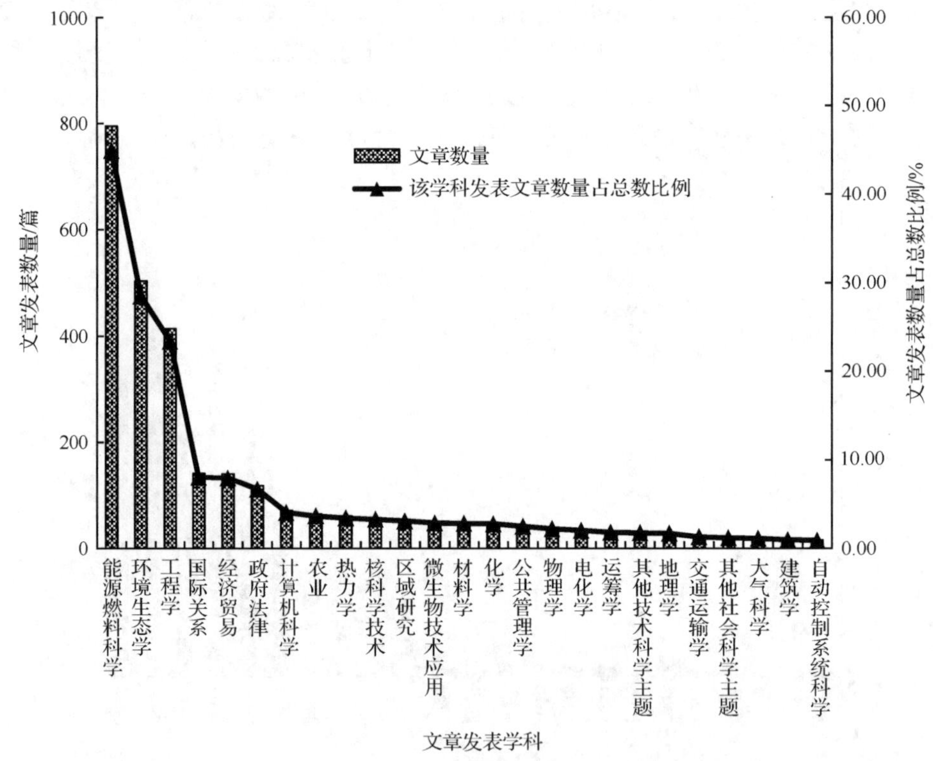

图 1-2　各学科发表文章数量及其占总数比例

从研究的区域来看（图 1-3），目前以“能源安全”或“能源预警”为主题的研究在美国开展得最多，其次分别是中国内地、英国、印度和日本等国家或地区。可以看出，对能源安全研究较多的国家中往往面临能源消耗总量大、能源结构不合理和高度依赖进口的能源问题。因为就全球能源生产与消费格局来看，能源的存储地与能源的消费地存在严重空间错位，能源消费大国如中国内地、印度等国或地区其内部能源消费量相较存储量表现出严重不足。以石油为例，全球有半数以上的石油被经济合作与发展组织国家消费，但是全球的石油资源却主要集中在中东地区。据统计中东地区石油储量占全球总储量的 54.4%，因此导致中国内地、美国等有超过半数的石油严重依赖进口。为了保障这些能源消费大国的正常的能源供应和社会经济运转，其更加重视对于能源安全这一议题的研究，因此从文章发表的数量来看，这些国家或地区相较其他国家或地区较高。如何使能源的使用不胁迫人类自身的生存和发展成为当前研究的热点问题。

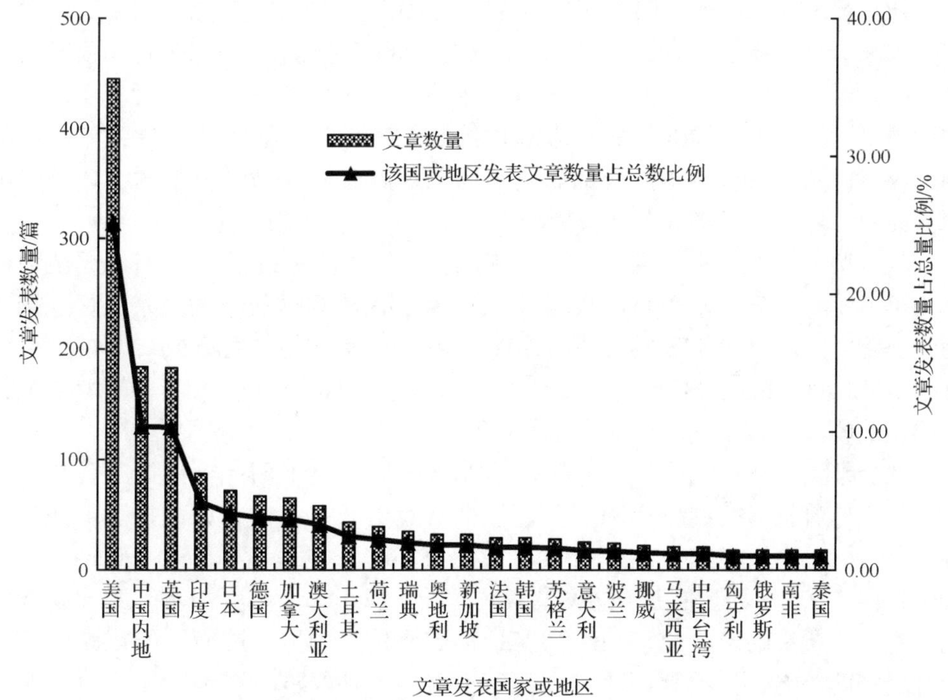

图 1-3　各国家或地区发表文章数量及其占总数比例

由此可见，随着全球化石能源耗竭及由于能源使用造成的环境问题日趋严重，各国对于能源预测预警问题的关注度持续上升，其中又以能源消费量高同时资源禀赋相对贫乏的国家表现得最为显著。从研究的角度上，不同领域学者从国际关系、工程技术、环境生态等不同学科角度切入，对能源预测预警这一复杂性议题进行剖析。其中，从环境科学角度出发对能源预测预警问题的研究越来越受关注，主要源于全球气候变化的大背景，因此能源使用对生态环境的影响越发受到重视。

1.2 能源预测模型研究进展

能源预测预警是在能源系统运行的过程中，采用科学的评价方法和模型对能源系统运行的相关数据进行分析，对能源系统发展趋势进行预测，以便在危害发生前发出警报，从而为国家能源管理部门提供参考，将能源系统的风险遏制在萌芽状态的一种机制。因此以能源安全为核心的能源预测预警研究实际上包含能源预测和能源预警两方面的工作（王思强，2009）。能源预测是对能源系统的未来形势发展进行预料、估计、分析、判断和推测，是实现能源预警的基础，主要通过构建能反映能源系统内部活动与外部联系的数学的模型实现。当前能源安全问题不仅涉及能源需求和供给，同时也涵盖能源利用导致的环境影响以及能源系统对于经济系统的影响等问题，因此能源预测模型的构建是一项涉及能源、环境、经济综合性模型的工程。

从模型的构建方法来说，能源预测模型可分为数据外推模型和集成结构模型（牟书令和王庆一，2005）。数据外推模型仅仅从数据的相关关系进行外推预测，缺乏对能源过程机理的考虑，主要适用于短期预测。而集成结构模型可以反映变量之间的相互关联与相互影响，但其建模过程相对复杂。从建模思路来看，能源预测模型可以分为自上而下模型（top-down）、自下而上模型（bottom-up），以及混合模型（hybrid）三类（魏一鸣等，2005）。自下而上模型以工程技术作为出发点，着重对能源生产和消费过程中所运用的技术进行详细描述，并以能源消费、能源生产方式为主进行供需预测及环境影响分析（Bhattacharyya and Timilsina，2009）。但是由于这类模型在本质上属于部分均衡模型，不包含宏观经济模块，所有的宏观经济与结构变量都需要外生确定，因而不能反映政策对宏观经济的影响。目前常用的自上而下模型以各种经济学模型为主，以能源价格和经济弹性作为纽带，集中表现它们与能源消费、能源生产的关系。这类模型能很好地反映价格在经济活动中的作用，且能刻画经济主体间的相互关系和经济活动的反馈，但是这类模型缺乏对能源技术的描述，从而低估技术进步对于社会经济部门的影响。这类模型主要适用于能源规划和宏观经济政策分析，目前应用最为广泛的是基于一般均衡框架的 CGE 模型（表 1-1）。自下而上模型主要包括美国能源部（DOE）的 SAGE 模型、IEA 的 Markal 模型、日本国立环境研究所（NIES）的 AIM/Enduse 模型、奥地利国际应用系统分析研究所

（IIASA）的 Message-IV 模型、清华大学核能和新能源研究院开发的 TH-3EM 模型和瑞典斯德哥尔摩环境研究所开发的 LEAP 模型等（张树伟，2010）（表 1-2）。近年来，混合模型成为能源预测模型构建的趋势，混合模型同时融合了自下而上和自上而下两种建模方法，将能源系统和宏观经济系统链接起来，从而大大拓宽了研究的范畴。其在系统地描绘经济主体与环境之间相互关系的基础上，同时对能源生产和消费模块进行刻画，因此可以实现能源、经济和环境之间的交互作用以及能源系统的准确仿真。根据模型在相同功能部门处理方式的不同，混合模型可以分为软连接和硬连接两种（Gürkan and Reinhard，2003）。在软连接中，信息传递与控制都通过模型使用者完成，其优势在于易于操作、公开透明、连接思路清晰，但是计算效率较低，连接过程的主观判断性较强。而硬连接中所有模型间的信息处理和交互都通过程序自动完成，在模型重叠的部分使用新的算法来保持一致，因此硬连接的输出结果较为一致，但是以取消模型功能和各自独立性为代价。目前常用的混合模型主要包括 MARKAL-MACRO 模型、ETA-MACRO 模型等（表 1-3）。

表 1-1　自上而下的能源预测模型

模型名称	开发者和年份	研究区域	涵盖能源部门	动态性	研究内容
WW	Whalley 和 Wigle（1991）	全球	3	静态	研究环境政策对于 CO_2 减排的效果影响
RICE	Nordhaus 和 Yang（1996）	全球	1	完全动态	分析不同国家气候变化政策的减排效果
BFR	Böhringer 等（1998）	欧盟	23	静态	互补形式在 CGE 模型中的应用
MS-MRT	Bernstein 等（1999）	全球	6	完全动态	气候变化政策规定对国际贸易方面的影响，主要包括对经济福利、国际贸易、投资的影响的区域分布规律，以及附属国对非附属国 CO_2 排放限值的溢出效应、碳泄漏、贸易与工业输出方面的变化及对国际排放权交易的影响
改进的 CGE 模型	Galinis 和 Marko（2000）	荷兰	1	完全动态	运用 CGE 模型研究了在不同的经济增长、能源价格与核能发展潜力的情景下，荷兰政府应如何调整国家未来核能发展的政策与策略
改进的 CGE 模型	Francisco 等（2009）	西班牙	1	静态	西班牙燃油消费税对 Extremadura 区域的影响

表 1-2　自下而上的能源预测模型

模型类型	模型名称	研究机构	模型结构	研究内容
能源系统核算模型	MEDEE	法国能源经济研究所（IEPE）	模型共划分为工业、交通运输、居民消费、服务业和农业五个部门	对技术有详细的描述，反映了技术的潜力，可直接评价技术选择的成本。但是该模型缺少经济分析，未能考虑技术成本
	MED-PRO	法国研究所	基于 MEDEE 模型，增加了对于电力负荷和温室气体排放的模拟	在 MEDEE 模型基础上增加了对温室气体排放的预测和电力负荷的模拟，其中温室气体排放预测采用 UNFCCC 提供的方法
	LEAP	瑞典斯德哥尔摩环境研究所和美国波士顿特列斯（Telles）研究所	由能源需求、能源转化、资源分析、环境影响评价和费用分析五部分组成	拥有灵活的数据结构，同时内置可修改的技术和环境数据库。但是很难反映各经济部门的相互影响作用，以及微观因素对于宏观因素的反馈影响
能源系统动态优化模型	MARKAL	国际能源机构能源技术系统分析项目组（ETSAP）与国际能源署（IEA）	包括费用函数、安全函数、斜率函数、环境函数、核能函数、化石能源函数、非可再生能源函数和可再生能源函数 8 类函数，各种能载体的平衡约束、系统总投资增长约束等 21 类约束方程	能对能源系统中各种能源开采、加工、转换和分配环节以及终端用能环节进行详细的描述，模型的优化目标是规划期内总成本最低，但是各部门的能源服务需求是外生给定，因此不能反映价格对能源服务需求的影响
	MESSAGE	奥地利国际应用系统分析研究所（IIASA）	提供了一个能源系统框架：从资源的获取、进出口、转化、运输和分配，到能源终端服务提供如灯光、空间调节、工业生产过程和运输	所有的热生成、可再生能源、存储和转换以及多重传输技术都可用 MESSAGE 模拟为碳封存
	AIM/end-use	日本国立环境研究所（NIES）	模拟一个经济体中的能量流和物质流，从一次能源和材料的供应，通过转化以及二次能源和材料的供应，到满足终端服务	模型考虑了技术进步对减排政策制定及减排成本的影响，但是未将未来行为纳入模型的考虑范畴

续表

模型类型	模型名称	研究机构	模型结构	研究内容
能源系统仿真模型	SAVE Production	荷兰能源研究中心（ECN）	通过构建终端节能技术模块和热电联产模块模拟能源技术改进对于能源系统的影响	模型考虑了能源价格变动及能源政策实施引起风险、心理效应因素，但是这些参数主要源于专家判断，缺乏实证基础
	POLES	法国国家研究中心（CNRS）工业经济研究实验室（LEPII）领导，经济学家 Patrick Criqui 开发	能源供给与需求通过能源市场连接，同时将世界划分成 47 个国家或地区，并为这些国家或地区规划相应的年度能量平衡	模型可以反映能源效率改善对于能源终端需求的影响
	CIMS	加拿大西蒙弗雷泽大学能源和材料研究小组	基于 ISTUM 模型发展而来，涵盖了所有能源需求和供给部门	基于市场异质性、决策者偏好和无形成本与效益三个参数对原有模型进行了扩展，但是行为数据和偏好数据收集是该模型的难点

表 1-3 混合模型

模型名称	研究者及年份	国家	研究领域	模型的基本结构	研究内容概述
MARKAL-MACRO	美国 Brookhaven 国家实验室和斯坦福大学，1992	美国	经济影响	MARKAL 模型与 MACRO 模型	以规划期内消费的总贴现效用最大为目标，将 MARKAL 模型与 MACRO 模型通过能源服务需求进行耦合，从而建立一个动态非线性规划模型
ETA-MARCO	Manne 和 Richels，1978	美国	能源系统优化	ETA 模型与 MARCO 模型	采用动态非线性优化程序，用以研究能源供给增长、煤及原油生产的环境约束、替代能源的有效性

续表

模型名称	研究者及年份	国家	研究领域	模型的基本结构	研究内容概述
MESSAGE-MACRO	Messner 和 Strubegger，1995	—	经济影响	MESSAGE 模型与 MACRO 模型	通过 MESSAGE 模型的能源需求，计算出能源供给的总成本和边际成本的价格，然后将价格提供给 MACRO 模型的二次需求函数，通过 MACRO 模型调整能源需求。将调整后的能源需求再次输入 MESSAGE 模型，从而建立一个循环，直至调整到价格与能源需求相稳定
ASF（Atmospheric Stabilization Framework）	Lashof 和 Tirpak，1990	美国	温室气体排放	工程-经济耦合模型	研究能源、农业、工业等领域的温室气体排放情况
Global 2100	Manne 和 Richels，1992	美国	能源经济模型	ETA-MACRO	结合生产消费水平，对五个世界地区能源消费部门进行模拟
12RT	Manne 和 Oliveira-Martins，1994	美国	能源经济模型		通过能源的物质处理过程对能源供给部门进行详细描述，并对 CO_2 的减排成本进行分析
CRTM	Rutherford，1992	美国	能源经济模型	Carbon Rights Trade Model	温室气体排放模型
CETA	EPRI	美国	能源经济模型	基于 Global2100 模型	基于 Global2100 模型，并将五个世界地区合并为一个区域，同时对碳循环、全球气温变化、全球变暖危害进行描述
MERGE	EPRI	美国	能源经济模型	基于 Global2101 模型	模拟全球及地区温室气体减排政策的影响，并对减排成本、温室气体排放危害进行估值和贴现的研究

续表

模型名称	研究者及年份	国家	研究领域	模型的基本结构	研究内容概述
MIT-EPPA	MIT，1993/2004	美国	温室气体排放、成本控制、可计算一般均衡	MIT-Emissions Prediction and Policy Analysis (EPPA) Model	基于社会核算矩阵及弹性估计，对生产部门排放可能性进行描述；基于工程过程数据，对特定设备的排放可能性进行描述
Mini-CAM	PNNL，1994	美国	能源及农业部门的耦合评估模型，气候变化	Mini-Climate Assessment Model 与 MAGICC 模型相结合	将能源部门及农业部门的耦合，集中于温室气体及 SO_2 排放的估测，通过与 MAGICC 模型相结合，预测温室气体排放对气候变化及海平面上升的结果
ICAM-1/ ICAM-2	CMU，1995	美国	气候变化综合评价	Integrated Climate Assessment	研究气候政策制定时的不确定性，研究气候不确定性、气候变化下生态系统建模、海岸线影响、地球工程政策等
TH-3EM	清华大学，2006	中国	能源系统分析	能源-经济-环境综合评价模型（3E模型）	利用可计算一般均衡模块描述经济系统整体，应用跨时段能源系统优化模块描述能源系统微观细节，通过在两个模块间建立双向闭合连接，描述能源系统与经济系统之间的互动关系，并保证模块结果的一致性

上述分析表明，仅从自上而下或自下而上角度出发建立能源预测模型无法反映能源系统与经济系统的相互作用，而混合模型的建立可以同时融合两种建模的思路，吸取了自下而上模型与自上而下模型各自的优点，因而得到了更加广泛的关注。随着当前计算技术的迅猛发展，混合模型所涵盖的领域广度不断延伸，更多能源、社会、经济和环境因素纳入混合模型建模的考虑范畴。但是，现有混合模型对于可持续发展涉及的水环境、生物多样性等问题的模拟仍然相对缺乏，有待进一步加强（Böhringer and Löschel，2006）。同时，目前基于混合建模思路的能源预测模型侧重于预测，不具有预警功能，未能实现预测与预

警的耦合。此外，在建模技术方面，混合模型构建还存在诸如系统边界不一致、数据基础不同、变量设置不同等问题。

1.3 能源预警评价指标体系研究进展

能源预警是指发现威胁国家能源安全的潜在威胁因素，进而采取措施，消除危险，确保国家能源安全的行动。而能源预警评价指标体系是能源安全状态评价的依据，只有建立完整的能源安全指标评价体系才能对能源系统现状做出科学评价，并最终实现能源预警。目前国外众多学者和研究机构都开展了能源安全评价指标体系的研究工作，提出了各自的指标体系。按照指标浓缩信息的程度，这些指标体系可以划分为单个型指标体系和聚合型指标体系。

1.3.1 单个型指标评价体系

单个型指标侧重于对能源系统基本情况的描述，每个指标涵盖信息的综合程度较低，故基于这种指标形成的指标评价体系包含的指标数量相对较多。根据具体的评价所涉及的内容，可进一步划分为针对整个能源系统的综合性评价体系和针对代表性领域的专题性评价体系。

1.3.1.1 综合性评价体系

综合性评价体系是指从整个能源系统出发，分析影响能源的因素，在界定能源安全内涵的基础上对能源系统进行综合评价。因此，这类指标体系不仅涵盖了对能源系统运行状况的测度，同时也将与能源系统相联系的社会、经济系统纳入到指标构建的考虑范畴。由于综合性评价指标体系的构建是建立在对能源安全内涵诠释的基础上，随着能源安全所涉及的维度的不断延伸，综合性评价指标体系也向着更加综合的方向发展。早期的能源安全的概念强调能源供应稳定、经济价格合理，因此主要从影响供应稳定的政治、资源禀赋、运输等因素，以及影响经济运行的价格因素入手构建能源安全指标体系。例如，中国科学院地理所王礼茂（2002）从影响资源安全的资源、运输、政治、经济和军事五个方面入手，选取 14 项指标，初步组成了资源安全的评估指标体系。并运用该体系对我国粮食和石油的安全状况进行了评估。此后的研究在气候变化的背景下，部分重点放在了能源的使用安全及环境安全等方面，不少学者在传统能源安全评价指标体系的基础上扩充了环境维度的评价指标。例如，中国石油大学郭小哲和段兆芳（2005）建立了涵盖能源安全的灾变、效益、供需、环保、效率的能源安全监测系统。张生玲（2007）以保障国家经济安全为核心，分四个层次构建了中国能源安全指标体系并对中国能源安全状况进行了评估。该指标体系涵盖了能源生产、能源消费和能源储备三个方面，包括石油储采比、进口集中度和能源运输能力在内的 11 项具体指标。李继尊（2007）选取了涵盖煤炭、电力、石油和综合子系统 4 个子体统的 54 个预警指标构建了中国能源预警指标矩阵，并运用主成分分析和二阶回归方法建立了中国能源预警模型，在此基础上创建了中国能源预警指数，对中国能源的安全状况进行了测度。刘强等（2007）分三个层次、四个能源子系统，从供需平衡、运输能力、突变影响、经济安全和生态环境五个方面对中国能源安全进行考量，构建了中国能源安全预警指标体系。王思强（2009）构建了涵盖整个能源领域的预测预警框架体系。该能源预测预警系统由煤炭、电力、石油、天然气、可再生能源和新能源、能源经济子系统组成，从能源系统的构成出发，设计了各子系统的预警指标，初步形成了能源预测预警需求的指标体系。

以上评价指标体系主要关注能源供应侧的评价，在随后的研究中，研究者又增加了能源需求侧的技术、需求管理和能源政策因素等。例如，von Hippel（2004）认为，能源安全评价应涵盖环境、技术、需求管理和社会文化与政治四个维度，初步建立了针对亚洲各国的能源安全评价的概念框架。Vivoda（2010）在 von Hippel 的基础上，又增加了能源供给、需求管理、能源效率、经济、环境、人类安全、军队社会文化、公共关系、技术、国际关系和公共政策等维度，分别选取定性和定量指标构建了针对亚洲区域的能源安全指标评价体系。Sovacool（2011）指出，Vivoda 构建的能源安全指标体系未能结合亚洲地区的实际情况，并且该体系忽略了部分对该区域能源安全有重要影响的因素。为进一步完善该指标评价体系，在 Vivoda 建立的能源安全评价指标体系的基础上，通过广泛征求专家，进一步将能源安全的维度拓宽至 20 个维度，共选取 200 余个指标，建立了针对亚洲区域的更加综合的能源安全评价指标体系。

1.3.1.2　专题型评价体系

专题型指标是选择能源安全问题涉及的代表性专题领域制定相应的指标体系。这类指标首先需要对能源安全的评价对象和评价目标进行重点剖析，明确影响评价对象和评价目标的主要专题领域，结合专题的特征，构建能够全面反映专题内容的指标评价体系。目前，专题型指标主要从能源效率、能源系统可持续发展和初次能源的短期供应安全几个专题入手构建能源安全指标评价体系，其中包括以下几个方面。

世界能源理事会（World Energy Council，WEC）为进行能源效率及节能政策的国际比较研究而建立的能源效率指标体系。该指标体系拥有 23 个评价指标，按性质不同分为两类：一类是经济性指标，用于在整个经济或全行业层面上测度能源效率，如一次能源强度（内含不计传统燃料和按照欧盟水平调整）、终端能源强度、工业能源强度、服务业能源强度、农业能源强度、家庭能源强度等；另一类是技术性指标，即单耗指标，用于测度子行业、终端用能的能源效率，如钢单耗、交通能源强度、标准小汽车和公交平均能耗、家庭人均电耗等。

联合国经济社会事务部（United Nations Department of Economic and Social Affairs，UNDESA）从能源安全问题涉及的能源效率和能源管理政策方面入手，构建的能源系统的可持续发展评价指标体系。该指标体系涉及社会、经济和环境维度，分 7 大项、19 个子项（参见附表 2-6）。在社会维度上，能源安全指标主要反映公平性和健康性，其中公平性包括“可得性”（accessibility）、“可支付性”（affordability）和“差异性”（disparity）三项。在经济维度上主要考虑生产模式和安全两项，生产模式涉及综合利用、综合生产力、生产效率、生产、终端使用、能源体制多样性和能源价格七个子项，而安全主题则主要考虑能源进口和战略能源储备两个子项。环境维度主要考虑大气、水和土地利用三项。大气主要考虑气候变化和空气质量两个子项，水则主要考虑水质，而土地利用主要考虑土壤质量、森林和土壤废物产生及管理三个方面。

国际能源署（IEA，2011）针对一次能源和二次能源的短期安全问题，从能源系统的风险（risk）和应对风险的恢复能力（resilience）两个方面出发，构建能源安全的价指标体系，同时按能源类型划分短期能源安全的评价阈值。该指标体系主要涉及能源系统面对的国内外风险及面对国内外能源供给中断的恢复能力四个维度，风险和恢复能力的量化主要通过 IEA 的统计数值，同时结合专家的经验判断，共选取 29 个指标。

英国工业贸易部（Department of Trade and Industry，DTI）与天然气电力市场办公室（The Office of the Gas and Electricity Markets，OFGEM）成立能源安全联合研究小组（Joint Energy Security of Supply Working Group，JESS）对英国天然气与电力供应安全进行研究。围绕天然气与电力的供应安全 JESS 从能源供需预测、市场信号和市场响应三个角度出发，构建了能源安全指标评价体系。同时在构建能源安全指标体系对能源安全现状进行评价的基础上，开创性地研究了不确定因素对于预测和相关要素的影响。

1.3.2 聚合型指标评价体系

聚合型指标是指在确定的研究框架中，对大量有关信息加以综合与集成，从而形成一个具有明确含义的指标。聚合型指标对于信息的浓缩程度较高，涵盖的信息量较大，基于聚合指标的能源安全评价体系通常采用一个综合指数进行表征。但是，它并不是对低层次同类指标进行简单加权所计算得出，而是对于一个复杂系统，识别潜在的问题加以进一步分析，以明确问题所在从而加以解决。在聚合型指标体系的构建方面：

Jansen 等（2004）基于香浓-威纳指数（Shannon-Wiener Index，SWI）评估了长期能源安全风险。首先，分析影响长期能源安全的风险因素，主要包括能源供应品种多样化、对外依存情况、进口多样化、进口可靠性以及资源枯竭程度，从而选取了各能源品种的供应占比、进口依存度、进口来源国进口量占比、进口来源国的长期社会政治稳定性、资源储采比等指标。接着，从能源供应品种多样化出发，利用 SWI 构造能源安全指数 $I=-\sum_i c_i x_i \ln x_i$，其中，$x_i$ 为品种 i 占能源总供应的比重，c 为风险调整因子。其他风险因素都通过对 c 的调整来实现，例如，考虑各品种的进口依存度 m，调整为 $c_i=1-m_i$；再考虑进口来源多样化和进口来源国的长期社会政治稳定性，c 调整为 $c_i=1-m_i\left[1-\sum_j - r_j s_{ij}\ln s_{ij} \Big/ \left(\sum_j - r_j s_{ij}\ln s_{ij}\right)_{\max}\right]$，其中，$S_{ij}$ 为从国家 j 进口占能源 i 总进口量的比重，r_j 为进口来源国 j 的长期政治稳定性指标，max 表示进口来源多样化指数的最大值。最后，通过该方法诠释各影响因素，得到能源安全指数 I，该结果是一个无量纲值，可以进行不同时间和不同国家间的对比分析，从而评价一个国家长期能源安全风险的相对大小和变化态势。

荷兰能源研究中心（Energy Research Centre of the Netherlands，ECN）通过集成风险管理指数（the Crisis Capability Index）和供给-需求指数（the Supply/Demand Index）构建能源安全评价体系。风险管理指数主要对短期能源供应中断的问题进行研究，由风险评估与应急管理两部分构成。供给-需求指数侧重于对中长期能源安全进行研究，主要包括最终能源需求、能源转化与运输和一次能源供应三方面内容。该指标评价体系的特点在于：综合考虑了短期与长期能源安全，且认为能源安全评价是能源供、求共同作用的结果，同时综合考虑了能源系统要素对于能源安全评价的影响。目前，S/D 指数模型已被广泛运用于欧洲能源供应安全的研究之中，如能源供应安全现状分析，能源供应安全脆弱性分析，现在与未来能源发展情景分析，不同能源政策影响分析，能源供应安全对温室气体排放、可再生能源发展的影响等。

Gupta（2008）选取影响石油安全的七个因素，即石油出口额占GDP比重、单位GDP石油消费量、人均石油消费量、石油供给份额在总能源供给中的比例、国内石油消费量与储量比重、石油进口依赖度和供给多样性，通过主成分分析的方法构建一个综合指数——石油脆弱性指数（Oil Vulnerability Index），从而对石油安全进行评价。该方法是采用协方差对指标赋予权重，相较于传统的专家经验判断的方法，这种赋权的方法更加客观，因此该方法评价的稳定性更强。

目前国内外众多学者虽然针对能源安全评价指标体系的构建进行了有益尝试，但是现存的能源安全评价指标体系多基于能源安全的影响因素区分各能源子系统构建，然后结合指标体系对当前能源安全状况进行定量或定性评价。综合来看，能源安全的内涵不断延伸，归纳的能源安全影响因素也不断增加，因此构建出的能源安全指标体系也不断向更加综合的方向发展。但是，目前的能源安全评价指标体系是一种能源安全的截面分析，其只能反映能源安全在某一时刻的一种状态。同时，现存的指标体系没有考虑指标间的相互联系和相互作用。此外，能源安全预警界限的确定主要采用专家咨询和借鉴国际平均值的方法，这种阈值确定方法的准确性有待商榷。

为了将能源系统内部系统要素之间以及系统与外部要素之间存在的复杂关联性纳入能源安全评价体系的考虑范畴，迟春洁和黎永亮（2004）建议引入“压力-状态-响应”（Pressure-State-Response，PSR）模型框架构建能源安全指标体系，房树琼等（2008）基于PSR框架，并结合复杂适应系统（CAS）理论构建了一套“六级并行，逐渐收敛，六层三维三度”的复合能源安全指标体系。而Nguyen（2012）尝试依托食物网理论构建能源安全评价体系。这些研究作为当前研究的有益补充，考虑了能源安全评价指标的相互关联与相互作用，为能源预警指标体系的构建提供了新思路，但是其定量评价尚处于起步阶段。因此未来预警指标体系的构建，可从供给链的角度出发，考虑能源系统各要素的多层次、多目标的相互作用，构建基于链式的预警指标体系。这类预测预警体系的建立将有助于寻找到能源系统“牵一发而动全身”的因素，并能追踪该因素对整体能源系统的影响。同时链式预警指标体系的建立为进一步研究能源供给链中风险的传递、积累和耦合效应提供了可能。可见，链式预警的评价体系作为一种新的研究思路，具有重要的研究潜力。

第 2 章
中国能源信息分析和安全趋势研究

本章节讨论了中国能源系统的发展现状和存在的问题，分析了传统能源和非化石能源生产、消费、投资、贸易及价格等方面的发展现状和存在的问题，可以看出当前的中国能源系统发展状况如下：

从消费总量来看，中国仍为世界第一大能源消费国，能源消费总量仍不断增加，但增速有所降低。2012 年能源消费强度降低了 0.4％，比十年平均水平低 0.6％。这反映了中国对高耗能工业的调整初显成效。

从消费结构来看，煤炭在中国能源消费结构中仍保持主导地位，但随着能源结构调整，中国煤炭消费所占份额正逐步缩小。石油是中国第二大能源消费来源，同样，在节能减排政策推动下，份额也在不断减小。天然气份额 2012 年达到 4.7％，是过去十年的 2 倍。非化石能源占比 9.1％，比 2011 年增长 1.1％。从增速来看，2012 年增长最快的是可再生能源，增速为 25.1％，其中风电发电量首次超越核电。化石能源中，天然气增速最快（9.9％），其次是煤炭（6.1％）和石油（5.0％）。这反映了中国能源结构清洁化调整的必然趋势。

从生产来看，能源生产增长 5.0％，达到 2001 年以来最低水平。中国占世界总能源生产的 18.8％，远低于消费所占份额，充分说明中国存在能源缺口。其中，中国是世界煤炭生产大国（47.5％），占中国能源生产份额最大（76.7％）；石油生产增速逐年减缓；天然气生产份额近 20 年来持续增长。值得关注的是，在世界范围内中国核电、风电及水电的增长速度最快。

从贸易来看，中国能源进口需求不断增长，2012 年达到 13％，成为世界第二大石油进口国，大大增加了中国能源安全的隐患。

此外，对中国能源系统发展现状进行梳理发现，无论是生产、消费、贸易，还是投资、基础设施建设和价格形成机制，中国能源系统存在许多问题需要进一步改进。本章对能源系统存在的主要问题进行了归纳和总结，为中国能源系统安全建设提供参考和借鉴。

2.1 中国能源安全总体形势

在现代工业社会，能源已经成为影响主权独立、政治安排、经济发展及国土安全的重要因素，若没有强有力的能源保障，任何国家都不可能实现经济的稳定发展。能源安全牵动着经济命脉，一旦出现严重的能源危机，经济就可能出现崩溃。不断出现的能源危机不仅给全球经济造成了无法估量的损失，还直接导致了战争的爆发，如中东的历次战争都与能源息息相关。世界三大化石能源——石油、天然气和煤炭价格的波动趋势凸显能源安全隐患。截至 2009 年年底，国际现货原油价格达到 77.2 美元/桶（布伦特）、83.1 美元/桶（WTI）和 78.3 美元/桶（迪拜），1983～2009 年国际原油价格年均增长 10%。在国际现货原油价格上涨趋势的带动下，同期天然气和煤炭价格也呈现出明显上涨的趋势，天然气均价比 2000 年上升了 158.6%，煤炭均价则上涨了 305.1%。

近年来，随着经济的快速增长，能源需求持续攀升，我国已成为世界上重要的能源生产和消费的大国。然而，我国能源安全现状无论是一次能源生产结构和供应结构，还是能源终端消费结构，都与发达国家有较大差异，这不仅是资源禀赋的原因，也与我国所处的发展阶段有关。近几年，我国经济持续高速发展，工业化和城市化进程加快，再加上经济增长模式“粗放”，人口数量巨大，人均能源消费量逐年增长，能源需求及消费总量正以前所未有的速度增长，接连创下历史新高，基本能源消费已占世界总消费量的 10.4%，居世界第二位。居高不下的能源消费量直接导致能源供应不足，尤其是近几年，连续六年国际油价的大涨，导致国内一度出现油荒、煤荒、气荒、电荒，如 2008 年发生在广东的油荒，2009 年在哈尔滨、杭州、武汉等地发生的气荒。国家电力监管委员会（以下简称电监会）在 2011 年 11 月发布的《全国电力供需及电煤供应检测预警信息》显示，截至 10 月下旬，全国日缺煤停机容量最大达到近 1600 万 kW，云南、贵州、四川、湖南、重庆等省（自治区、直辖市）发电企业电煤库存平均可用天数已下降至警戒线 7 天以下。能源短缺严重影响了社会生产和人们的生活，国内能源安全问题凸显。与此同时，我国的能源消费结构不尽合理，使用效率低下，在一次能源消费中，煤炭、石油、天然气占了 90%以上，仅煤炭一种能源就占到了能源消费总量的 70%，这种以煤为主导的能源结构导致中国 CO_2 排放总量节节攀升。英国石油公司（British Petroleum，BP）发布的最新能源统计数据显示，2010 年 CO_2 排放总量居世界前五位的国家依次为中国、美国、印度、俄罗斯和日本（图 2-1）。2010 年，中国 CO_2 排放总量为 83.21 亿 t，占世界排放总量的 22.3%，且连续三年超过美国成为世界上 CO_2 排放总量最大的国家。从数据上看，CO_2 排放总量居世界第一的中国今后势必将承受更大的国际减排压力，中国构建清洁、高效的能源供应体系以确保能源安全的任务也因此更加紧迫。党的十七大早已提出了全面建设小康社会的宏伟蓝图，这就需要有强大的能源安全作支撑，因此，能源安全问题始终是党和政府工作的重中之重。

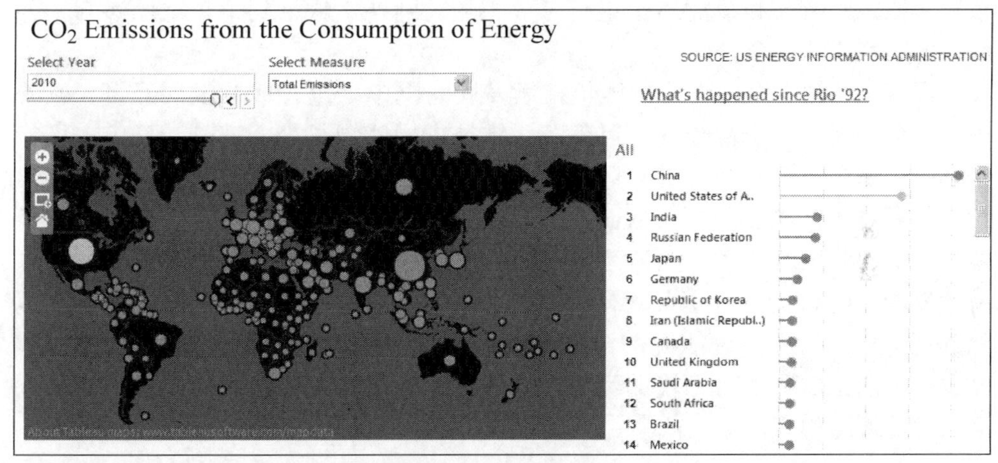

图 2-1　CO_2 排放总量世界地图（2010）

当前我国针对能源安全问题已在行政法规、机构设置、国际外交、部门节能方面有所行动。如在行政法规方面，《中华人民共和国矿产资源法》、《中华人民共和国电力法》、《中华人民共和国煤炭法》、《中华人民共和国节约能源法》《中华人民共和国可再生能源法》等法律相继颁布。正在制定的《能源法》和《国家石油储备管理条例》都属首次从基础法律层面出击能源应急制度的设置问题。但从《能源法征求意见稿》专门设置的“能源应急”一章可以看出，《能源法征求意见稿》对能源应急制度的规定也主要是关于政府紧急权利的设置与规制，包括从政府紧急权利分级、处置原则、启动程序、权利行使原则、权利限制等方面进行总体规定，也包括应急预案制定的权利主体、应急事件分级与认定的权利主体、应急措施授权条件和约束、应急处置原则、应急善后等内容。在机构设置方面，2005 年 5 月，设立了以国务院温家宝总理同志为组长的国家能源安全领导小组和办公室。2008 年 7 月，国家能源局成立。随着能源形势的不断变化，新的更高规格决策机构又产生了：2010 年 1 月 27 日，国家能源委员会成立，共有 21 名委员，国务院总理温家宝同志担任委员会主任，国务院副总理李克强同志任副主任，21 名委员囊括了 21 个重要部委的主要负责人。2013

年 3 月，原电监会与国家能源局合并组建新国家能源局，依靠中华人民共和国国家发展和改革委员会（以下简称国家发改委）这一大平台可以配套出台更多有实质影响力的监管措施。由此可见，中国能源安全战略被提上了新的高度。在部门节能方面，政府大力倡导节能减排，《国务院批转节能减排统计监测及考核实施方案和办法的通知》（国发［2007］36 号）对全国各个省（自治区、直辖市）节能完成情况和节能措施进行考核。从内到外，从上到下，全民参与，共同保障国家能源安全。

因此，能源安全应作为中国可持续发展的重中之重，成为发展经济、改善民生、全面建设小康社会的艰巨任务。维护中国能源长期、安全、稳定、可持续利用，是中国政府的一项重要战略任务。因此，必须掌握中国能源安全现状，识别能源体系存在的问题，从而推进能源生产和利用方式变革，构建安全、稳定、经济、清洁的现代能源体系，努力以能源的可持续发展支撑经济社会的可持续发展。能源安全建设主要有以下两个内容：①在传统能源仍然占据主导地位的情况下，加大传统能源的清洁化利用，尽可能地在新能源完全来临之前，减少化石能源的利用对环境的污染和破坏；②加快非化石能源的发展速度，从而引导能源结构清洁化、低碳化发展。

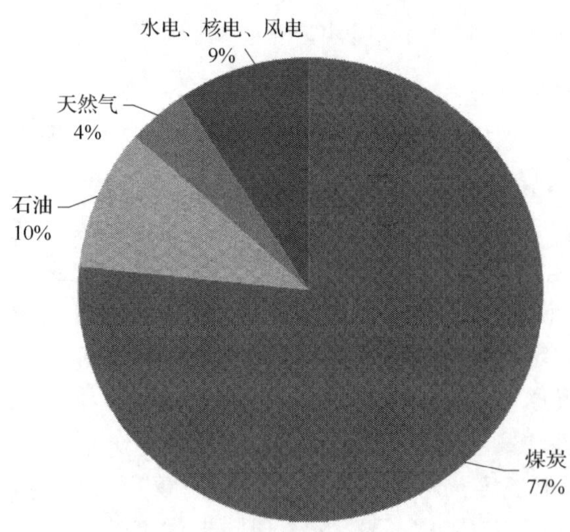

图 2-2　2010 年中国能源消费结构

2.2　传统能源安全

随着社会经济发展，中国近年来能源消费快速增长。2010 年，中国能源消费总量为 29.69 亿 tce。如图 2-2 所示，能源结构近 30 年以来保持稳定，其中，2010 年煤炭比例为 76.6%，石油为 9.8%，天然气为 4.2。2010 年中国一次煤炭生产量基本上能够满足国内煤炭需求，而一半以上的石油需求需要依靠进口来满足。

2.2.1　现状与问题

2.2.1.1　煤炭

(1) 煤炭资源丰富，生产规模不断扩大，居能源生产主导地位

我国煤炭资源丰富，煤炭资源储量仅次于美国和俄罗斯，居世界第三位。截至 2011 年年底，我国煤炭剩余可采储量 1145 亿 t，储采比为 33。如果仅从资源数量上来看，煤炭供应量还可以继续增加，并保持长期供应。从煤炭的生产量来看，“六五”期间至“十一五”期间，我国的煤炭生产量呈现出了较快的发展态势，全国原煤产量由 1978 年的 4.41 亿 t 增长到 2010 年的 22.74 亿 t，年均增长率达到 7.76%。煤炭产量占能源生产总量的比重一直维持在 70%以上。虽然近年来中国大力发展可再生能源，水电、核电和风电等比重持续扩大，然而短期内大幅增加可再生能源比重仍有难度，因此，从煤炭生产供应能力来看，煤炭是我国的优势能源资源（图 2-3）。

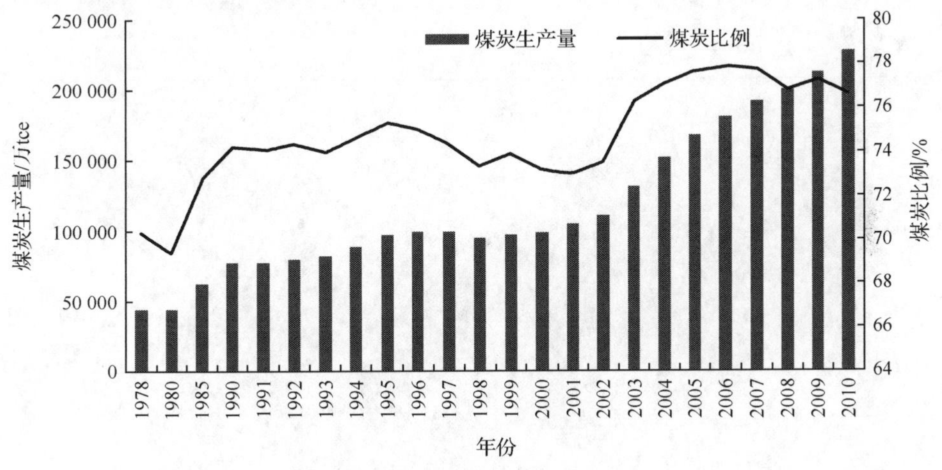

图 2-3　煤炭历年生产量及比例

资料来源：国家统计局，2011

(2) 生产布局与消费布局不匹配

虽然我国煤炭总量储备较为丰富，但各地的煤炭资源分布很不平衡，总体格局是北富南贫，西多东少，煤炭的赋存量与经济发展呈逆向分布，北煤南运、西煤东调的格局也将长期存在。我国煤炭资源具有“西多东少，北多南少”的特点，这一特点自然形成了我国煤炭供应“西煤东运，北煤南调”的市场格局。

表 2-1 为全国各省份煤炭净调入（调出）情况表。可以看出，2011 年中国煤炭调出省份主要集中在华北（山西、内蒙古）、西北（宁夏、新疆、陕西）和西南（云南、贵州）地区。主要煤炭调入省份主要集中在华东（山东、江苏和浙江）、东北（辽宁）及华中华南地区部分省份。这一格局主要是由以下原因造成的：一方面，我国煤炭资源主要分布于中西部，但其加工转化产业并不发达，使其

表 2-1 2011 年全国主要省份煤炭净调量

省份	净调量/亿 t	省份	净调量/亿 t
内蒙古	+6.29	江苏	−2.83
山西	+4.66	河北	−2.14
贵州	+0.26	山东	−1.49
云南	+0.15	浙江	−1.46
陕西	+2.65	广东	−1.35
宁夏	+0.27	辽宁	−0.97
新疆	+0.18	湖北	−0.78

注：+为调出量，−为调入量。

资料来源：中国煤炭工业协会，2011

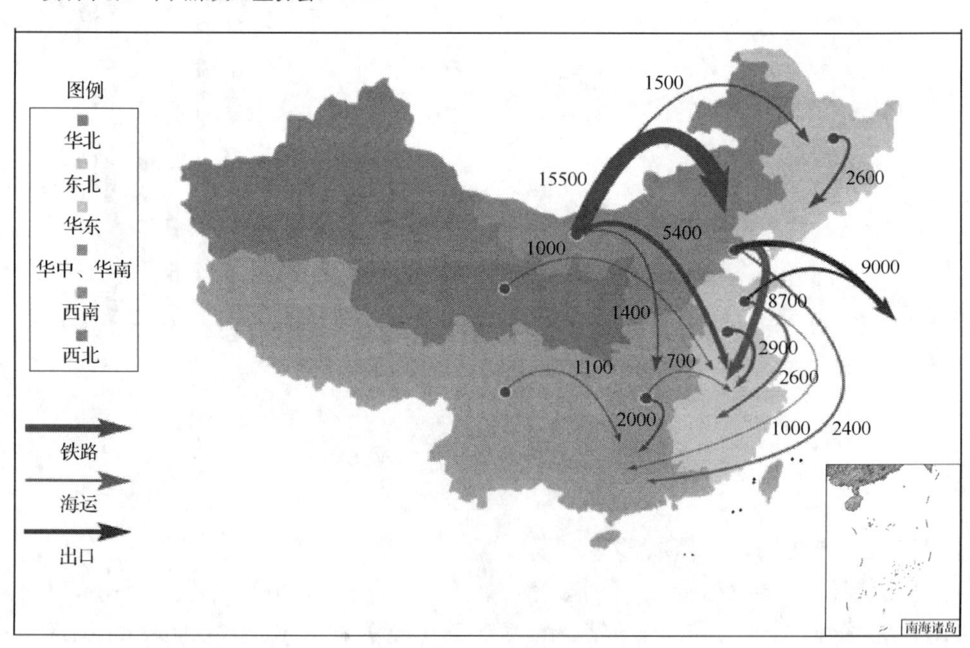

图 2-4 煤炭调入调出示意图

资料来源：耿志成，2010

煤炭产消盈余较大；另一方面，资源贫乏的东部地区的耗煤产业规模较大，煤炭产消亏缺大，这种由煤炭资源分布和经济布局共同决定的区域产消盈缺失衡的矛盾，造成全国以晋陕蒙为输流中心，以中南和华东为汇流中心的北煤南运、西煤东运的流动格局（成升魁等，2008）（图 2-4）。

(3) 煤炭消费主要集中在工业生产，四大行业煤耗比例大

从表 2-2 可以看出，煤炭消费主要集中在工业生产。1995～2010 年，工业生产煤炭消费占煤炭总消费量的比重不断扩大，从 1995 年占比 76.85%增长到 94.81%。其中，四大行业（电力、钢铁、建材、化工）煤耗所占比例已超过 80%。但从近年来的发展趋势来看，尤其是“十一五”以来，由于我国火电投资规模呈逐年缩小态势，将逐渐限制对煤炭需求的拉动力度。生活消费煤耗所占比例较小，并呈现不断缩小的趋势。到 2010 年，生活消费所占比例仅为 2.93%（图 2-5）。

表 2-2　中国煤炭消费行业分布

煤炭消费行业	1995 年	2000 年	2005 年	2006 年	2007 年	2008 年	2009 年	2010 年
消费总量	137 676.5	141 091.7	231 851.1	255 065.5	272 745.9	281 095.9	295 833.1	312 236.5
工业	117 570.7	127 806.7	215 493.3	238 510.2	256 202.8	265 574.2	279 888.5	296 031.6
采掘业	9 861	11 512.86	15 833.26	16 884.65	18 971.74	19 501.07	21 728	24 638.61
制造业	63 109.4	57 742.34	92 018.39	99 084.39	102 002.4	108 176.8	112 005.8	118 821.5
电力、煤气及水的生产供应业	44 600.3	58 551.45	107 641.6	122 541.2	135 228.7	137 896.3	146 154.7	152 571.5
生活消费	13 530.1	8 456.96	10 038.97	10 036.34	9 760.613	9 147.611	9 121.948	9 159.17
交通运输、仓储和邮政业	1 315.1	882.239 8	811.17	769.935 2	735.894 1	665.407 2	640.892 6	639.23
农、林、牧、渔、水利业	1 856.7	933.376	1 513.799	1 502.603	1 519.572	1 522.573	1 582.11	1 711.1
批发、零售业和住宿、餐饮业	977.4	1 314.64	1 674.39	1 791.456	1 868.275	1 791.389	1 977.888	1 969.87
建筑业	439.8	536.82	603.56	651.993 4	615.332 4	603.177 2	635.585 8	718.91
其他行业	1 986.7	1 161.01	1 715.881	1 802.899	2 043.432	1 791.563	1 986.139	2 006.59

资料来源：国家统计局，2012；国家统计局能源统计司，2011

(4) 煤炭科技不断革新，取得重要突破

煤炭生产力总体水平大幅提高。在煤矿建设方面，钻井法、冻结和注浆法

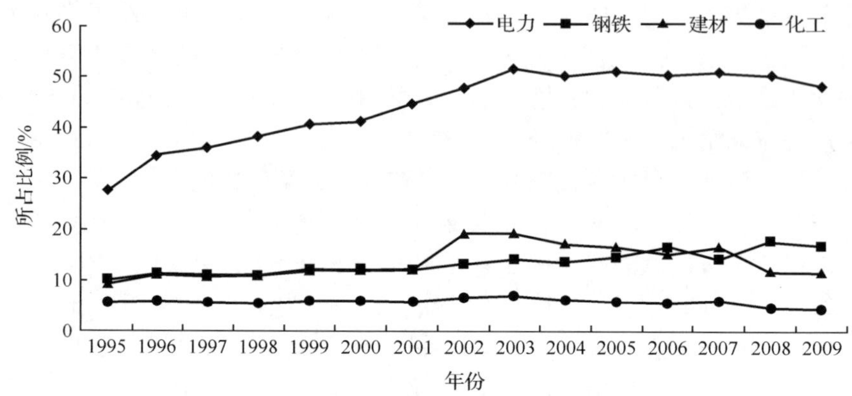

图 2-5　四大行业煤耗占总煤耗比例

资料来源：林伯强，2010

等特殊施工技术已经达到了国际先进水平。在煤矿技术装备制造方面，大功率电牵引采煤机总功率达到 2500kW，重型刮板输送机总功率达到 3×1000kW，强力液压支架支撑高度达到 7.0m，工作阻力达到 17 000kN，主要技术指标均位于世界前列。在煤矿开采技术方面，大采高厚煤层一次采全高、特厚煤层综放开采、薄煤层综采、急倾斜和地质构造复杂煤层开采技术等先进工艺被广泛推广应用；大型综采、综掘、运输、提升技术装备国产化研制取得新的进展。

在煤矿信息化技术方面，大型矿区建成了集矿区采掘生产、机电装备、安全监测、信息通信、多媒体和可视化的煤矿自动化、信息网络化系统。

在煤矿灾害防治技术方面，煤矿重大灾害防治技术取得突破性进展，煤矿瓦斯（煤层气）抽采技术、煤与瓦斯突出、煤矿火灾、水灾防治技术和煤矿顶板事故防治与支护技术取得新的进展。

在煤炭洗选加工技术工艺方面，重介质大型选煤设备、选煤自动化仪表、计算机测控系统，主要生产环节的自动检控和全厂集中控制技术性能接近国际先进水平；年产能力 400 万 t 以下选煤厂成套装备国产化程度大幅提高。

在煤炭转化技术方面，洁净煤技术取得重大突破，具有自主知识产权的煤炭直接液化技术和工艺取得突破，神华集团煤炭直接液化年产 100 万 t 商业化示范生产线投入运行；世界上第一套以高硫煤为原料生产清洁能源的甲醇装置，在兖矿集团建成投产。

近年来，与煤共伴生的资源利用技术和环境保护技术也得到快速发展。采用地面和井下相结合的煤层气抽采利用技术、煤矸石发电、土地复垦、洁净开采及矿井水资源化利用技术的研究开发都取得了积极进展，使矿区生态环境保护、发展循环经济取得了初步成效。

(5) 煤炭运输以铁路为主、港口运输为辅，铁路运力紧张

中国煤炭运输主要通过以下两种方式：铁路和港口运输。其中，铁路是我国煤炭运输的主要方式。如图 2-6 所示，铁路的煤炭运量占全国煤炭运输量的 60%以上，并呈现不断扩大的趋势。由于我国煤炭资源主要分布在西北方，而煤炭消费主要在东南方，从而形成若干从北向南、由西向东的运煤铁路大通道。如图 2-7 所示，2011 年，全国铁路运输煤炭 22.1 亿 t，增长 10.94%，自 2006 年以来持续保持增长态势。

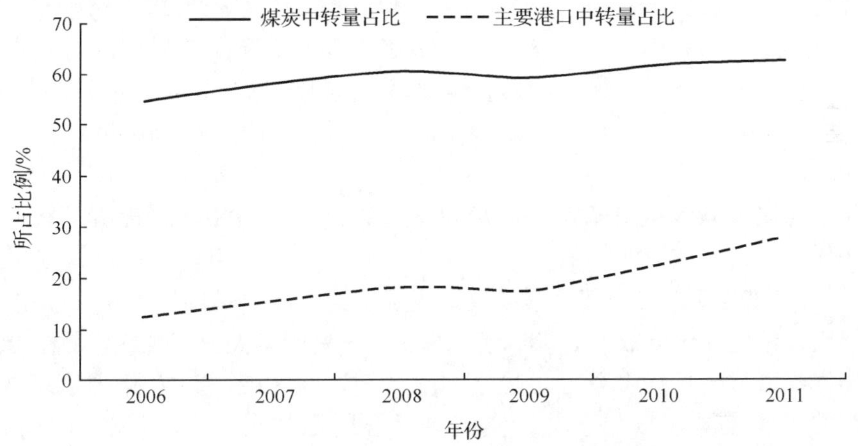

图 2-6　2006～2011 年铁路和港口煤炭中转量占全国煤炭产量比例

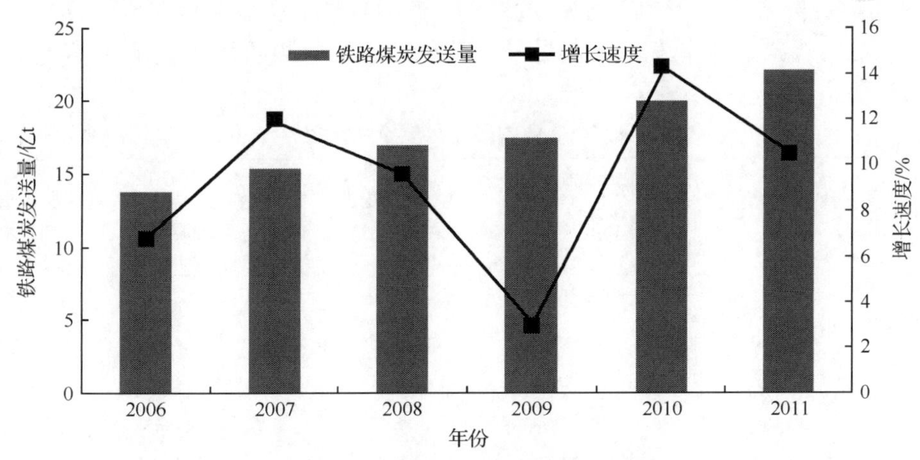

图 2-7　2006～2011 年我国铁路煤炭发送量及增速

资料来源：中国煤炭工业协会，2011

然而，虽然中国铁路煤炭运输实现大幅增长，但是增长速度低于同期煤炭生产和消费的增长速度，煤炭运输仍然是制约煤炭供应的主要因素，中国铁路运力长期短缺。随着煤炭产量的增长，运输量也相应增长。近年煤炭需求急剧上升，原本薄弱的铁路运力就更显得捉襟见肘。在西煤东运方面有大秦线、朔黄线等专用煤运通道，而在北煤南运方面却没有专门的煤炭运输线路，运煤能力跟不上日益增长的需求。此外，虽然有从产煤地直接到华中地区的线路，但是运输量有限，内蒙古、陕西等地的煤主要还是通过铁路运到港口，再通过海运、河运等方式运到华中地区，加大了运输经济和时间成本。

港口运输是煤炭运输的第二大途径，其中转量占煤炭产量的比例从 2006 年的 12.4%增长到 2011 年的 27.8%。2011 年，全国主要港口累计发送煤炭 6.53 亿 t，同比增长 17.5%。其中，内贸煤炭发运累计完成 63 770 万 t，同比增加 9981 万 t，增长 18.6%。而外贸煤炭发运完成 1402 万 t，同比减少 408 万 t，下降 22.5%。

(6) 煤炭价格保持增长态势，煤电上下游产业的价格机制差异阻碍煤炭价格市场化

1994～2002 年，我国基本形成以市场定价为主的煤炭价格机制，除电煤外，所有煤炭价格已经全部放开。2006 年 12 月，煤炭产运需衔接视频电话会议取代了全国煤炭订货会，标志着电煤价格“双轨制”的终结，2010 年国家首次取消了传统的年度煤炭衔接现场会，实施电子合同汇总，进一步推进煤价市场化（翁非，2011）。从表 2-3 可以看出，1997～2009 年中国煤炭价格上涨趋势明显，2009 年煤炭价格较 1997 年上涨超过一倍。然而这种上涨趋势是在全球煤炭价格持续上涨的背景条件下发生的。另外，从整体上国内煤价水平仍低于其他主要煤炭消费国。

表 2-3　各国历年煤炭价格比较　　（单位：美元/t）

年份	西北欧市场均价	美国中部阿巴拉契亚煤炭现货价格指数	日本炼焦煤进口到岸价格	日本动力煤进口到岸价格	中国市场平均价格
1997	38.92	29.76	55.51	45.53	20.11
1998	32.00	31.00	50.76	40.51	19.37
1999	28.79	31.29	42.83	35.74	17.26
2000	35.99	29.90	39.69	34.58	16.95
2001	39.03	50.15	41.33	37.96	18.26
2002	31.65	33.20	42.01	36.90	20.30

续表

年份	西北欧市场均价	美国中部阿巴拉契亚煤炭现货价格指数	日本炼焦煤进口到岸价格	日本动力煤进口到岸价格	中国市场平均价格
2003	43.60	38.52	41.57	34.74	30.59
2004	72.08	64.90	60.96	51.34	32.65
2005	60.54	70.12	89.33	62.91	32.65
2006	64.11	62.96	93.46	63.04	33.98
2007	88.79	51.16	88.24	69.86	36.76
2008	147.67	118.79	179.03	122.81	49.91
2009	70.66	68.08	167.82	110.11	48.51

资料来源：BP，2011；翁非，2011

以往我国煤炭和电力定价存在差异，即煤炭价格基本由市场决定，电力价格由政府行政确定，煤电价格双轨制导致的价格“扭曲”，不但造成电企严重亏损，还导致缺电及巨大的交易成本。煤电上下游产业的价格机制差异使得煤炭价格离完全市场化定价仍存在不少差距。国家虽然积极推进煤炭价格市场化，取消电煤指导价及煤电联动机制，但在稳定物价的宏观政策背景下仍未放弃使用临时价格干预政策。

(7) 进口量不断增加，由煤炭出口国转为煤炭净进口国

近二十年里中国煤炭进出口贸易有显著变化。如图 2-8 所示，21 世纪 90 年代初到 2000 年，中国煤炭贸易以出口为主，煤炭进口量仅为出口量的 4%左右。

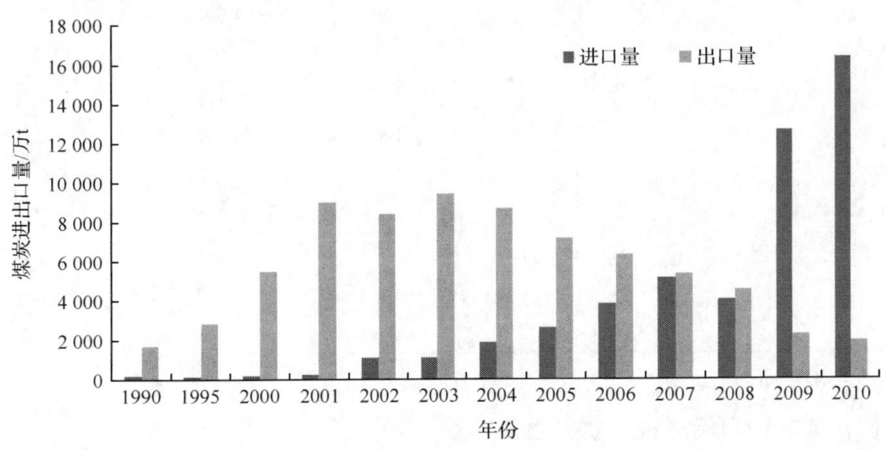

图 2-8 中国历年煤炭进出口量

从 2002 年开始，中国煤炭进口量快速增长，年进口量超过 1000 万 t。2005 年煤炭进口量增长至出口量的 36%，2007 年煤炭进出口量已经接近持平。国家能源局发布的数据显示，在强大内需的拉动作用下，2009 年中国第一次成为煤炭净进口国。2010 年中国累计进口煤 16 309.53 万 t，比上年增长 29.61%；出口煤 1 910.37 万 t，下降 14.7%；全年净进口煤 14 399.15 万 t，煤炭对外依存度约为 5.1。

2.2.1.2 石油

(1) 原油对外依存度不断升高，超过石油安全警戒线

从表 2-4 可以看出，中国原油消费量近年来不断攀升，从 2001 年的 2.1 亿 t 增长到 2010 年 4.3 亿 t，消费量翻了一番，而生产量增速远远低于消费量增速，从而导致依靠大量石油进口来满足国内快速增长的石油需求。因而，中国石油进口量持续增长，对外依存度从 2001 年的 27.3%增长到 2010 年 53.5%。2009 年开始，中国石油对外依存度已达到 51.3%，超过了国际上公认的 50%警戒线水平，必须重视高对外依存度所带来的一系列潜在风险。这些严重威胁主要表现在两方面：一方面是中国的石油供给国大多在政治、经济上不稳定，石油供应量不确定性高；另一方面是中国的石油进口主要依赖海路运输，而中国在维护海上咽喉通畅方面的实力还有待增强。

表 2-4 中国历年原油消费量、生产量和进口量

年份	表观消费量/亿 t	同比增长/%	国内产量/亿 t	进口量/万 t	进口依存度/%
2001	2.1	5.0	1.6	0.6	27.3
2002	2.3	9.5	1.7	0.7	29.2
2003	2.5	8.7	1.7	0.9	34.6
2004	2.9	16.0	1.8	1.2	40.0
2005	3.0	3.7	1.8	1.3	41.9
2006	3.2	7.2	1.8	1.5	45.5
2007	3.4	5.5	1.9	1.6	45.7
2008	3.5	4.3	1.9	1.8	48.6
2009	3.8	7.4	1.9	2.0	51.3
2010	4.3	12.4	2.0	2.3	53.5

资料来源：林伯强，2010

(2) 成品油自给率高，供需基本平衡

从图 2-9 可以看出，成品油的消费近年来呈现不断增长的趋势，汽油、柴油及煤油消费量 2004～2010 年平均增长率分别为 7.28%、7.1%和 8.95%。但同时成品油保持较快的增长速度。因此，中国成品油供需基本平衡，自给率高。值得注意的是，燃料油消费量近年来有所下降。这主要是因为燃料油市场发生结构性变化。受国家节能减排及天然气等替代燃料的冲击，再加上燃料油消费税的征收，使得燃料油消费量逐年递减。

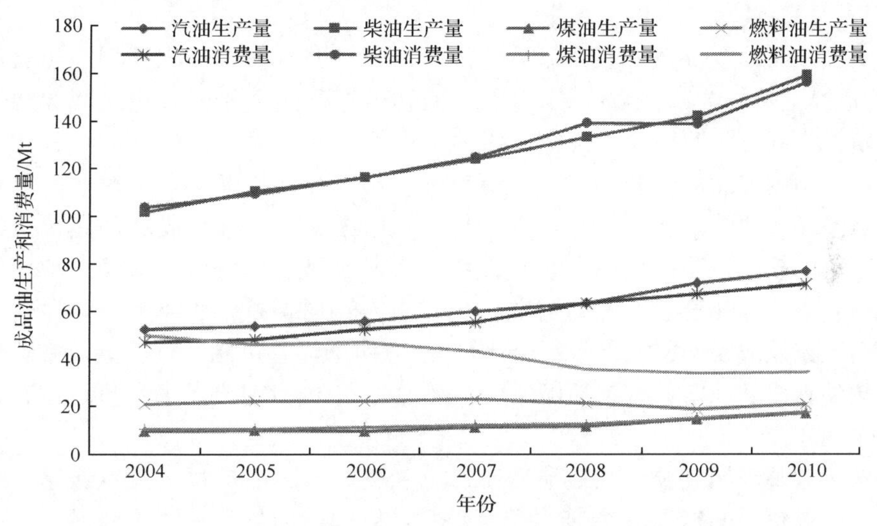

图 2-9　成品油生产和消费情况

(3) 油气管道建设逐步完善，四大油气通道战略布局基本完成

目前中国进口石油主要采用海上运输的方式，铁路运输原油数量也不多，90%的石油贸易是通过海上运输。然而海上运输大多由国外油船承担，国内海运存在规模小、吨位少、船型结构不合理等问题。此外，海运途中存在各种不安全因素，例如，途经马六甲海峡的不稳定因素，导致海运抵御风险能力较弱。

油气管网是能源输送的大动脉。过去 10 年，我国油气管网建设加速推进，覆盖全国的油气管网初步形成，东北、西北、西南和海上四大油气通道战略布局基本完成，我国油气供应保障能力明显提升。截至 2010 年年底，中国已建油气管道的总长度为 7.9 万 km，其中原油管道 2.2 万 km，成品油管道 1.8 万 km。已形成了跨区域油气管网供应格局。因此，困扰我国多年的 80%进口原油必经马六甲海峡这一战略咽喉要道的不利局面出现根本改观。在西北，我国首条跨国原油管道中哈原油管道全线贯通，横贯中土哈乌四国的中亚天然气管道工程正式投产。在东北，中俄原油管道已投入运营。在西南，中缅油气管道境内外全线开工建设。西北、东北、西南及海上四大油气进口战略通道格局初现。

我国已形成由西气东输一线和二线、陕京线、川气东送为骨架的横跨东西、纵贯南北、连通海外的全国性供气网络。“西气东输、海气登陆、就近外供”的供气格局已经形成，并形成较完善的区域性天然气管网。中哈、中俄、西部、石兰、惠银等原油管道构筑起区域性输油管网。以兰成渝、兰郑长等为代表的成品油管道，作为骨干输油管道，形成了“西油东送、北油南下”的格局。

（4）成品油价格难以反映市场需求

中国成品油定价经历了四个阶段：1998 年 6 月 3 日，国家计划委员会出台《原油成品油价格改革方案》，规定中石油和中石化两个集团公司之间原油交易结算价格由双方协商确定，价格由原油基准价和贴水两部分构成；从 2000 年 6 月份起，国内成品油价开始参考国际市场价格变化相应调整，当时参考的只有新加坡市场的油价；从 2001 年 11 月份起，中国又一次进行成品油定价机制改革，改革的核心是国内成品油价格改为参照新加坡、鹿特丹、纽约三地市场价格调整，当国际油价上下波动幅度在 5%～8%内时保持油价不变，超过这一范围时由国家发改委调整零售中准价；目前，“四个配套机制”已逐渐落实，但最为关键的新成品油定价机制却仍“待字闺中”。中国目前成品油定价机制存在以下几个问题。

油价调整周期过长，往往滞后于市场变化。国际油价每天涨跌频繁，而以往的油价调整时间短至一个月、长至数月，对国际油价反映严重滞后，不能对市场变化做出灵敏的反应。这一定价机制导致“跟涨不跟跌”的现象。为此，2013 年出台的新定价机制将调价周期从最短一个月缩短至连续 10 个工作日，取消了涨跌幅门槛。然而，今后应继续推进成品油定价改革，以更好发挥价格的杠杆作用，奠定油价的市场化基础。

尚未真正与国际市场接轨。目前成品油价与国际市场机械接轨，扭曲了市场正常需求。造成的主要问题有：调价滞后，跟涨不跟跌；国内外市场需求不同，机械的国际接轨造成价格与需求存在偏差。因此，新的成品油价格机制应该把成品油定价权下放给企业，让市场决定价格，企业根据市场的变化来进行调动，政府主要起监管作用。此外，成品油价格还要根据国内生产以及供需的情况综合而定。

定价机制不够公开与透明。成品油定价机制应以国际原油价格为基础，加上国内平均加工成本、税收和合理利润而确定。但具体和哪个国际油价接轨、权重如何、国内平均成本和税收及合理利润等并未公开。因此，应进一步公开成品油定价公式和挂靠油种，以实现定价全透明。

此外，成品油价格机制与原油价格不对称，影响正常的成品油生产和消费。

目前国内原油出厂价由企业按照国际油价变动情况，每月进行调整。而成品油价格并未完全市场化，炼油生产企业原油进价与成品油销价不匹配，不利于产销衔接。

（5）石油储备尚处于起步阶段

石油战略储备是国家石油安全的核心内容，它可以应对石油和其他能源供应出现中断的风险，应对国际石油市场暴涨的风险，应对地区冲突、战争及各种政治风险，等等。国际能源署规定其成员国应该保持相当于 90 天进口石油量的储量。2007 年 12 月 18 日，国家发改委宣布，中国国家石油储备中心正式成立，旨在加强中国战略石油储备建设，健全石油储备管理体系。决策层决定用 15 年时间，分三期完成石油储备基地的建设。由政府投资的中国首期 4 个战略石油储备基地分别位于浙江舟山和镇海、辽宁大连及山东黄岛，已于 2008 年全面投用。储备总量 1640 万 m^3，约合 1400 万 t（按照 BP 统计资料的换算标准，1 m^3原油相当于 0.8581t），相当于我国 10 余天原油进口量，加上国内 21 天进口量的商用石油储备能力，我国总的石油储备能力可达到 30 天原油进口量。

虽然我国的石油战略储备建设已经取得了一定成果，但尚处于起步阶段，还存在许多问题：①目前建立的石油储备基地都集中在沿海地区，选址过于集中，并且储备方式单一；②没有相关法律保障；③储备资金来源单一，根据我国的石油储备计划，国家是主要投资者，建立战略石油储备所需要的巨额资金完全由国家财政出资，造成政府负担过重，并将制约储备石油的发展。

2.2.1.3　天然气

（1）天然气消费实现跨越式发展

近年来，节能减排的压力和煤炭价格的高涨，使得一些原先使用煤炭的企业转而使用天然气，在一定程度上刺激了天然气需求量的增加。同时，工业用气规模扩大，特别是以天然气为原料的化肥生产企业纷纷上马，以及一些城市的燃气企业开发新用户，都导致了需求量的增加。从图 2-10 可以看出，天然气消费量从 2000 年的 245 亿 m^3增长到 2010 年的 1073 亿 m^3，平均增速为 16.04%。自 2010 年起，我国天然气表观消费量为 1073 亿 m^3，首次突破千亿立方米。天然气是今后一个时期具备快速发展条件的清洁优质能源，天然气的快速发展有利于满足我国调整能源结构、减少环境污染、提高能源利用效率、降低碳排放强度的需求。可以预见，今后天然气将进入持续快速发展的时期，并有望实现跨越式发展。

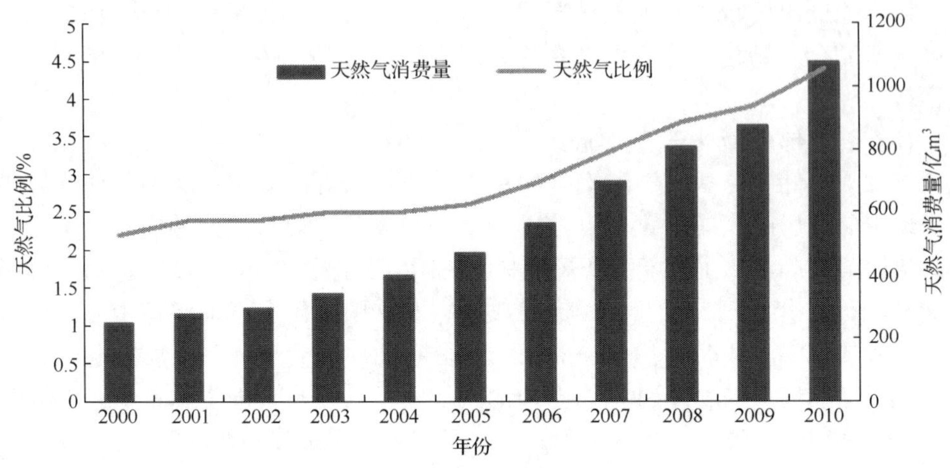

图 2-10　中国天然气历年消费量

(2) 天然气产量快速发展，气田分布集中

我国陆上天然气区主要以新疆塔里木、内蒙古鄂尔多斯、四川川渝和青海四大气区为主。近年来我国天然气需求持续增加的同时，天然气资源的勘探开发也迈上了快速发展的道路，各大陆上产气区纷纷开足马力投产、上产。同时，众多素以产油为主的油田走上了产油产气并重的新路子。天然气生产量从 2000 年的 272 亿 m³ 增长到 2010 年的 944.8 亿 m³，平均增速为 13.35%。从地区生产布局来看，2010 年天然气产量最高的三个省份分别是新疆、四川和陕西。新疆是我国重要的油气基地，今后 10 年，新疆将全面实施“四大基地一个通道”战略，即把新疆建成全国最重要的油气生产基地、炼油化工基地、石油储备基地、工程技术服务保障基地，以及引进中亚-俄罗斯油气资源的战略通道。同时加快“气化新疆”建设的步伐。2010 年四川省天然气产量已超过陕西省居第二位。大幅增长主要是由于川东气田正式投入生产运营（表 2-5）。

表 2-5　2010 年各地天然气产品产量

地区	2010 年/万 m³	2009 年/万 m³	同比增长率/%
天津	17.19	14.30	0.20
河北	12.68	10.87	0.17
辽宁	8.01	8.10	−0.01
吉林	13.67	11.62	0.18
黑龙江	30.01	30.04	0.00

续表

地区	2010 年/万 m^3	2009 年/万 m^3	同比增长率/%
上海	3.26	4.03	−0.19
江苏	0.56	0.57	−0.02
山东	5.29	9.02	−0.41
河南	6.75	9.99	−0.32
湖北	1.97	1.67	0.18
广东	78.36	58.43	0.34
海南	1.84	1.86	−0.01
重庆	1.21	0.60	1.02
四川	234.16	190.56	0.23
陕西	223.47	189.52	0.18
甘肃	0.21	0.29	−0.28
青海	56.10	43.07	0.30
新疆	249.91	245.36	0.02
全国	944.64	829.92	0.14

(3) 从天然气出口国转为净进口国，贸易运输能力逐步完善

进口天然气逐渐成为满足日益增加的天然气需求的重要保障。从图 2-11 来看，中国天然气在 2006 年以前为净出口国，即天然气生产量能够满足国内需求

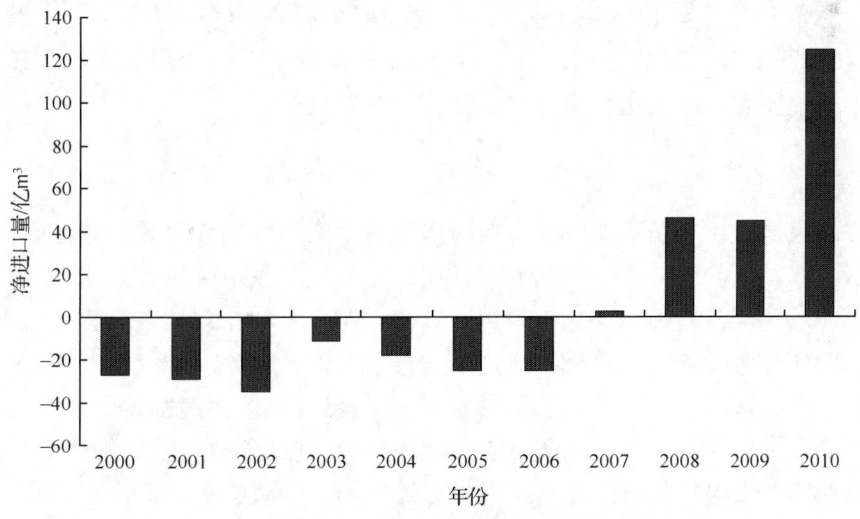

图 2-11 天然气历年净进口量

并产生剩余用于出口。而随着天然气需求量的不断增加，生产量渐渐跟不上消费量的增长速度，因而，2006 年以后，中国成为天然气净进口国，2010 年，中国天然气进口量达到 124.61 亿 m^3，占表观消费量的 11.61%。

近年来我国注重加强天然气进口的战略通道建设。2010 年 9 月年输气能力 120 亿 m^3 的中缅油气管道工程中国段开工建设，我国西南地区油气资源陆路通道开始打通。至此，加上中俄、中哈和中亚油气管道，中国成功打通了四条油气进口战略大通道，加上中哈天然气管道二期工程的开工建设，将促使中国天然气进口量大幅上涨。涩宁兰复线、川气东送、陕京三线、榆济线、西气东输二线东段工程中卫—黄陂段等一批天然气骨干管道工程相继投运，有效弥补了冬季用气缺口。另外，我国已建成的液化天然气（LNG）项目有中海油的福建、广东两处接收站，多方合资的上海 LNG 接收站等，中石油的江苏 LNG 接收站，以及正在建设的中石油大连、唐山 LNG 接收站。其中中石油的江苏 LNG 接收站已在 2011 年正式投产和商业运营。

(4) 天然气储备

加大储气库建设，是国家能源发展的重要战略之一。目前已建和在建的储气库有 4 个，分别为大港储气库群，京 58、京 51、永 22 储气库，苏南金坛储气库，苏北刘庄储气库。2010 年启动华北油田、辽河油田等 10 个储气库建设，总库容 244 亿 m^3。其中湖北潜江储气库、金坛储气库为满足川气东送的安全供气而建设的；辽河、大庆、长春储气库为稳定东北管网稳定运行而建设的；中原文留、鄂尔多斯、华北雁翎则是陕京管线的配套系统；河南平顶山、湖北应城是为配合西气东输二线投运后的储气需要而建设的。已经投用的大港油田储气库为中石油所有，中石化目前也在做储气库前期工作。

2.2.1.4 火电

(1) 火电装机容量不断下降，但仍居主导地位，火电结构不断优化

从 2000 年到 2010 年，中国电力行业迅速发展，发电装机容量由 2000 年的 31 932.12 万 kW 增长到 2010 年的 96 641 万 kW，平均增长速度一直保持两位数增长。而从电源投资结构来看，火电所占比重一直保持在 70%以上。但从火电装机容量占比来看，自“十一五”以来，火电装机容量比例持续下降，这主要是由于国家大力扶持非化石能源发展，水电、风电投资力度不断加大。在未来一段时期内，火电比例虽持续下降但优势地位仍不可动摇（表 2-6）。

表 2-6　2000～2010 年总发电装机容量及火电装机容量

年份	总发电装机容量/万 kW	火电装机容量/万 kW	火电装机比例/%
2000	31 932.1	23 754	74.39
2001	33 848.7	25 314	74.79
2002	35 657.1	26 555	74.47
2003	39 140.5	28 977	74.03
2004	44 238.7	32 490	73.44
2005	50 841	38 413	75.56
2006	62 200	48 405	77.82
2007	71 329	55 607	77.96
2008	79 273.1	60 286	76.05
2009	87 410	65 108	74.49
2010	96 641	70 967	73.43

为有效控制火电厂大气污染物排放，我国采取了发展清洁发电技术，降低发电煤耗，淘汰落后产能，强化节能减排，关停小火电机组，推进电力工业结构调整等一系列重要措施，并取得了显著成效。2007 年，为实现“十一五”规划纲要提出的单位国内生产总值能源消耗降低和主要污染物排放总量减少的目标，国家发改委颁布了《关于加快关停小火电机组的若干意见》的文件，对小火电关停做出了具体部署。“十一五”关停小火电的任务提前完成，小火电关停容量达到 6006 万 kW，30 万 kW 及以上火电机组占到了全部火电机组容量的 64.46%。截至“十一五”末，累计建成运行 5.65 亿 kW 燃煤电厂脱硫设施，全国火电脱硫机组比例从 2005 年的 12%提高到 80%。

（2）火电发电量占比先升后降，发电小时数逐年降低

从表 2-7 可以看出，随着经济社会快速发展对电力的需求的不断增加，中国火电发电量以 11.77%的平均增速增加，从 2000 年的 11 079 亿 kW·h 增长到 2010 年的 34 166 亿 kW·h。然而，随着中国结构的不断优化，以及水电、核电及风电等非化石能源发电份额的不断增加，火电在总发电量中的比重近年来出现明显的下降趋势。此外，随着大批电源项目的相继建成投产，电力供需形势逐渐缓和，全国供需总体基本平衡，发电设备利用小时数在 2003 年持续大幅回落。2009 年，全国火电平均设备利用小时数为 5031 小时，比 2000 年减少 407 个小时。

表 2-7　中国历年火电发电量与发电小时数

年份	火电发电量			发电小时数	
	发电量/亿 kW·h	占总发电量比例/%	同比增长/%	发电小时数	同比增长/%
2000	11 079	81.0	10.3	—	—
2001	12 045	81.2	8.7	—	—
2002	13 522	81.7	12.3	5 272	—
2003	15 790	82.9	16.8	5 760	9.26
2004	18 073	82.6	14.5	5 991	4.01
2005	20 180	81.5	11.7	5 865	−2.10
2006	23 573	83.2	16.8	5 612	−4.31
2007	27 207	82.9	14.5	5 344	−4.78
2008	28 030	81.2	3	4 885	−8.59
2009	30 177	82.0	7.66	4 865	−0.41
2010	34 166	80.8	13.22	5 031	3.41

2010～2011 年，全国火电设备平均利用小时开始快速攀升，2010 年达到 5031 小时，2011 年达到 5294 小时，分别比上年提高 226 小时和 264 小时，2011 年达到 2008 年以来最高水平。火电设备利用小时增加较多，一方面是水电出力下降所致，2011 年水电减发带动全国火电设备利用小时回升 100 小时左右，且各省影响程度不同；另一方面则是电力需求快速增长而有效供应能力不足所致。

(3) 供电煤耗达到世界领先水平

供电煤耗是体现火力发电厂是否先进的一项重要考核指标。2000 年以来，全国供电煤耗平均累计下降 59gce/(kW·h)。2010 年全国 6000kW 及以上火电机组平均供电煤耗下降到 333gce/(kW·h)，超过“十一五”规划目标值 22gce/(kW·h)，达到世界先进水平。供电煤耗率加速下降的主要原因有两个：一方面是火电厂节能技术的不断更新升级；另一方面是对非化石清洁能源的支持倾斜（图 2-12）。

(4) 电力消费需求旺盛，主要集中在工业，尤其是五大耗能行业

中国电力消费总额较大，2010 年，中国全社会用电量为 41 999 亿 kW·h，美国全社会用电量为 44 009 亿 kW·h，中国约为美国的 95%。而从人均用电量来看，中国人均用电量为 3135kW·h，仅为美国的 22%。从用电结构来看，如图 2-13 所示，中国以工业用电为主，2008 年中国工业、居民生活用电量及其他用电量占全社会用电量的比例分别为 73.5%、12.73%、13.77%；工业所占份额远高于世界平均以及经济合作与发展组织（Organization for Economic Co-operation and Development，OECD）国家。在工业用电结构中，仅化学原料及化

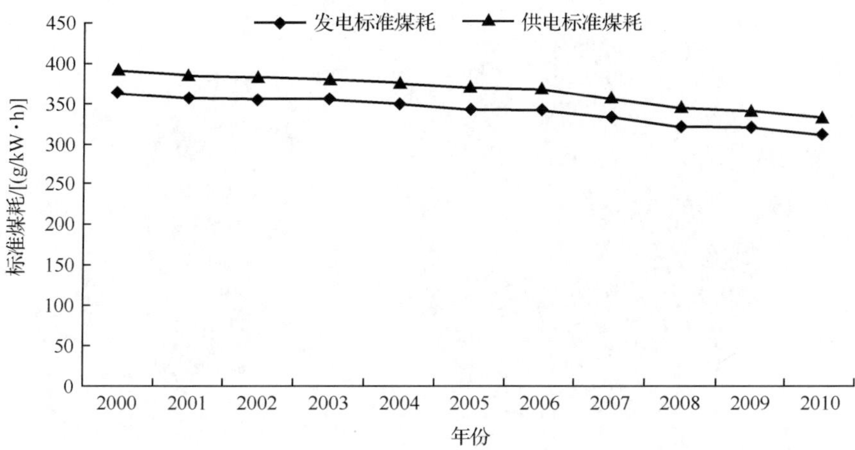

图 2-12　2000～2010 年供电煤耗和发电煤耗变化趋势

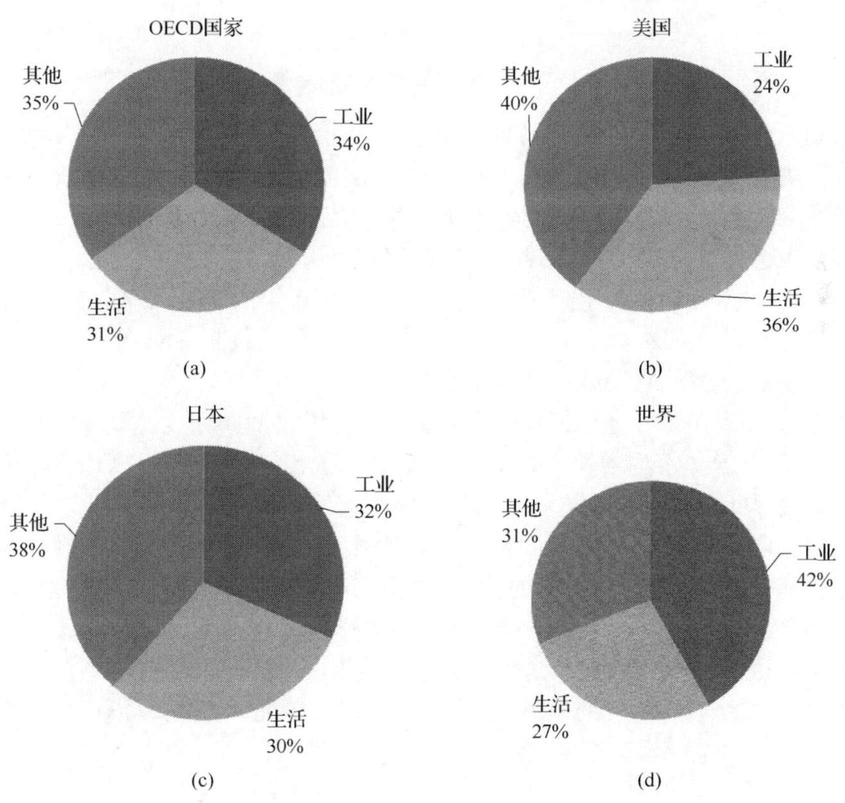

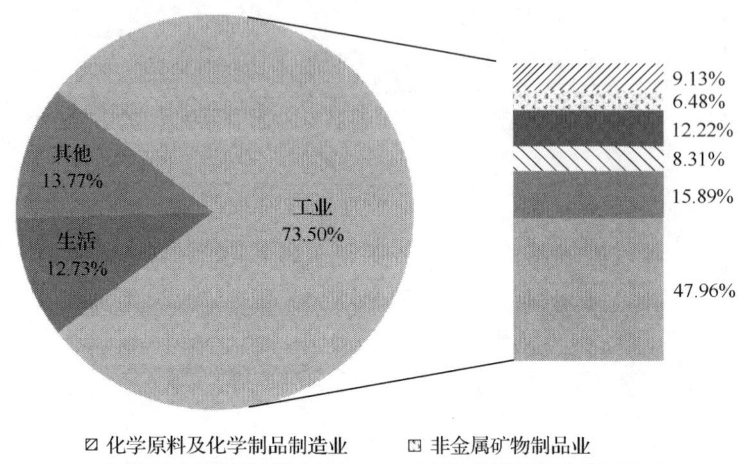

(e)

图 2-13 中国电力消费结构及国际比较

学制品制造业、非金属矿物制品业、黑色金属冶炼及压延加工业、有色金属冶炼及压延加工业，以及电力、热力的生产和供应业五大行业电力消费占整个工业消费的 52.04％。这些行业因此是拉动用电增长的决定因素。

（5）电力网输送能力不断强化，线损率持续降低

2010 年，全国电网线损率为 6.49％，比 2000 年的 7.7％减少了 1.21 个百分点，优于英国、加拿大、澳大利亚等国，全国平均线损总体处于同类资源与负荷密度条件国家中的先进水平（图 2-14）。

截至 2011 年年底，全国 220kV 及以上输电线路回路长度达到 48 万 km，是 2002 年的 2.5 倍，年均增长 10.8％；公用变设备容量达到 22 亿 kV·A，是 2002 年的 4.2 倍，年均增长 17.26％。目前，中国电网规模已居世界第一。2002 年厂网分开后，电网建设投资力度明显增加，全国电力建设投资中电源投资与电网投资之比从初期的 2∶1 到目前的接近 1∶1，逐步实现了电源、电网建设均衡发展，电网规模不断扩大，电压等级逐步提升，实现了 1000kV 交流特高压、±800kV 直流特高压工程投产运行。目前，全国大部分地区已形成了 500kV 为主（西北地区为 330kV）的电网主网架。东北、华北、西北、华中、华东、南方六大区域电网全部实现互联。

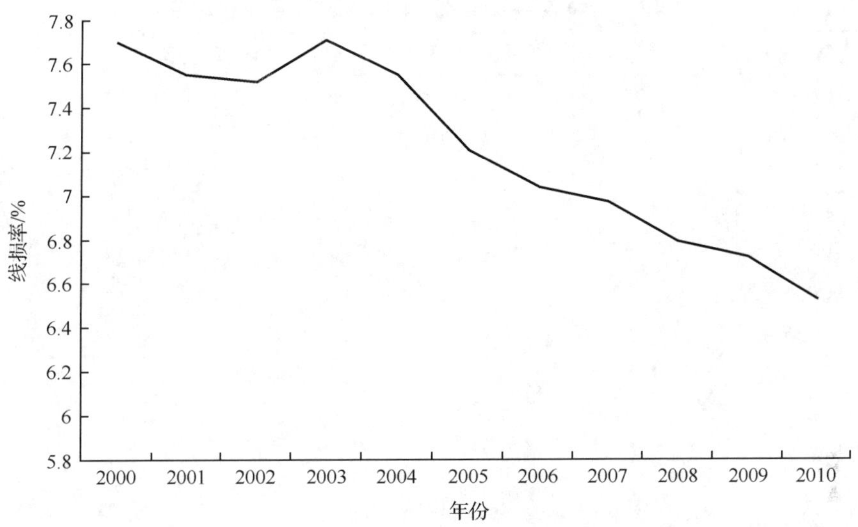

图 2-14 中国历年线损率变化情况

我国国家电网公司以“坚强智能电网”为目标，提出了到 2020 年的三阶段发展规划，提出建设以特高压为骨干网架、各级电网协调发展的坚强智能电网。过去两年，国家电网全面推进智能电网试点工程建设，全面启动了 21 类 228 项试点工程，制定了 15 项智能变电站标准，已经建成陕西 750kV 以及延安、江苏 220kV 等 8 个智能变电站。加快技术标准制定和关键设备的研发应用，加强清洁能源发电并网技术研究，提高电网优化配置能力，研发重点领域集中在智能化电力电子设备、智能化传感技术、可再生能源并网、储能技术和分布式能源。

(6) 电价水平低，电价机制改革迫在眉睫

2009 年我国工业电价在世界上处于中等偏下水平，居民电价远低于国外。2009 年，我国工业电价平均为 0.086 美元/(kW•h)，据统计，同期美国、日本等 26 个国家和地区平均为 0.118 美元/(kW•h)，我国工业电价约为上述国家平均值的 72.9%。分地区比较，我国工业电价为欧洲国家平均水平的 70%，日本的 54%，但已比韩国、美国工业电价高，分别为韩国的 148%，美国的 126%(美国电价内未计入税金)。2009 年，我国居民电价平均水平为 0.075 美元/(kW•h)，据统计，26 个国家和地区居民电价与工业电价比价约为 1.53，而我国只有 0.87，工业电价承担了部分对居民电价的交叉补贴。我国居民电价仅为丹麦的 20.55%、意大利的 26.41%、日本的 32.89%、美国的 65.21%。这些基本情况说明，中国的工业电价和居民电价与别国比较，是严重偏低的（表 2-8)。

表 2-8　2009 年中国与部分国家用户销售电价比较

国家和地区	工业电价/[美元/(kW·h)]	居民电价/[美元/(kW·h)]
意大利	0.276	0.284
斯洛伐克	0.195	0.231
爱尔兰	0.169	0.255
匈牙利	0.160	0.206
日本	0.158	0.228
奥地利	0.154	0.262
捷克斯洛伐克	0.148	0.192
荷兰	0.141	0.258
土耳其	0.138	0.165
卢森堡	0.136	0.237
英国	0.135	0.206
葡萄牙	0.127	0.215
波兰	0.120	0.167
丹麦	0.111	0.365
法国	0.107	0.159
芬兰	0.097	0.174
以色列	0.096	0.137
瑞士	0.094	0.164
中国	0.086	0.075
墨西哥	0.085	0.079
瑞典	0.083	0.194
新西兰	0.071	0.152
美国	0.068	0.115
挪威	0.059	0.137
韩国	0.058	0.077
哈萨克斯坦	0.038	0.047

注：2009 年人民币/美元汇率按 6.83 计算；奥地利、新西兰工业电价为 2008 年数据。

资料来源：IEA，2010

国家发改委 2010 年公布《关于居民生活用电实行阶梯电价的指导意见（征求意见稿）》，拟在全国推行居民用电“阶梯式累进电价”。此举将结束中国全民低电价时代。带有政府定价性质的阶梯电价从实质上看是一次调高电价的过程。那么，调高之后的收入到底应该归谁所有？从煤电价格关系来看，调高电价有助于理顺煤电价格关系，保证电力企业的正常运转。但毕竟这种定价属于政府定价，其与市场价格还有不小的差距，所增加的收入是否应该全部归属电力企业和电网，还需要进一步明确。

阶梯电价改革提出了一个什么是市场价格的问题。市场价格是市场需求和供给共同作用的结果。但是，如果市场需求和市场供给都严重受到市场之外因素的影响，那么，作为资源能源价格市场化过程一部分的电价市场化形成机制改革还没完成。因此，中国必须坚持市场化原则，理顺电价形成机制，应由政府制定出台独立的输配电价。同时，上网电价、销售电价要放开，上网电价要与煤炭价格变化联动，使煤炭价格从根本上与电力价格并轨，传导到终端用户，并在市场作用下最终确定销售电价。

2.2.2　传统能源发展中存在的核心问题

2.2.2.1　人均占有量低，开采难度大

根据《BP 世界能源统计报告・2011》的统计数据，石油探明储量 20 亿 t，年生产量 2.04 亿 t、消费量 4.53 亿 t，即可供开采 10 年或消费 4.4 年；天然气探明储量 28 000 亿 m^3，年生产量 968 亿 m^3、消费量 1090 亿 m^3，即可供开采 29 年或消费 25.7 年；煤炭探明储量 1145 亿 toe，年生产量 18 亿 toe、消费量 17.14 亿 toe，即可供开采 63.6 年或消费 66.8 年。资源约束给我国经济社会的可持续发展提出了巨大的挑战。特别是石油，即使保持现有开采规模，也只够再开采 10 年。此外，与世界相比，中国煤炭资源地质开采条件较差，大部分储量需要井工开采，极少量可供露天开采。石油天然气资源地质条件复杂，埋藏深，勘探开发技术要求较高。未开发的水力资源多集中在西南部的高山深谷，远离负荷中心，开发难度和成本较大。非常规能源资源勘探程度低，经济性较差，缺乏竞争力。中国能源资源分布广泛但不均衡。煤炭资源主要赋存在华北、西北地区，石油、天然气资源主要赋存在东、中、西部地区和海域。中国主要的能源消费地区集中在东南沿海经济发达地区，资源赋存与能源消费地域存在明显差别。大规模、长距离的北煤南运、北油南运、西气东输、西电东送，是中国能源流向的显著特征和能源运输的基本格局。

2.2.2.2　能源供应结构不合理

目前，中国已经初步形成了煤炭为主体、电力为中心、石油天然气和非化石能源全面发展的能源供应格局，基本建立了较为完善的能源供应体系。2010

年，中国一次能源生产总量 29.69 亿 tce，达到 1978 年的 4.73 倍。能源生产的不断发展，为国民经济的持续发展和人民生活水平的提高提供了有力的支撑和坚实的基础。

然而当前能源供应结构不合理，以煤为主。虽然清洁能源得到广泛关注和快速发展，天然气和非化石能源利用比例有所增加，2010 年比例已达到 13.7%，但是煤炭在一次能源生产中的主导地位仍然不可动摇，并呈现不断扩大的趋势（图 2-15）。

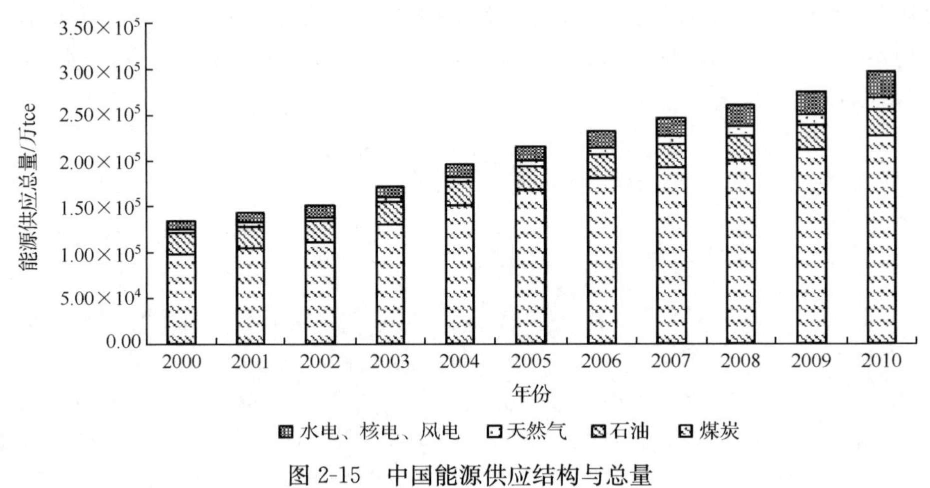

图 2-15　中国能源供应结构与总量

2.2.2.3　能源对外依存度高

中国 2010 年的能源消费占全球能源消费总量的 20.3%，超过美国成为世界最大的能源消费国（BP，2011）。其中，能源进口量大幅度增长。能源进口增幅远大于能源消费量和国内能源生产量的增长率，除了石油进口继续保持快速的增长态势外，煤炭与天然气也步入大量进口的行列。大量的能源进口加大了我国的能源对外依存度，使能源供应安全形势进一步严峻。1993 年中国成为石油净进口国后，2009 年的石油对外依存度攀升到 53.6%，2011 年接近 60%；2010 年天然气进口量 200 亿 m^3，对外依存度为 11.8%，而到 2011 年天然进口量已经攀升到 323.2 亿 m^3，对外依存度飙升至 24.3%。此外，在我国能源消费中占据主导地位的煤炭在 2011 年进口量达到 1.8 亿 t，相较 2010 年增加 10.8%，达到历史新高。随着我国经济的快速增长，能源需求将会进一步增加，未来煤炭、石油、天然气进口量的增加是仍不可避免的，因此我国能源对外依存的上升趋势将会进一步加剧。

2.2.2.4　能源综合运输体系发展较快，石油储备明显不足

能源安全的生产、存储、消费是一个链条，而运输是世界各国所关注的重点。大规模、长距离的北煤南运、北油南运、西气东输、西电东送，已成为中国能源流向的显著特征和能源运输的基本格局。其中，油气管道建设显得尤为重要。2010 年 9 月，年输气能力 120 亿 m^3 的中缅油气管道工程中国段开工建设，打通了我国西南地区油气资源陆路通道。至此，加上中俄、中哈和中亚油气管道，中国成功打通了四条油气进口战略大通道，加上中哈天然气管道二期工程的开工建设，将有效保障中国油气资源的安全进口（图 2-16）。

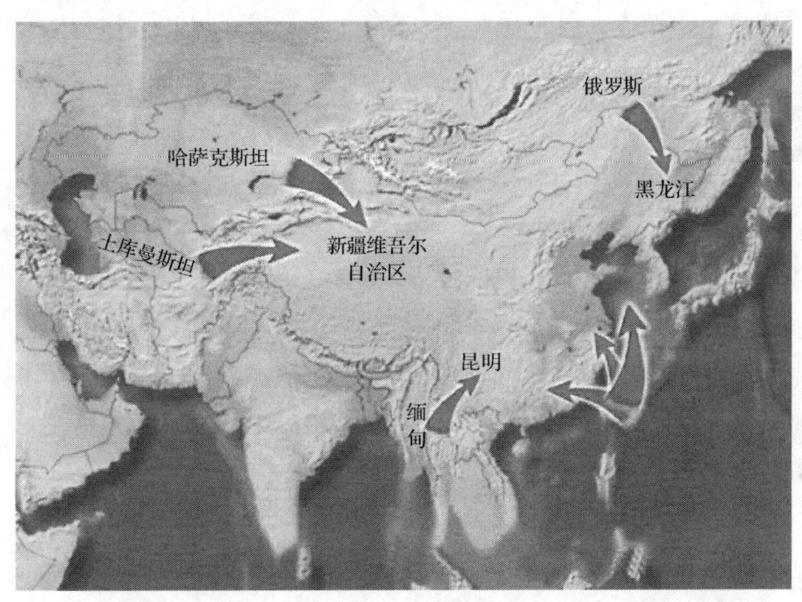

图 2-16　中国油气进口战略通道

然而，中国油气战略储备建设起步较晚。目前，我国已顺利完成石油战略储备一期工程，首批四个储油基地储备总量约 1400 万 t，二期战略石油储备基地则预计 2012 年完工，将储备能力提升到 2.74 亿桶（约合 3753 万 t）。这些工程建设虽然从储油设施等硬件上保障了启动战略石油储备的基本条件，但中国石油战略储备建设仍存在储备资金来源、储备基地选择等困难尚待克服。

2.2.2.5　能源需求快速增加，能源缺口不断扩大。

2010 年中国能源消费总量达到 32.5 亿 tce，已超过美国成为世界上第一大

能源生产和消费国。由于中国经济在未来一段时间将继续保持快速增长的势态，由此带动的能源需求也将持续增加。据 IEA（2010）预测，2008 年至 2035 年期间，中国能源需求将继续飙升 75%，在全球能源使用量中预期占到 36%。按照“十二五”规划，中国经济将按照年均 7%的速度快速增长，按 2010 年价格计算，到 2015 年，中国 GDP 将超过 55 万亿元。这意味着我国将面临新一轮的工业化增加和城市化加速，也就是说经济快速增长的态势保持不变，因此对能源的需求也将持续增加。如果不采取有效措施解决这个问题，能源需求增长引起的传统能源耗竭必然成为阻碍社会经济快速发展的瓶颈。

如图 2-17 所示，到 2010 年，能源供需缺口达到 2.6 亿 tce。为了缓解能源需求持续增长和资源储量不足带来的紧张形势，必须加快开发和利用替代能源，解决能源供需矛盾。

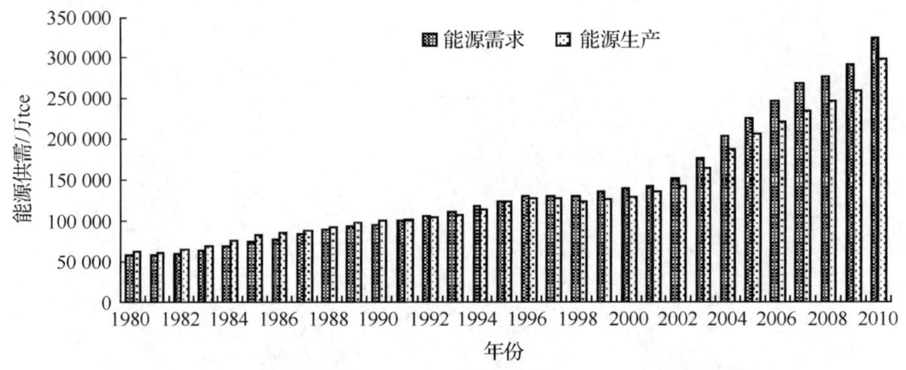

图 2-17　1980～2010 年中国能源供需现状

2.2.2.6　煤电关系紧张，亟待理顺煤炭和电力价格形成机制

煤电价格煤电上下游产业的价格机制存在差异，随着煤炭价格的逐步放开，市场化程度的提高，煤电关系日趋紧张，亟待理顺煤炭和电力价格形成机制。因此，在推进煤炭市场化改革的同时，要继续深化电力体制改革，在发电侧逐步实现“市场定价”，建立煤炭价格、上网电价和销售电价实时联动机制，从根本上改变“计划电”与“市场煤”的体制矛盾和机制冲撞。

2.2.2.7　传统能源产生的温室气体排放逐年攀升，需加强总量控制

能源活动是温室气体最大的排放源。能源系统的温室气体排放主要来源于化石燃料燃烧、燃料开采、加工、运输及工业利用过程中的泄漏和挥发，以及

生物质燃料的燃烧。作为当前最大的发展中国家，中国目前以化石能源为主的能源结构受到资源和环境的严重制约，具有明显的不可持续性。如图 2-18 所示，中国能源燃烧产生的 CO_2 排放量逐年攀升，尽管在政府的努力下近年来碳排放强度有所降低，总量控制仍需进一步加强。

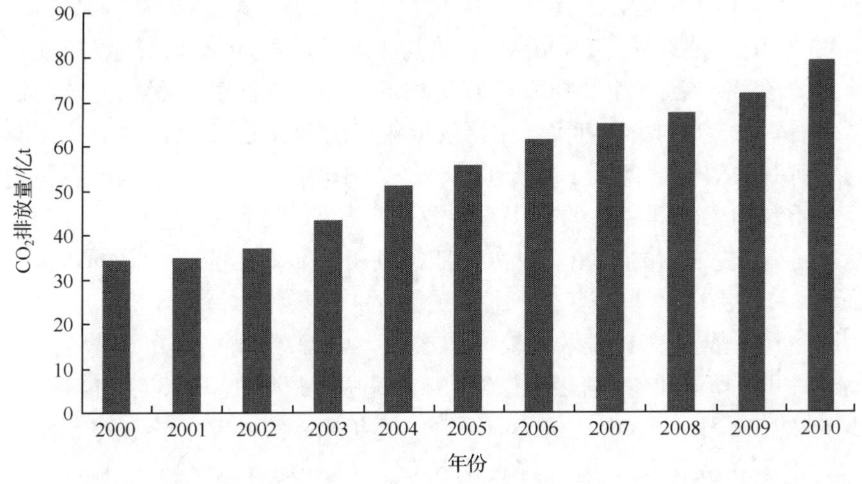

图 2-18　2000～2010 年中国 CO_2 排放量

从以上对中国能源安全状况的分析来看，虽然近年来中国能源安全建设取得了一定成绩，但仍存在许多安全隐患，如石油储备能力不足，能源结构不合理，能源供需紧张等。因此，中国能源安全体系有待进一步完善。如何识别安全隐患并进行有效预警成为建立安全的能源系统的首要任务。

2.3　非化石能源

2.3.1　现状与问题

大力发展非化石能源是应对日益严峻的能源资源瓶颈与环境约束的必然选项，近年来中国空前地加大了非化石能源的投资与建设力度。自 2006 年 1 月《中华人民共和国可再生能源法》实施以来，中国非化石能源进入快速发展时期，近年来中国政府用于新能源领域的投资每年增幅都在 20%以上。联合国环境规划署在美国科学促进会的网站上公布的最新年度报告指出，2010 年中国在可再生能源方面共投资 489 亿美元，比 2009 年增加 28%，成为全球可再生能源领域投资的冠军。

2010年，非化石能源装机比例合计占26.6%。其中，“十一五”时期投产的水电装机是“十五”时期的2.5倍，到2010年年底，全国水电装机容量达2.1亿kW左右。风电装机是“十五”时期的40倍，风电新增装机容量连续四年翻番，到2010年年底，累计装机容量4478万kW，装机规模达到世界首位。2009年和2010年连续两年新增装机容量均为之前的累计总和。生物质能多元化发展，到2010年年底，生物质发电装机约550万kW。对比欧洲发电装机总容量数据来看，截至2010年年底，中国发电装机总容量已经超过欧洲，但非化石能源的比例基数较低，远低于欧洲的46%。2010年年底，中国水电、风电、核电、生物质液体燃料等商品的非化石能源生产量已达到2.6亿tce，占当年能源消费总量的8%左右。加上沼气、太阳能热利用等非商品能源，总的非化石能源生产量为3.11亿tce，占当年能源消费总量的9.6%（原诗萌，2011）。

中国非化石能源发电取得了较好的成绩，电源结构发生了显著的变化，火电比例进一步下降，非化石能源比例上升。其中，风电从1995年的0.06%上升到2010年的1.17%；水电比例略有下降，近年来有反弹趋势；核电比例基本维持在1%～2%；太阳能、地热等发电比例虽有所发展，但所占比例仍然较小（表2-9）。

表2-9　1990～2010年非化石能源发电量及占总发电量比例

年份	总发电量/亿kW·h	水电		核电		风电		地热、潮汐、太阳能等	
		发电量/亿kW·h	占总发电量比例/%	发电量/亿kW·h	占总发电量比例/%	发电量/亿kW·h	占总发电量比例/%	发电量/亿kW·h	占总发电量比例/%
1990	6 212.00	1 267.20	20.40	—	—	—	—	—	—
1995	10 077.30	1 905.80	18.91	128.30	1.27	6.00	0.06	—	—
2000	13 556.00	2 224.10	16.41	167.37	1.23	6.00	0.04	—	—
2005	24 975.00	3 964.00	15.87	531.00	2.13	16.00	0.06	—	—
2006	28 498.55	4 147.69	14.55	548.44	1.92	28.00	0.10	—	—
2007	32 643.97	4 713.54	14.44	628.63	1.93	57.10	0.17	—	—
2008	34 510.13	5 655.48	16.39	692.19	2.01	130.79	0.38	—	—
2009	36 811.86	5 716.82	15.53	700.50	1.90	276.15	0.75	2.65	0.01
2010	42 278.00	6 867.00	16.24	747.00	1.77	494.00	1.17	1.52	0.00

资料来源：中国电力企业联合会，2010

由于非化石能源在满足能源需求、改善能源结构、减少环境污染、促进经济发展等方面具有重要优势，中国政府已充分认识到，要在保持经济快速增长的同时应对能源需求和气候变化的挑战，非化石能源的开发和利用起到了极为重要的作用。目前已出台了扶持非化石能源发展的一系列政策措施，尤其是非化石能源定价机制正逐步形成，补贴力度也不断加大。

不过，在新能源快速发展的过程中也暴露出一些严重的问题：①无序发展，特别是在风电开发建设方面，存在不考虑市场消纳和经济条件的无序、盲目开发现象，并由此带动风机设备制造业重复建设；②关键技术缺失，技术创新能力不强；③尚未形成完整的产业体系，尤其是光伏发电产业严重存在“两头在外”的现象；④缺乏非化石能源及其发展情况的配套法规规章和技术规范与标准；⑤风电并网难，成为制约风电发展的瓶颈因素，等等。上述问题使我们不得不重新审视中国新能源的发展方式。

针对非化石能源存在的关键问题，国家应完善配套法规，制定相关政策，使非化石能源的开发和利用有法可依、有章可循，形成一个良好的制度环境。同时，应加快技术创新，加大资金保障力度，建立完善的价格机制，标本兼治，促进非化石行业的健康发展。

2.3.1.1 水电

(1) 水力资源丰富且分布不均，水电开发程度仍待提高，小水电技术可开发量居世界首位

《中华人民共和国水力资源复查结果（2003 年）》显示，中国水力资源丰富，全国水力资源经济可开发装机容量为 40 180 万 kW，年发电量为 17 543 亿 kW·h，为世界最高。从空间分布来看，水力资源主要集中在西南地区，占比 68%，其中长江流域在全国流域中水力资源最为丰富，占比超过 40%。从开发程度上来看，2008 年中国水电开发程度仅为 32.3%，仍明显低于发达国家 60%以上的水平。

水能资源地域分布极不均匀，西部多、东部少。其中西部云南、贵州、四川、重庆、陕西、甘肃、宁夏、青海、新疆、西藏、广西和内蒙古 12 个省（自治区、直辖市）水能资源约占全国总量的 81.6%，特别是西南地区的云南、贵州、四川、重庆和西藏就占 66.7%；经济发达而用电负荷集中的东部辽宁、北京、天津、河北、山东、江苏、浙江、上海、广东、福建和海南 11 个省（直辖市）仅占 4.8%。因此，水电的开发需要实行“西电东送”。

此外，中国小水电资源分布广泛。小水电是指由地方、集体或个人集资兴办与经营管理的，装机容量 25 000kW 及以下的水电站和配套的地方供电电网。

根据 2009 年水利部农村水能资源普查结果，中国目前小水电技术可开发量达 1.28 亿 kW，居世界第一位，小水电占全国技术可开发的水能资源的 22.2%。其中 65%集中在西部地区，西南地区的小水电资源占全国的 50%以上。从省份分布来看，湖南、湖北、广东、广西、河南、浙江、福建、江西、云南、四川、新疆和西藏等可开发的小水电资源约占全国的 90%。

(2) 水电投资先升后降，发展一度停滞，装机容量不断扩大，小水电和抽水蓄能电站快速发展

近年来，水电投资经历了先升后降的过程。如图 2-19 所示，2006～2007 年，水电投资同比增长了 9.6%，从 783.39 亿元增加到 859.14 亿元。从 2008 年到 2010 年，由于受到生态环境和移民等问题的制约，水电投资停滞不前，电力清洁发展压力巨大。到 2010 年，水电投资下降到 791 亿元。2007 年、2008 年、2009 年全国核准的水电容量分别仅有 234 万 kW、724 万 kW 和 737 万 kW，远小于这几年的投产规模，导致水电在建施工规模迅速缩小，2009 年年底仅有 6725 万 kW。

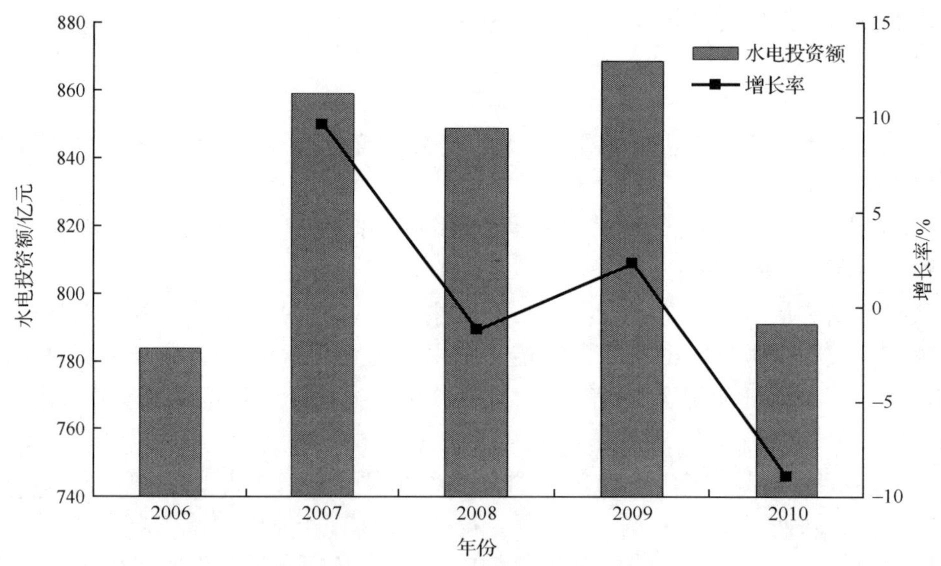

图 2-19 水电投资发展情况

1990～2010 年，水电装机容量快速增长。如图 2-20 所示，1990 年年底，全国水电装机仅为 3605 万 kW，到 2010 年年底，全国水电装机容量已达到 21 606 万 kW，约为 1990 年水电装机容量的 6 倍，成为世界上水电装机规模最大的国家。然而由于水电建设周期较长，从水电占发电总装机容量的比重来看，

1990～2007 年却呈现出下降的趋势，阻碍了新建水电项目的开发。但是近三年来，随着大量水电项目竣工投产，水电装机容量比重又有所回升。

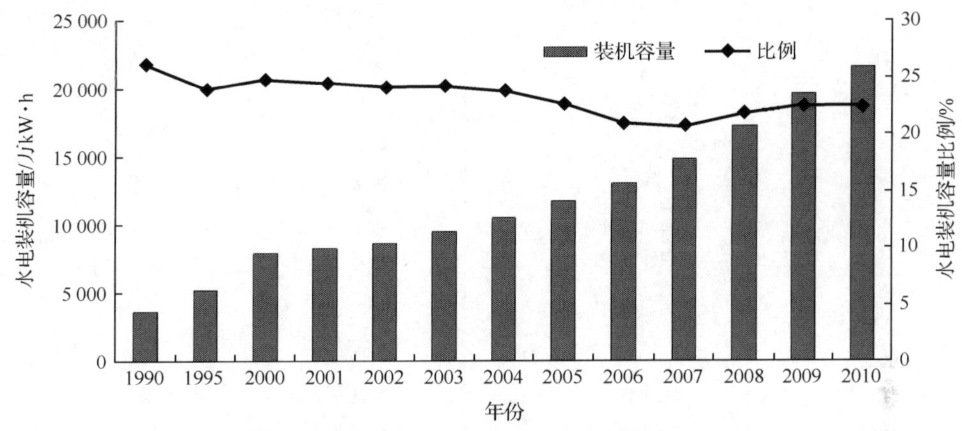

图 2-20　1990～2010 年中国水电装机容量及占比

资料来源：中国电力企业联合会，2010

与此同时，小水电快速发展，到 2008 年年底中国已建成小水电站 4.5 万多座，总装机容量超过 5100 万 kW。2008 年全年小水电发电 1600 多亿千瓦，占全国年总发电量的 6%左右，已成为国家电力供应的重要组成部分。目前小水电遍布全国 1/2 的地域、1/3 的县市，累计解决了 3 亿多无电人口的用电问题，小水电地区的户通电率提高到 2009 年的 99.6%，供电质量和可靠性大大提高。小水电不仅在增加能源供应、改善能源结构、保护生态环境、减少温室气体排放方面做出了重要贡献，还在电力应急保障中发挥了独特作用。经过多年发展，小水电已成为中国农村经济社会发展的重要基础设施、山区生态建设和环境保护的重要手段（表 2-10）。

抽水蓄能电站这类调峰电源的需求量也将大大增加。与欧美、日本等发达地区和国家相比，中国抽水蓄能电站建设起步较晚。20 世纪 90 年代才开始进入快速发展期，兴建了广州抽蓄一期、北京十三陵、浙江天荒坪等一批大型抽水蓄能电站。“十五”期间，又相继开工了张河湾、西龙池、白莲河等一批大型抽水蓄能电站。截至 2006 年年底，全国抽水蓄能电站投产规模达到 764.5 万 kW，同比增长 22.4%，约占全国发电装机总容量的 13%，占世界抽水蓄能电站总规模的 7%左右。“十一五”期间抽水蓄能电站得到了进一步发展，截至 2009 年年底，中国大陆已建抽水蓄能电站装机容量合计 1454.5 万 kW，在建容量 1114 万 kW，已建、在建合计 2568.5 万 kW。中国抽水蓄能电站的建设主要集中在华东、华北、

表 2-10　2007 年年底全国小水电装机情况表　　(单位：万 kW)

地区	装机容量	地区	装机容量
北京	4.3	湖北	247.4
天津	0.5	湖南	403.3
河北	38.1	广东	591
山西	15.7	广西	315.2
内蒙古	5.4	海南	27
辽宁	28.8	重庆	114.1
吉林	35	四川	586.6
黑龙江	23.5	贵州	159
江苏	5.8	云南	528
浙江	328.5	西藏	16.5
安徽	66.9	陕西	66.5
福建	632.4	甘肃	106.1
江西	227.6	青海	42.1
山东	6.4	宁夏	0.3
河南	33.8	新疆	82.1

资料来源：中国能源中长期发展战略研究项目组，2011

南方电网的广东和华中等煤电比重较高或水电调节能力较差的电网。中国抽水蓄能电站发展速度虽很快，但抽水蓄能装机容量占总装机容量的比例还很低。2009 年年底中国抽水蓄能装机仅占系统装机比重的 1.66%，国家电网公司经营区域更低至 1.56%，而世界发达国家的抽水蓄能占系统总装机的比重一般在 3%～10%。与世界发达国家相比，我国抽水蓄能装机明显不足，远不能满足我国经济社会快速发展和经煤为主的电力系统安全稳定经济运行的需要（表 2-11）。

表 2-11　中国大陆抽水蓄能电站建设现状（截至 2009 年年底）　(单位：万 kW)

区域	已建装机	在建装机	合计
华东电网	486	386	872
华北电网	370.3	60	430.3
南方电网	330	278	608
华中电网	229.2	150	379.2

续表

区域	已建装机	在建装机	合计
东北电网	30	240	270
西藏电网	9	0	9
合计	1454.5	1114	2568.5

资料来源：张春生和计金华，2010

(3) 水电发电量持续增长，生产量居世界首位

水电发电量从1990年的1263亿kW增加到2010年的6867亿kW，平均年增长速度为11.13%。其中，2003年、2006年和2009年增速有所减缓，占总发电量的比重有了小幅降低，主要原因是与水情紧密相关，当年水情较差。考虑到未来常规水电在中国能源结构中的重要作用，以及抽水储能电站在“削峰填谷”方面的重要作用，“十二五”期间水电将仍作为发展重点（图2-21）。

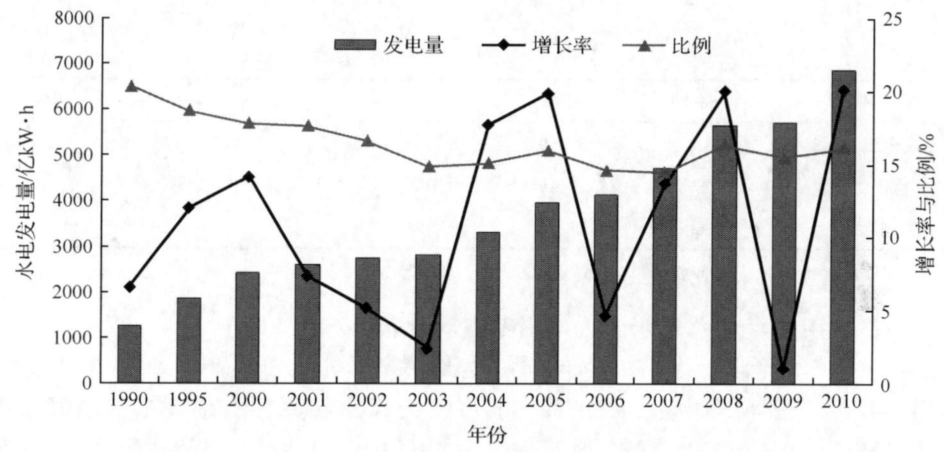

图2-21 1990～2009年中国水电发电量及占总发电量比例

资料来源：中国电力企业联合会，2010

从水电发电量的世界排名来看，2008年中国水电发电量为5655亿kW·h，远超过居于第二位的巴西而居于世界首位。但从水电占火电发电量的比重来看，中国仅为16.39%，远远低于巴西的64%和加拿大的60%，因此，未来应继续扩大水电比例，实现电力系统清洁化（图2-22，表2-12）。

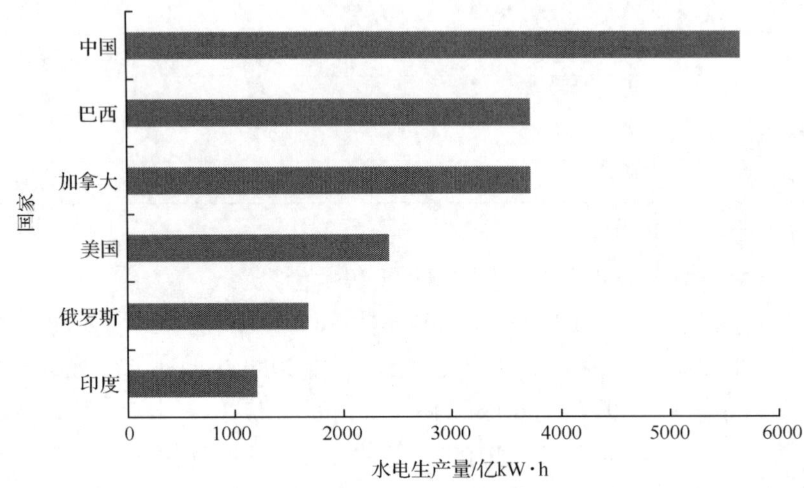

图 2-22　2008 年世界主要国家水电生产量

表 2-12　2008 年世界主要国家水电生产量

国家	中国	巴西	加拿大	美国	俄罗斯	印度
水电发电量/亿 kW•h	5 655	3 740	3 735	2 418	1 670	1 206
总发电量/亿 kW•h	34 510	4 446	6 183	41 103	10 400	8 133
水电比例/%	16.39	84.12	60.41	5.88	16.06	14.823

资料来源：中国电力企业联合会，2010

(4) 水电生产量西多东少，与用电需求分布不一致

从各省（自治区、直辖市）的水电生产量来看，水电生产主要集中在湖北、四川、云南、福建等地区。而北京、上海、天津、江苏、山东等东部地区水电生产量较少。可以看出，西部地区水电发电量最多，占水电总发电量的比例为52%，其次是中部地区，占总发电量的比例约为 30%，东部和东北地区水电发电量较少，所占比例分别为 15%和 2.5%。而东部地区是全国用电负荷最大的地区，因此，大力发展水电，实现全国电力资源的清洁化转型，必须实施“西电东送”(图 2-23)。

(5) 水电价格有所上调，但相对仍然较低

2009 年 11 月 20 日，发改委公布的上网电价调整公告显示，水电上网电价上调幅度基本上高于火电标杆电价调整幅度，水电和火电上网电价差距进一步缩小。而水电上网电价定价机制——水电标杆电价，目前暂停执行，取而代之的是执行临时价格。电价调整的意义不仅仅是平衡东西部电厂的盈利情况，更

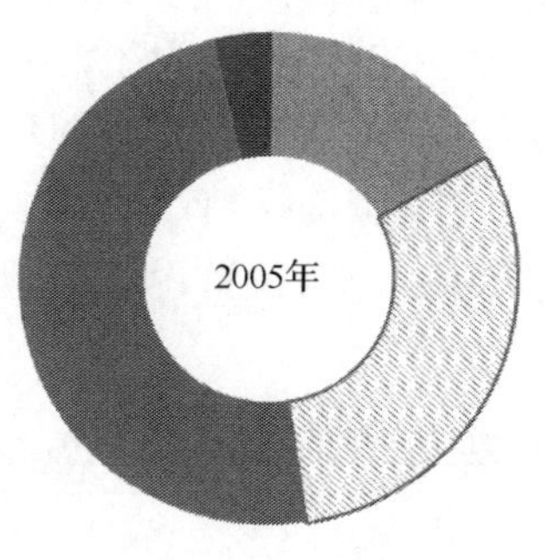

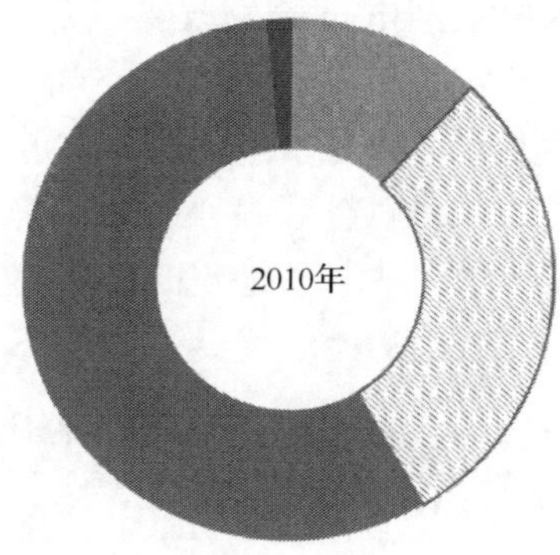

图 2-23　分地区水电发电量

资料来源：国家统计局能源统计司，2005，2010

多的是梳理电价，为电价改革做铺垫。此次水电电价调整的目的除了弥补水电发电成本的提高外，更多的是为实施水火“同网同价”做准备（表 2-13）。

表 2-13　部分水电站上网电价调整情况

地区	电站名称及调整内容	上调幅度	火电标杆电价调幅
云南	鲁布革、以礼河、大寨、西洱河等电厂平、枯水期上网电价上浮幅度	10%上调到 20%	上调 0.70 分/(kW·h)
	单机容量 25 万 kW 以下中小水电站	0.7 分/(kW·h)	
海南	大广坝式电站、牛路岭水电站	1 分/(kW·h) 和 2 分/(kW·h)	上调 0.32 分/(kW·h)
广西	长洲水电站	1 分/(kW·h)	维持
广东	南告、潭岭、新丰江、枫树坝、流溪河、南水、长湖、长潭水电站	2 分/(kW·h)	下调 0.8 分/(kW·h)
贵州	贵州省洪家渡、鱼塘、普定、引子渡、光照、清溪水电站	0.5 分/(kW·h)	维持
	红枫、索风营、大花水电站	0.2 分/(kW·h)	
江西	上犹江、洪门、江口、廖坊、柘林水电站	3 分/(kW·h)	上调 0.2 分/(kW·h)
四川	水牛家、洛古、瓦屋山、大桥、仁宗海、狮子坪等水电站	3 分/(kW·h)	上调 1.0 分/(kW·h)
河北	华电混合蓄能水电、王快、岳城、潘家口水力发电厂 1 号机组	5 分/(kW·h)	维持

目前水电上网电价由发改委核定，其定价按成本加上合理的利润空间为基础，从而也限制了水电行业盈利空间。尤其在近几年国家加大了对移民和环保问题的补偿力度，提高水电发电的度电成本，使水电电价调整时间和幅度落后于成本的提高，利润空间缩小。水电作为稀缺性资源，目前难以体现其资源价值。比较三峡水电站的落地电价与当地燃煤机组标杆电价情况，其价差占当地燃煤机组标杆电价的比例达到了23%～31%（表2-14）。

表2-14　三峡水电落地电价与当地燃煤机组标杆电价比较　（单位：元/kW）

省份	燃煤机组标杆电价	三峡水电落地电价	价差
湖北	0.4250	0.2927	0.1323
湖南	0.4405	0.3021	0.1384
河南	0.3912	0.3012	0.0900
江西	0.4220	0.3179	0.1041
重庆	0.3833	0.2910	0.0923

资料来源：北京君略产业研究院，2010

2.3.1.2　核电

(1) 核电装机水平较低，但具有较大的发展空间

中国是继美国、英国、法国、苏联、加拿大和瑞典之后，世界上第七个自主设计和建造核电站的国家，核电在建施工规模居世界首位。截至2010年年底，投入运行的只有13台核电机组，1082万kW的核电装机容量，只占电力总装机容量的1.12%，远远低于世界平均水平的17%，在30多个有核电国家里排名倒数第一（图2-24）。

核电在建施工规模较大，并处于世界领先水平，说明核电具有较大的发展潜力。2009年，核电进一步加快了立项核准和建设速度，全年共核准浙江三门2台125万kW、山东海阳2台125万kW、广东台山2台175万kW核电机组，其总建设规模为850万kW，并于年内先后开工建设。截至2009年年底全国核电建设施工规模已达20台2180万kW，居世界首位。核电装机容量908万kW，位列世界第九位。2010年，广东岭澳核电站二期工程1号机组、浙江秦山核电二期扩建工程3号机组正式投产，全国在运核电装机容量突破1000万kW，达到1082万kW；核电在建施工规模扩大到3395万kW，居全球首位。此外，核电建设主要集中在沿海地区，除沿海地区外，湖南、湖北、江西等内陆省份也在积极开展核电的前期工作（表2-15）。

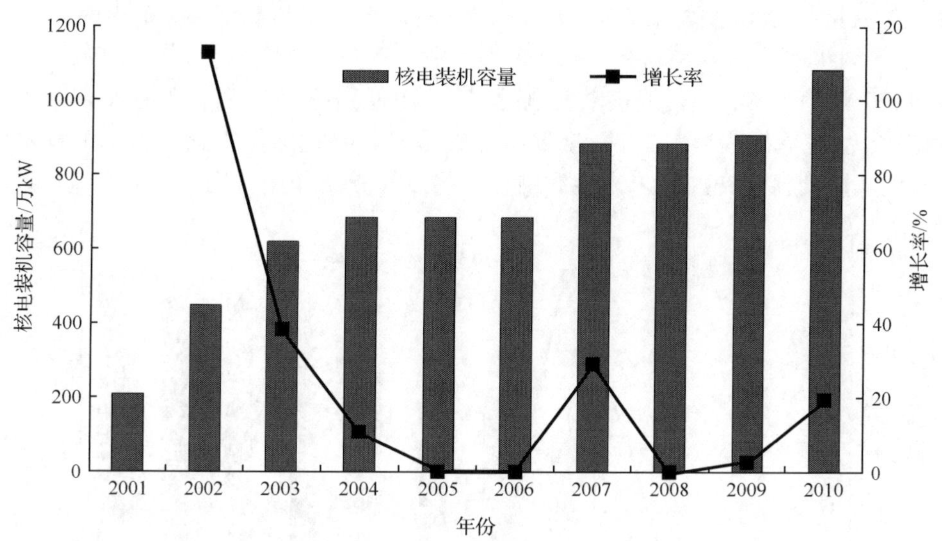

图 2-24　2001～2010 年核电装机容量

表 2-15　中国已投运核电机组

机组名称	所在地	型号	功率/MWe	商用时间
秦山核电站 1 号机组	浙江海盐	CNP 300	310	1991
大亚湾核电站 1 号机组	广东深圳	M-310	980	1992
大亚湾核电站 2 号机组	广东深圳	M-310	980	1994
秦山核电站二期 1 号机组	浙江海盐	CNP 600	650	2002
岭澳核电站一期 1 号机组	广东深圳	M-310	990	2002
秦山核电站三期 1 号机组	浙江海盐	PHWR	720	2002
岭澳核电站一期 2 号机组	广东深圳	M-310	990	2003
秦山核电站三期 2 号机组	浙江海盐	PHWR	720	2003
秦山核电站二期 2 号机组	浙江海盐	CNP 600	650	2004
田湾核电站一期 1 号机组	江苏连云港	VVER	1060	2007
田湾核电站一期 2 号机组	江苏连云港	VVER	1060	2007
岭澳核电站二期 1 号机组	广东深圳	CPR1000	1080	2010
秦山核电站二期 3 号机组	浙江海盐	CNP 600	650	2010

（2）核电发电量持续增长，增速先升后降

中国是世界上少数几个拥有比较完整核工业体系的国家之一。近年来中国

核电发电量持续增长，从 2005 年的 530.9 亿 kW 增长到了 2010 年的 747 亿 kW，平均年增长速度为 7.2%，增速整体呈现先升后降的趋势，其中在 2007 年达到一个峰值 13.29%，但核电发电量在总发电量中所占比重依然很小，基本维持在 2%甚至更低。“十二五”规划中明确提出，要在确保安全的基础上积极发展核电，因此核电在中国未来能源结构中将发挥重要作用（图 2-25）。

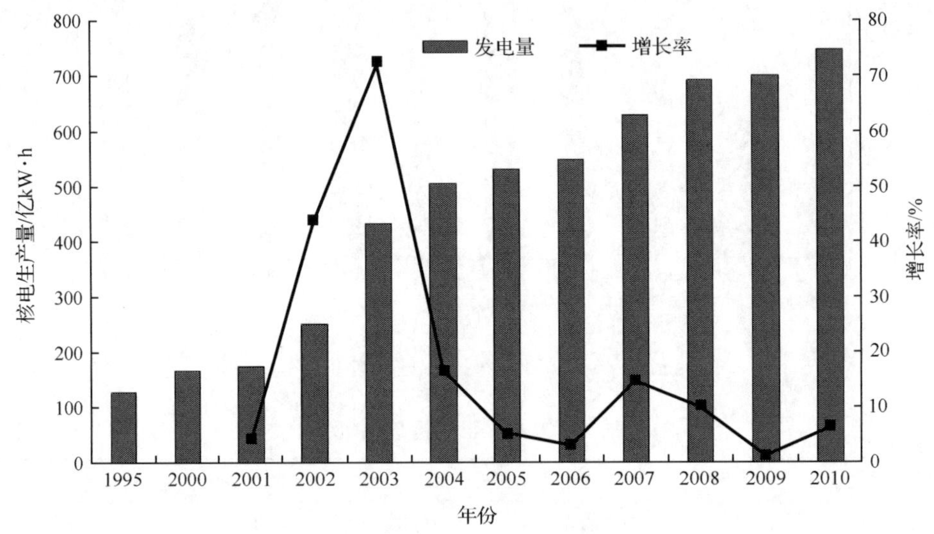

图 2-25　核电生产量及增长率

资料来源：国家统计局，2010

(3) 核电生产技术取得重大突破，但再创新能力仍待进一步提高

中国核级海绵锆项目、核电蒸汽发生器用 690U 形管、大型核电含铜不锈钢密封室及密封室盖锻造、核电上充泵等多项核电关键重要设备都实现了自主化，为中国未来核电的自主发展打下了坚实基础。2009 年 10 月 24 日，具有自主知识产权的核安全级数字化控制平台研制成果发布，标志着中国在核电站安全级数字化仪控系统技术领域实现自主化、国产化的道路上，迈出关键一步。同年 12 月 18 日，中国首台完全自主开发的红沿河核电站 1 号机组核反应堆压力容器完工并成功发送，标志着我国百万 kW 级核岛主设备的制造完全实现国产化。2010 年 7 月 21 日，被业内称为中国核电领域的重大自主创新成果中国第一座快中子反应堆——中国实验快堆（CEFR）首次成功临界，这意味着中国第四代先进核能系统技术实现了重大突破。由此，中国成为继美国、英国、法国等国之后，世界上第八个拥有快堆技术的国家之一。2010 年 8 月 9 日，国家核电技术公司宣布，以世界首批 4 台先进压水堆工程建设为依托，第三代核电技术

AP1000在中国正从图纸变为现实。其中，浙江三门和山东海阳两座核电站共4台机组被确定为中国引进AP1000技术的自主化依托项目。按计划，两座核电站的首台机组将分别于2013年8月和2014年2月并网发电。

为了更好地消化吸收引进的技术，国家专门设立大型先进压水堆核电站重大专项，目的是在掌握AP1000技术的基础上，通过再创新，开发形成具有中国自主知识产权的、功率更大的大型先进压水堆核电技术。但从目前了解到的情况看，虽然国产化率已达70%，但剩余的30%才是核心关键技术，并占整个利润份额的70%。如果我们不能在再创新方面有所突破，中国未来的核电发展就将再次面临严重的对外依赖的尴尬局面。

(4) 核电价格体制尚未形成，目前仍实行“一厂一价”

由于核电企业技术路线的不同，以及所处的地域差异，目前各核电企业电价均为单独核算，实行“一厂一价”的经营期电价，但经营期电价仍然是在高度集中的电价管理体制下，以个别成本为基础的定价机制，这种定价机制导致目前核电成本居高不下。因此，出台与中国电力市场化改革进程配套的新的核电上网电价机制势在必行。目前，国家中长期核电发展规划已出台，但与新的核电发展战略相适应的核电价格机制尚未形成。因此，在核电规模建设已经开始的情况下，加紧研究适应核电大发展的电价机制就显得尤为必要。

2.3.1.3　风电

(1) 风能资源分布广泛，风电开发潜力巨大

中国风能资源分布广泛，其中较为丰富的地区主要集中在东南沿海及附近岛屿以及北部（东北、华北、西北地区），内陆也有个别风能丰富点，此外，近海风能资源也很丰富。沿海及其岛屿地区包括山东、江苏、上海、浙江、福建、广东、广西和海南等沿海近10km宽的地带，年风功率密度在200W/m^{2}以上，风功率密度线平行于海岸线；北部地区风能丰富带包括东北三省、河北、内蒙古、甘肃、宁夏和新疆等近200km宽的地带，风功率密度在200～300W/m^2，有的可达500W/m^{2}以上，如阿拉山口、达坂城、辉腾锡勒、锡林浩特的灰腾梁、承德围场等；内陆风能丰富区风功率密度一般在100W/m^{2}以下，但是在一些地区由于湖泊和特殊地形的影响，风能资源也较丰富；此外，在江苏、福建、山东和广东等地，近海风能资源丰富，距离电力负荷中心很近，近海风电可以成为这些地区未来发展的一项重要的清洁能源。

中国风能资源开发具有很大的潜力。根据中国气象局风能太阳能资源评估中心对中国风能资源评价的结果，中国风能资源总量为7亿～12亿kW，其中陆地风能资源可开发量为 6 亿～10 亿 kW，海上风能开发量为 1 亿～2 亿 kW。年发电量可达到 1.4 万亿～2.4 万亿 kW·h，相当于中国 2005 年发电量的 40% 和 70%。因此，中国风能资源开发潜力很大，有望成为继火电、水电之后的第三大电源。

(2) 风电开发力度加大，海上风电发展取得重大突破，将成为未来重要的发展方向

从 1997 年开始，中国的风电总装机不断翻番。累计装机容量从 1997 年的 14.6 万 kW 快速增长到 2010 年的 4478.1 万 kW，其中，2007 年新增装机容量 328.7 万 kW，累计装机容量达到 587.5 万 kW，提前实现了《可再生能源发展中长期规划》2010 年达到 500 万 kW 的目标；2008 年新增装机容量已超过 624.6 万 kW，累计装机容量已超过 1212.1 万 kW，提前实现了《可再生能源发展"十一五"规划》2010 年达到 1000 万 kW 的目标。2009 年，中国以 2585.3 万 kW 的总累计装机容量超过德国，成为世界第二，但与排名第一的美国仍有近 1000 万 kW 的差距。2010 年，中国风电发展势头迅猛，总装机比上年增长约 73.2%，而美国新增容量仅为 500 万 kW 左右，中国首次登上世界第一的位置（图 2-26）。

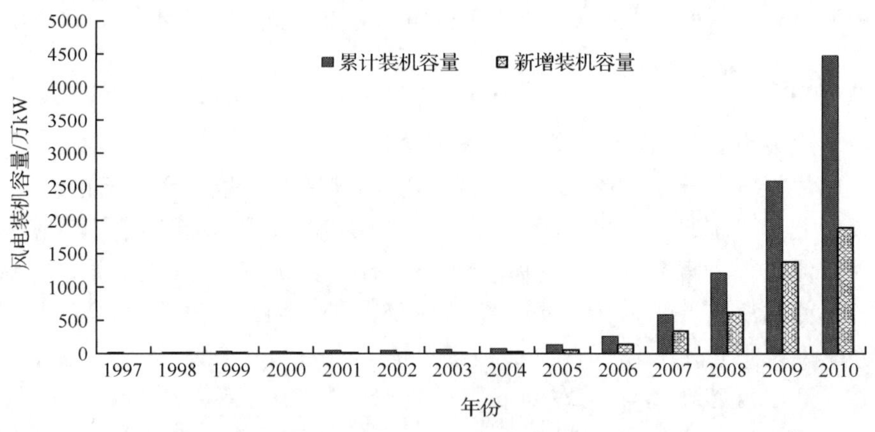

图 2-26　1997～2010 年中国风电装机容量

资料来源：BP，2011

并网的风电装机近年来发展势头猛烈，从 2005 年的 106 万 kW 增长到 2010 年的 2958 万 kW，同比增速很快，在 2009 年高达 109.8%，年均增速达 94.6%。然而，并网装机占总装机容量的比重逐年下降，从 2005 年的 83.7%逐年下降到 2010 年的 66.1%，这揭露了中国风电发展存在风电场建成后无法及时并网的问题，而且这一问题日益严重（表 2-16）。

表 2-16　风电并网装机容量情况

年份	并网风电/万 kW	总风电装机/万 kW	并网风电占总装机比例/%	并网风电同比增速/%
2005	106	126.4	83.86	39.9
2006	207	258.8	79.98	95.3
2007	420	587.5	71.49	102.9
2008	839	1212.1	69.22	99.8
2009	1760	2585.3	68.08	109.8
2010	2958	4478.1	66.05	68.1

资料来源：中国电力企业联合会，2010

随着陆上风机总数趋于饱和，海上风力发电成为未来发展的重点。2007 年启动的“国家科技支撑计划”将能源作为重要领域，提出要在“十一五”期间组织实施“大功率风电机组研制与示范”项目，组建近海试验风电场，形成海上风电技术。2007 年 11 月，地处渤海辽东湾的中国首座离岸型海上风力发电站正式投入运营，标志着中国发展海上风电有了实质性的突破。与此同时，沿海一批海上风电项目带动了风电产业快速发展，天津、连云港等风电产业基地初步形成。目前，中国已经拥有沿海风力发电场 19 个，并网发电的主要有南澳风力发电场、大连横山风电场、山东长岛风电场等。其中长岛风电机组每年可发电 1500kW·h 左右，相当于一个火电厂消耗 3 万 t 煤的生产水平；广东汕头市的南澳岛充分利用海洋风能，1991 年至今累计装机 129 台、总装机容量 56 640kW·h，是亚洲最大的海岛风电场；2010 年 2 月，中国首座、也是亚洲首座大型海上风电场——上海东海大桥 10 万 kW·h 海上风电场全部 34 台风机安装取得圆满成功，总装机容量 10.2 万 kW·h，设计年发电利用小时数 2624 小时，年上网电量 2.67 亿 kW·h。

(3) 风电井喷式发展，但占总发电量比重仍有待提高

风电发电量从 2006 年的 16 亿 kW·h 增长到 2010 年的 494 亿 kW·h，风电发电量所占比例也从 2005 年的 0.06%上升到 2010 年的 1.18%，发电量年均增长率为 99.6%，其中 2008 年增幅最大，增长率为 129%。虽然风电在总发电量中的比重呈现不断扩大的趋势，但所占比重依然较小，风电作为清洁可再生能源应该得到进一步的关注和发展（图 2-27）。

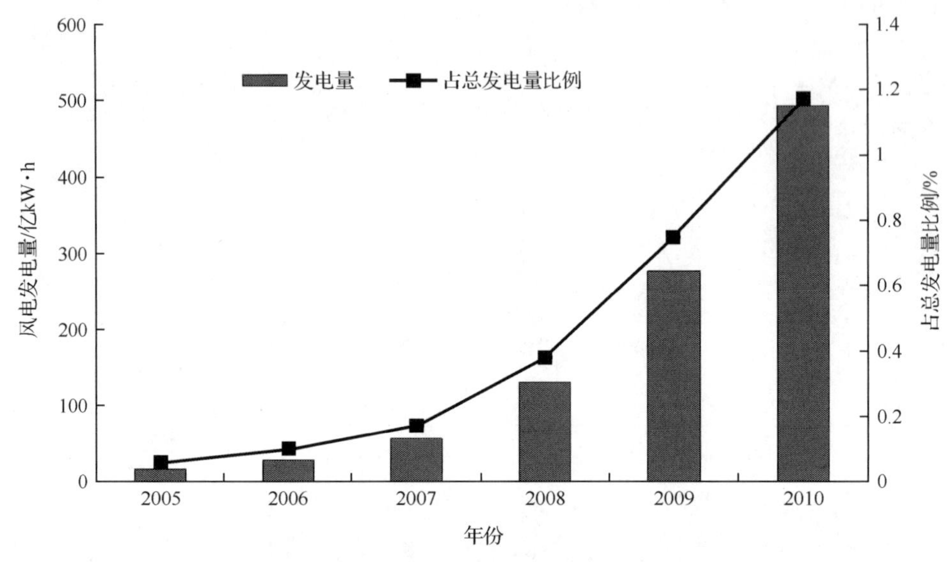

图 2-27　风电发电量及占比

资料来源：中电联统计信息部，2006～2010

(4) 国企风电投资所占份额较大

随着国家的重视和相关政策的制定，风电投资环境得到了明显改善，国内外风电投资商积极投入到风电资源开发中。到 2010 年年底，全国约有 80 多家风电投资开发企业成立了近 900 个项目公司，极大地推动了中国风电开发建设。到 2010 年年底，国有企业累计建设容量 2992 万 kW（不含中外合资项目的建设容量），占全国总建设容量的 78%。民营企业累计建设容量 127 万 kW，占全国总建设容量的 3%，外资企业累计建设容量 40 万 kW，占全国总建设容量的 1%，中外合资企业累计建设容量 669 万 kW，占全国总建设容量的 18%（图 2-28）。

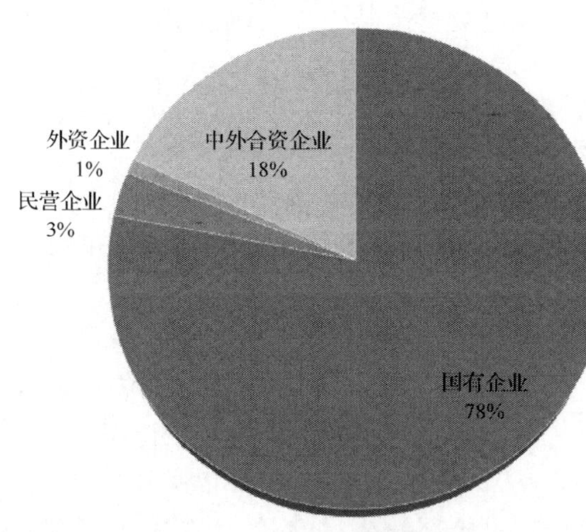

图 2-28　2010 年风电企业投资份额

资料来源：国家能源局，国家风电信息管理中心，2010

(5) 风电制造业中内资企业份额大

中国内资与合资企业产品占 61.8%，内资与合资企业的累计市场份额首次超过外资企业，金风科技的份额最大，占累计总装机的 21.6%，内资与合资企业产品的 35.0%。外资企业产品占 38.2%，西班牙 Gamesa 的份额最大，占累计总装机的 12.8%，外资企业产品的 33.41%（表 2-17，表 2-18）。

表 2-17　2008 年累计中国内资与合资制造商的市场份额

制造商	容量/kW	占累计内资与合资制造商比例/%	占累计总装机比例/%
金风	2 629 050	35.02	21.63
华锐	2 157 000	28.74	17.75
东汽	1 290 000	17.19	10.61
运达	330 250	4.4	2.72
航天安讯能	250 500	3.34	2.06
上海电气	201 250	2.68	1.66
明阳	175 500	2.34	1.44
湘电	128 000	1.71	1.05
新誉	82 500	1.1	0.68
北重	60 000	0.8	0.49
其他	202 170	2.69	1.66
合计	7 506 220	100	61.76

表 2-18　2008 年累计外资制造商的市场份额

制造商	容量/kW	占累计外资制造商比例/%	占累计总装机比例/%
Gamesa	1 552 500	33.41	12.77
Vestas	1 455 200	31.32	11.97
GE	637 500	13.72	5.25
Suzlon	347 250	7.47	2.86
Nordex	328 750	7.08	2.71
其他	325 370	7.00	2.68
合计	4 646 570	100	38.23

资料来源：李俊峰等，2010

(6) 风电价格由“招标加核准”向标杆电价转变

2006年国家发改委颁布《可再生能源发电价格和费用分摊管理试行办法》(发改价格［2006］7号)文件，提出了“风力发电项目的上网电价实行政府指导价，电价标准由国务院价格主管部门按照招标形成的价格确定”。根据该文件，部分省(自治区、直辖市)，如内蒙古、吉林、甘肃、福建等，组织了若干省级风电特许权项目的招标，并以中标电价为参考，确定省内其他风电场项目的核准电价。其他未进行招标的省(自治区、直辖市)，大部分沿用了逐个项目核准定电价的做法。因此，这一时期中国的风电电价政策属于招标电价和核准电价并存。

由风电特许权项目确定的招标电价呈现出逐年上升的趋势，随着中标规则的完善，中标电价也趋于合理。特许权招标项目的实施在风电电价定价方面积累了许多有益的经验，尤其是2006年国家发改委颁布发改价格［2006］7号文件后，各省的核准电价更加趋于合理。风电场装机容量在50MW以下，以省内核准的形式确定上网电价。由于各地风电场的建设条件不同，地方经济发展程度不一，核准的电价也差别较大，但一般采取当地脱硫燃煤电厂上网电价加上不超过0.25元/(kW·h)的电网补贴。

随着风电的快速发展，“招标加核准”的模式已无法满足风电市场发展和政府宏观引导的现实需要。因此，当前各地风电进入大规模建设阶段，电价机制从招标定价加政府核准并行制度过渡到标杆电价机制。2009年7月底，国家发改委发布了《关于完善风力发电上网电价政策的通知》(发改价格［2009］1906号)，对风力发电上网电价政策进行了完善。文件规定，全国按风能资源状况和工程建设条件分为四类风能资源区，相应设定风电标杆上网电价。四类风电标杆价区水平分别为0.51元/(kW·h)、0.54元/(kW·h)、0.58元/(kW·h)和0.61元/(kW·h)，2009年8月1日起，新核准的陆上风电项目，统一执行所在风能资源区的标杆上网电价，海上风电上网电价今后根据建设进程另行制定。政府针对四类风能资源区发布的指导价格即最低限价，实际电价由风力发电企业与电网公司签订购电协议确定后，报国家物价主管部门备案。

2.3.1.4 太阳能

(1) 太阳能资源丰富，集中分布在西部地区

中国属世界上太阳能资源丰富的国家之一。全国各地太阳年辐射总量为3340万～8400万kJ/m^2。从中国太阳年辐射总量的分布来看，西藏、青海、新疆、宁夏南部、山西北部、陕西北部、辽宁、河北东南部、山东东南部、河南东南部、吉林西部、云南中部和西南部、广东东南部、福建东南部、海南岛东部和西部以及台湾省的西南部等广大地区的太阳辐射总量很大。尤其是青藏高原地区最大，这里平均海拔在4000m以上，大气层薄而清洁，透明度好，纬度低，日照时间长，属太阳能资源丰富地区（表2-19）。

表 2-19　中国太阳能资源分布表

地区分类	日照时数/(h/a)	年辐射总量/[万kJ/(m²·a)]	相当于千克标准煤燃烧所发出的热量/kg	包括的主要地区	备注
一类	3200～3300	668～840	225～285	宁夏北部、甘肃北部、新疆南部、青海西部、西藏西部	太阳能资源最丰富地区
二类	3000～3200	585.2～668	200～225	河北西北部、山西北部、内蒙古南部、宁夏南部、甘肃中部、青海东部、西藏东南部、新疆南部	太阳能资源较丰富地区
三类	2200～3000	501.6～585.2	170～200	山东、河南、河北东南部、山西南部、新疆北部、吉林、辽宁、云南、陕西北部、甘肃东南部、广东南部	太阳能资源较丰富地区
四类	1400～2000	418～501.6	140～170	湖南、广西、江西、浙江、湖北、福建北部、广东北部、陕西南部、安徽南部	太阳能资源中等丰富地区
五类	1000～1400	334.4～419	115～140	四川大部分地区、贵州	太阳能资源匮乏地区

(2) 积极推广太阳能光伏发电，光伏市场快速发展

随着中国“光电建筑”、“金太阳示范工程”和敦煌大型荒漠光伏电站招标等多个项目的启动，累计光伏装机容量从1996年的0.1万kW增长到2010年89.3万kW（BP，2011）此外，新增装机逐年增加，从2005年的0.4万kW增长到2010年的52万kW。近年来，中国光伏发电虽然有了较大发展，但是与世界上其他国家相比，仍有一定距离，其2010年装机容量仅为德国的5.15%（图2-29，表2-20）。

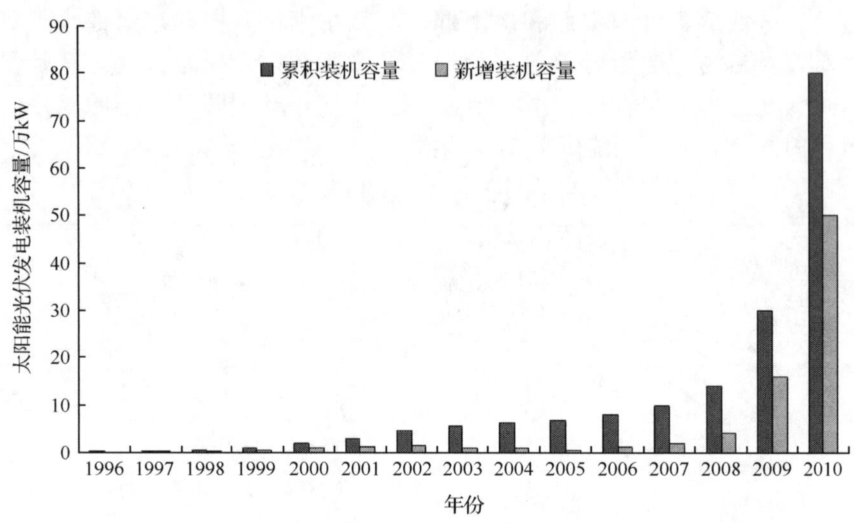

图 2-29　太阳能光伏发电装机容量

表 2-20　世界上主要国家太阳能光伏发电装机容量　（单位：万 kW）

国家	2005 年	2006 年	2007 年	2008 年	2009 年	2010 年
德国	205.6	289.9	417	612	991.4	1732
西班牙	4.9	14.8	70.5	346.3	352.3	389.2
日本	142.19	170.85	191.89	214.42	262.72	361.72
意大利	3.75	5	12.02	45.83	118.13	350.23
美国	47.9	62.4	83.05	116.85	164.16	251.96
捷克	0	0.1	0.4	6.5	46.3	195.3
法国	3.3	4.39	7.52	8.1	26.1	102.5
中国	6.8	8	10	14.5	37.3	89.3
比利时	0.2	0.4	2.3	9.4	37.9	80.3
澳大利亚	6.06	7.03	8.25	10.45	18.36	50.36
韩国	1.35	3.58	8.12	35.75	44.19	57.29

资料来源：BP，2011

(3) 太阳能热水器产量稳定增长，达到世界领先地位

1998～2009 年，太阳能热水器产量快速增长，保有量由 1998 年的 1500 万 m^2 增加到 2009 年的 14 500 万 m^2，年产量从 1998 年的 350 万 m^2 增长到 2009 年的 4200 万 m^2，年均增长率为 29.5%。太阳能热水器的产地主要集中在江苏、

山东、北京、浙江，其中浙江省太阳能热水器企业分布最多，占 39%，其次是山东省和河北省，这些省市及周边省市太阳能热水器普及率较高（表 2-21，图 2-30）。

表 2-21 太阳能热水器年产量与保有量

年份	总产量/万 m^2	比上年增长/%	保有量/万 m^2	比上年增长/%
1998	350	—	1 500	—
1999	500	43	2 000	33
2000	640	28	2 600	30
2001	820	28	3 200	23
2002	1 000	22	4 000	25
2003	1 200	20	5 000	25
2004	1 350	12.5	6 200	24
2005	1 500	11.1	7 500	21
2006	1 800	20	9 000	20
2007	2 300	30	10 800	19.4～20
2008	3 100	32.5	12 500	15.7
2009	4 200	35.5	14 500	16

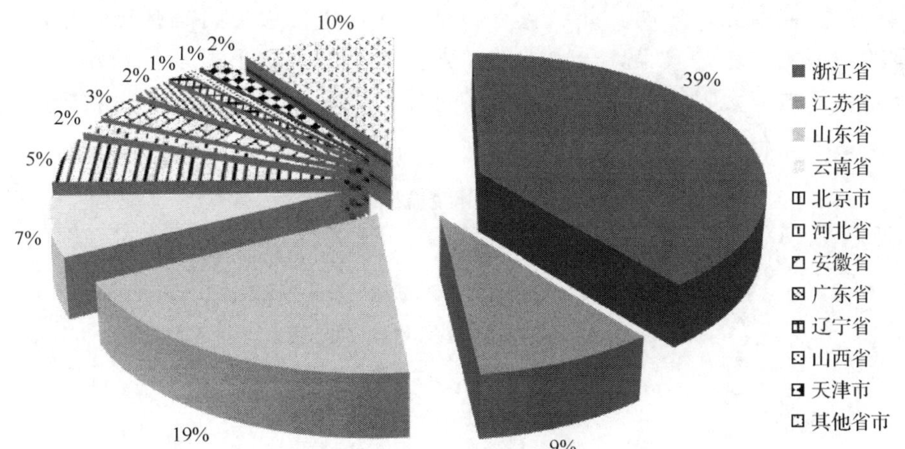

图 2-30 太阳能热水器生产企业地区分布

资料来源：中国太阳能热水器产业报告

(4) 太阳能热发电进入了新的发展时期

由于太阳能热发电的各种优势，目前太阳能热发电正在全球范围内迅速发展。根据美国新兴能源研究（Emerging Energy Research）咨询公司研究报告《全球太阳能热发电市场及策略2010—2015》，截至2010年6月底，全球累计已运行太阳能热发电装机约为89.2万kW，西班牙和美国为主要市场，占比分别达到47.9%和48.5%。在建的太阳能热发电装机容量近200万kW，主要分布在美国、西班牙、德国、法国、阿联酋、印度、埃及、中国、摩洛哥、阿尔及利亚、澳大利亚等地，其中西班牙市场最大，约占在建装机容量的93%。

在全球遭受金融危机的2009年，中国的太阳能热发电逆市而上，跃上一个台阶。中国目前已经发布的太阳能热发电项目已经超过600万kW，其中195万kW是2009年一年中提出的，另外400万kW左右是2010年提出的，涉及从投资银行、设备制造商和大型电力公司等共15家企业。2010年1月9日，美国太阳能发电公司eSolar与一家中国公司在北京签订协议，计划在几年内投资超过50亿美元，在中国建立200万kW太阳能热发电电力。

(5) 太阳能扶持政策陆续出台，光伏固定电价最终敲定

近年来，中国相继出台了一系列太阳能扶持政策（表2-22）。2009年3月26日，中国政府正式出台了“太阳能屋顶计划”，发布了《关于加快推进太阳能光电建筑应用的实施意见》，虽然对于太阳能需求拉动较为有限，但开创了政府大规模扶持太阳能的先河。此后各省（自治区、直辖市）将陆续出台不同补贴力度的扶持太阳能的政策，全国性的“太阳能并网发电上网电价补贴方案”也将要出台。中国太阳能光电市场规模将迅速扩大。由于基数较小，太阳能有望出现高速增长态势。

表2-22 太阳能发展相关政策

时间	名称
2011年7月	关于完善太阳能光伏发电上网电价政策的通知
2009年3月	太阳能发电建筑应用财政补助资金管理暂行办法
2009年3月	关于加快推进太阳能光电建筑应用的实施意见
2009年4月	太阳能光电建筑应用示范项目申报指南
2009年7月	金太阳示范工程财政补助资金管理暂行办法
2010年1月	北京市加快太阳能开发利用促进产业发展指导意见
2009年6月	江苏省光伏发电推进意见
2008年7月	江苏省“十一五”太阳能光伏产业规划

光伏上网电价的“悬而未决”，一直是阻碍我国光伏应用市场大规模启动的“瓶颈”。光伏上网电价定价机制的难点在于太阳能发电的高成本以及如何保持适度的发展规模问题。国家曾给国内光伏电站定出了若干个上网指导电价（表 2-23），被业内简单称为“一事一议”的政府定价政策，没有形成一个完整的、有体系的、可持续的光伏上网电价定价机制。这就使得国内开发光伏电站利润空间前景不明朗，打击了光伏电站建设主体的积极性，从而使一批待建项目的企业持观望态度者居多。

表 2-23　国内各光伏电站上网电价

电站名称	上网电价/[元/(kW·h)]	定价文件发文号
内蒙古伊泰集团有限责任公司 205kW 太阳能聚光光伏示范电站	4（含税）	发改价格［2008］1868 号
上海崇明前卫村太阳能光伏电站	4（含税）	发改价格［2008］1868 号
敦煌 10MW 并网光伏发电项目	1.0928	招标定价
宁夏太阳山光伏并网电站	1.15（含税）	发改价格［2010］653 号
华电宁夏宁东光伏并网电站	1.15（含税）	发改价格［2010］653 号
中节能太阳山并网电站	1.15（含税）	发改价格［2010］653 号
中节能尚德石嘴山并网电站	1.15（含税）	发改价格［2010］653 号
江苏省光伏电站上网电价	1.7（2010 年）	苏政办发［2009］85 号

资料来源：李雷，郭焱，2010

2011 年 8 月，国家发改委网站发布《国家发展改革委关于完善太阳能光伏发电上网电价政策的通知》称，今年 7 月前核准建设、年底前建成投产且尚未定价的光伏项目，上网电价为 1.15 元/(kW·h)；7 月及以后核准的，及 7 月之前核准但截至年底仍未建成投产的太阳能光伏发电项目，除西藏仍执行每千瓦时 1.15 元的上网电价外，其余省（自治区、直辖市）上网电价均按每千瓦时 1 元执行。这次统一标杆上网电价的公布，被业内广泛关注，甚至被视为我国光伏市场真正启动的起点。全国统一上网电价的出台，必将推动国内光伏应用市场的蓬勃发展，明确了电价标准及建设周期，将会使我国的太阳能光伏电站建设朝着更加有序、良性的方向发展。

2.3.1.5　生物质能源

(1) 生物质资源储量丰富，分布不均匀

中国可利用的生物质能源十分丰富，据初步普查，中国农业废弃物主要有：

农作物秸秆，每年产量约 7 亿 t，可作为能源用途的约 3 亿 t，约折合 15 亿 tce；工业有机废水和畜禽养殖场废水资源理论上可以生产沼气 800 亿 m^3，相当于 5700 万 tce；薪炭林和林业及木材加工废物资源相当于 3 亿 tce；城市垃圾发电每年可替代 1300 万 tce；此外，一些油料、含糖或淀粉类作物也可用于制取液体燃料。总体估算，2003 年中国主要生物质能资源可获得量当量值约为 313.56 亿 tce，近期每年可以利用的生物质能源总量约为 5 亿 tce。

中国生物质资源分布广泛，从全国范围来看，各省分布不平衡，1/2 的生物质资源集中在四川、河南、山东、安徽、河北、江苏、湖南、湖北、浙江等 9 个省，广大的西北地区和其他省区相对较少。目前中国年可获得生物质资源量达 3.14 亿 tce，其中秸秆和薪柴分别占 54%和 36%，工业有机废水废渣占 3%，禽畜粪便占 3%，城市生活垃圾占 3%，能源植物占 1%（表 2-24）。

表 2-24　2003 年中国主要生物质能资源汇总

品种	资源总量/亿 t	可获得量	可获得量当量值/万 tce	比例/%
工业有机废水废渣	25.94	107.5 亿 m^3（工业沼气）	920	3
禽畜粪便	14.7	130 亿 m^3（农业沼气）	930	3
秸秆及农业加工剩余	7.2	3.6 亿 t	17 000	54
薪柴及林业加工剩余	2.0	2.0 亿 t	11 400	36
城市生活垃圾	1.49	0.6 亿 t（乙醇）	800	3
能源植物（甜高粱秆）	5 600	350 万 t（乙醇）	300	1
总计			31 350	100

（2）生物质发电装机容量不断增加，供给结构以秸秆直燃和垃圾焚烧发电为主

已经投产的生物质发电总装机规模由 2005 年的 200 万 kW 增加到 2009 年的 430 万 kW，年均增长率在 30% 以上，2010 年达到 512 万 kW 左右。从数据来看，生物质发电的增长速度逐年下滑，但仍然处于非常高的水平。从利用结构上来看，生物质能发电技术主要用于秸秆直燃和垃圾焚烧发电。截至 2009 年年底，中国秸秆直燃发电总装机容量为 265 万 kW，占所有生物质能发电的 62%；垃圾焚烧发电总装机容量为 125 万 kW，占所有生物质能发电的 29%；其他气化发电、沼气发电、混燃发电等所占比例很小，总共占有不到 10% 的比例（图 2-31，图 2-32）。

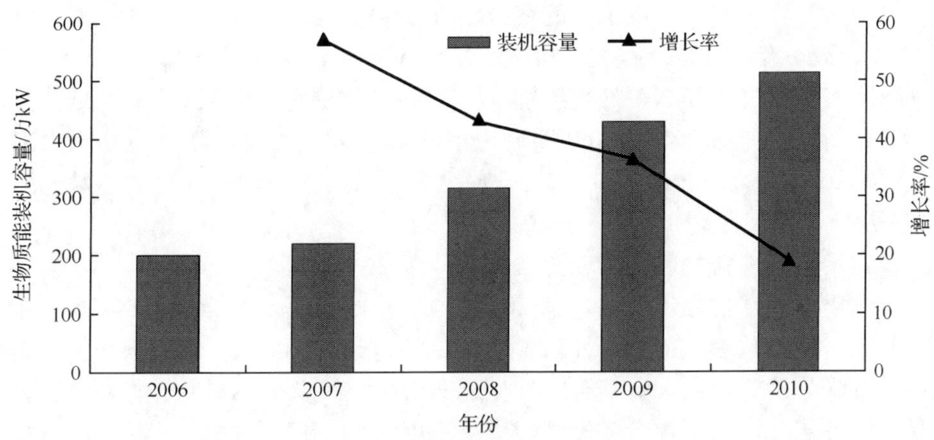

图 2-31　中国历年生物质能装机容量

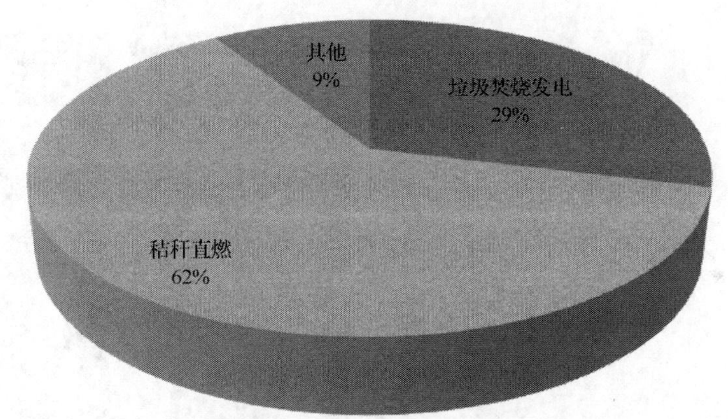

图 2-32　2009 年中国生物质能发电结构分析

资料来源：高芸，2010

(3) 沼气池建设和使用量不断增加

中国户用沼气建设和使用量连续为世界之最，2008 年全世界户用沼气池保有量 3500 万户，其中中国就占到 3050 万户，其次是印度 300 多万户，其他东南亚地区国家一般在 10 多万户。

2006～2010 年，中央投资建设户用沼气 1278 万户。截至 2009 年年底，全国农村户用沼气池（12 m^3以下）累计保有量达到 3507.03 万户，正常利用数为 3230.24 万户，年产沼气 124 亿 m^3。

“十一五”期间建设 2 万处小型沼气工程、3192 处大型沼气工程，秸秆沼气、校园沼气等工程，实现了零的突破。仅 2009 年，全国各地新增各种沼气工程 1.70 万处，年增 42.6%，总池容达 714.96 万 m^3，年产沼气 9.17 亿 m^3。其中，新增大型沼气工程 931 处，年增 30.0%；新增中型沼气工程 5986 处，年增 46.5%；新增小型沼气工程 10 073 处，年增 42.2%。同时，新增生活污水净化沼气池 2.32 万处，同比增加 14.2%，使全国生活污水净化沼气池的总数达到了 18.69 万处，总池容达 851.39 万 m^3。

(4) 生物质燃料发展相对较为缓慢

生物质燃料产量逐年增加，从 2001 年的 0.44 万 t 油当量增长到 2010 年的 139.9 万 t 油当量，尤其是 2001～2003 年，增速超过 100%。然而增长速度却呈现逐年下降的趋势，从 2003 年 170.72%的增长率下降到 2010 年的零增长，主要是由于近年来，出于粮食安全的考虑，国家对生物燃料的生产限制在一定的水平（图 2-33）。

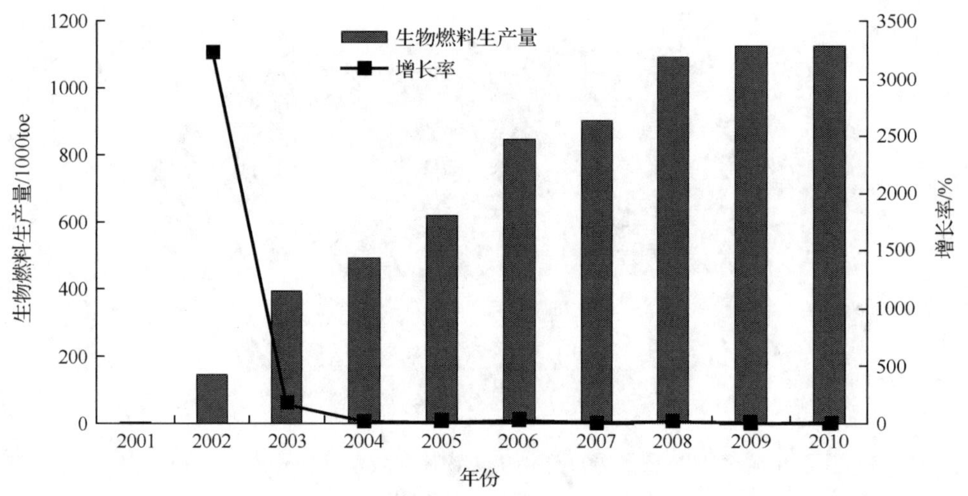

图 2-33　生物燃料生产情况

资料来源：BP，2011

目前来看，尽管中国在生物质能源的开发利用方面取得了一些成效，但由于中国生物质能源在产业化、规模化应用方面仍处于起步阶段，生产还面临诸多困难和问题，归纳起来主要有以下几方面：①原料短缺限制了生物质能源的大规模生产。目前，以甜高粱、木薯、红薯等非粮物质为原料生产燃料乙醇已经成为主要技术方向。虽然中国有大量的盐碱地、荒地等劣质土地可种植甜高粱，以及麻风树和黄连木等油料植物，但目前缺乏对这些土地利用的合理评价和科学规划。此外，中国虽然在西南地区种植了一定规模的麻风树等油料植物，但不足以支撑生物柴油的规模化生产。②没有建立起完备的生物质能源工业体系，研究开发能力弱，技术产业化基础薄弱。以废动植物油生产生物柴油的技术较为成熟，但发展潜力有限。后备资源潜力大的纤维素生物质燃料乙醇和生物合成柴油的技术尚处于研究阶段，一些相对成熟的技术缺乏标准体系和服务体系的保障，产业化程度低，大规模生物质能源生产产业化的格局尚未形成。③生物燃油产品市场竞争力较弱。巴西以甘蔗生产的燃料乙醇 1998 年每吨价格降到 300 美元以下。而中国以陈化粮为原料生产的燃料乙醇成本约为 3500 元/t，以甜高粱、木薯等为原料生产的燃料乙醇的成本约为 4000 元/t。④政策和市场环境不完善，缺乏足够的经济鼓励政策和激励机制。为避免对粮食安全造成负面影响，国家开始对以粮为原料的燃料乙醇的生产和销售采取严格管制。对于生物柴油的生产，国家也没有制定相关的产业政策和完善的销售渠道。

(5) 各发电企业大量涌入生物质发电行业，但发电技术仍相对落后

最近几年，国家电网公司、五大发电集团等大型国有、民营及外资企业纷纷投资参与中国生物质发电产业的建设运营。截至 2008 年年底，中国共有近 40 家生物发电厂陆续建成投产，并网发电。国能生物发电公司和龙基电力公司是中国从事生物发电的两家主要公司。2006 年 12 月，由龙基电力公司提供生物发电技术、国能生物发电公司投资的中国第一家生物发电厂——山东省单县生物发电厂建成发电。到 2008 年年底，中国已建成了数十家生物发电厂，装机容量达 400 万 kW。但是，在扎堆上马的推动下，重复建设、资源浪费和效益低下等发展难题开始显现。

目前国内缺乏专门燃烧农林废弃物锅炉的设计、生产制造能力和使用经验，专业技术人才匮乏，国家科研支撑仍显不足，与生物质发电相关的软科学研究滞后，如标准、规范规程体系尚未建立等，具体体现在以下几个方面。

在生物质发电项目中，中国在有些设备上还没有自主研制能力，如锅炉部分的振动炉排、秸秆发电除尘装置等。

生物质发电复杂的燃料供应系统和锅炉燃烧技术，完全不同于常规火电机组，在技术层面上也是一道很高的门槛。从 2005 年开始，生物质发电主设备——锅炉本体及其他辅机均实现了国产化，但是锅炉的振动炉排还没能达到自主研发的能力。所以，使用最新设计的锅炉时，在设计、调试、运行和维护方面都有一定的技术风险。

中国生物质发电项目发展比较晚，技术还不够完善，如何根据不同燃料成分选择可行的工艺流程关系到项目建成后机组的稳定可靠运行。锅炉是生物质燃烧发电的关键设备，目前国内缺乏专门燃烧生物质秸秆锅炉的生产、使用经验，从国外进口锅炉设备价格太高，国外公司还不转让核心技术。同时，为适应中国同一生物质锅炉必须燃烧多种秸秆的现状，对国外引进设备，存在进一步技术改造的问题。

(6) 生物质发电补贴政策不完善，导致生物质发电多种弊端

对于生物质发电，中国规定实施政府定价，采用溢价电价政策。具体措施是，由国务院价格主管部门分地区制定标杆电价，电价标准由各省（自治区、直辖市）2005 年脱硫燃煤机组标杆上网电价加补贴电价组成，补贴电价标准为 0.25 元/(kW·h)。另外，发电项目自投产之日起 15 年内享受补贴电价，运行满 15 年后取消补贴电价。

这一定价方式的弊端是中西部地区价格偏低，不利于当地农林生物质产业发展和农民增收。2010 年，国家发改委发布《关于完善农林生物质发电价格政策的通知》（发改价格［2010］1579 号），出台了全国统一的农林生物质发电标杆上网电价标准。该通知规定，未采用招标确定投资人的新建农林生物质发电项目，统一执行标杆上网电价 0.75 元/(kW·h)（含税）。通过招标确定投资人的，上网电价按中标确定的价格执行，但不得高于全国农林生物质发电标杆上网电价。同时，继续实行全国分摊政策，农林生物质发电超出常规能源发电价格的部分，通过全国征收的可再生能源电价附加分摊解决。初步测算，农林生物质发电价格平均每千瓦时上涨约 7 分钱。

(7) 燃料乙醇补贴力度不断降低，逐步启动弹性补贴政策

燃料乙醇生产作为国家能源发展战略中的重要一环，从开始之初，国家政策便给予了相应的扶持。对于国家批准生产燃料乙醇的定点企业，国家曾相继出台了多项优惠政策。例如，免征用于调配车用乙醇汽油的变性燃料乙醇 5%的消费税；企业生产调配车用乙醇汽油用变性燃料乙醇的增值税实行先征后返；企业生产调配车用乙醇汽油用变性燃料乙醇所使用的陈化粮享受陈化粮补贴政策；变性燃料乙醇生产和变性燃料乙醇在调配、销售过程中发生的亏损，实行定额补贴。2004 年 6 月，《财政部关于燃料乙醇亏损补贴政策的通知》分年度明确了补贴标准，从 2004 年到 2008 年每吨补贴分别为 2736 元、2395 元、2054 元、1373 元和 1373 元。但可以看出，燃料乙醇补贴力度不断减弱，2007 年，财政部等联合下发了《关于发展生物能源和生物化工财税扶持政策的实施意见》，从 2008 年起，国家再次对燃料乙醇财政补贴政策进行调整，即实行弹性补贴政策，当油价上涨，燃料乙醇销售结算价高于企业实际生产成本，企业实现盈利时，国家不予亏损补贴。当燃料乙醇销售结算价低于标准生产成本，企业发生亏损时，先由企业用风险基金以盈补亏，风险基金不足以弥补亏损时，国家将启动弹性补贴。国家对燃料乙醇生产的补贴政策对国内燃料乙醇产业的发展无疑起到了积极的推动作用。

2.3.1.6　其他非化石能源

(1) 地热资源丰富，分布广泛，地热能利用居世界首位，地热能发电发展缓慢

中国地热资源丰富，分布广泛，其中盆地型地热资源潜力在 2000 亿 tce 当量以上。全国地热资源可开采资源量为 68 亿 m^3/年，所含地热量为 9.73×10^{14} kJ，相当于 3284 万 tce 的发电量。目前，中国地热资源的开发利用已形成了一定规模，年利用地热能约为 100 亿 kW，而且地热资源开发利用以年均 10%的速度增长。

中国地热资源按地理位置可划分为六个区带，即藏滇地热带、川滇地热带、郯庐断裂地热带、祁吕弧形地热带、东南沿海地热带、台湾地热带。在全国各省差不多都有地热点和热异常发现，据统计已超过 3000 处。其中西藏 600 多处，云南 700 多处，四川 300 处左右，闽东南 100 多处，华北平原北部近百处，台湾 80 处左右，江苏中部 20 余处等。

从浅层地热能直接利用方面来看，据 2005 年世界地热大会统计，2004 年全世界直接利用地热能达到 726.22 亿 kW·h，比 2000 年增加了 40%。其中中国地热直接利用达到 126.05 亿 kW·h，居世界首位，其次是瑞典、美国、冰岛、土耳其等国家。中国是一个以中低温地热资源为主的国家，华北、山东、东北、陕西及京津地区的地热田多属于中低温地热田，总储存能量为 73.61×10^{20} J。地热资源的直接利用方式主要有供热、温室种植、医疗、洗浴等。其中，供热占 40%，主要集中在中国的北方，如北京、天津、陕西、东北、河北、山东、内蒙古等地，生活热水供应占 22%，工业利用占 7%，养殖占 17%，温室种植和其他占 14%。

浅层地热能发电发展缓慢。中国高温地热电站有西藏羊八井 2.518 万 kW，朗久 0.2 万 kW，那曲 0.1 万 kW，其中羊八井地热电站的装机容量在全国最大，占全国地热装机容量的比例高达 75%；中低温地热发电站有广东丰顺 0.03 万 kW，湖南灰场 0.03 万 kW，河北郝窑 0.02 万 kW，辽宁熊岳 0.02 万 kW，山东汤东泉 0.03 万 kW，广西热水村 0.02 万 kW，江西温汤 0.01 万 kW。中国高温可用于发电的地热资源相对贫乏，在西南地区，地热能丰富，但其水资源也丰富，因此限制了地热能发电的发展。对于中低温地热电站，由于经济性较差，发电机组效率低，在当时的能源环境条件下，大部分中低温地热电站先后关停，设备被变卖。总体上来说，中国地热能发电发展缓慢，维持在 25 万 kW 左右的装机容量。

(2) 各种利用形式海洋能储量丰富

海洋能资源主要包括波浪能、潮汐能、潮流能和温差能等。根据《中国沿海农村海洋能资源规划》，利用沿岸 55 个海洋站一年的波浪观测资料进行不完全统计和计算，中国沿海波浪能资源理论可采量为 1285 万 kW。总体来看，中国波浪能以台湾省沿岸最为丰富，为 429 万 kW；其次是浙江、广东、福建和山东沿岸，为 160 万～205 万 kW。

根据《中国沿海潮汐能资源普查》和《中国沿海农村海洋能资源规划》，中国沿岸港湾内的潮汐能资源蕴藏量为 1.1 亿 kW。其中，位于单坝址可开发装机容量大于 200kW 的 426 个港湾和河口坝址的可开发利用量约为 2100 万 kW，每年可发电 624 亿 kW·h。浙江和福建两省岸线曲折，潮差较大，其潮汐能占全国沿海潮汐能的 80%。但是，中国潮汐能能量密度在世界上处于中等水平，平均潮差仅为世界的一半。

据《中国沿海农村海洋能资源规划》对中国沿岸 130 个海峡和水道的不完全统计，中国沿岸潮流能理论平均功率为 1395 万 kW。其中以浙江最为丰富，拥有 37 个水道，理论平均功率为 709 万 kW，占全国总量的 1/2 以上，其次是台湾、福建和辽宁等省份的沿岸，约占全国总量的 42%。

此外，黄海、东海和南海海洋温差能的理论储量为 1.463×10^{19}～1.519×10^{19} kJ，其中 90%分布在中国南海地区。在热效率取 7%和工作时间取 50%以及利用资源 1%的假设下，可开发装机容量达 1.32 亿～1.48 亿 kJ。

采用中国江河入海水量进行计算，全国沿岸盐差能资源理论储量约为 3.58×10^{15} kJ，理论功率 1.14 亿 kW，主要分布在长江口和珠江口。

(3) 小型波浪能和海流能发电装置仍处于示范阶段

在海洋能利用方面，中国仍处于技术研发阶段。“十一五”国家科技支撑计划中，海洋能开发利用关键技术研究与示范被列为重点项目，共设有 100kW 漂浮式波浪能电站关键技术研究与示范、100kW 摆式波浪能电站关键技术研究与示范等 6 个研究课题。“908 专项”也设立了海洋能的资源调查和评价工作，对中国海洋能资源蕴藏量和可开发利用量进行大规模的实地调查和评价研究，并专门设立了近海岛屿综合利用开发示范试验研究课题，在近海岛屿建立波浪能、太阳能、海岛风能多能互补的独立供电示范系统。“863”计划中设立了多个课题，支持了一批有关海洋能基础研究和攻克发电装置关键技术研究的项目。这些项目的成果将极大地提高中国海洋能开发利用自主创新能力，为海洋能产业化发展奠定坚实的基础。

目前，中国 21 世纪 80 年代运行的 8 座潮汐能电站只剩下 3 座，分别是：总装机容量 3900kW 的浙江温岭的江夏站、总装机容量 150kW 的浙江玉环的海山站和总装机容量 640kW 的山东乳山的白沙口站。其中，江厦电站是目前中国最大的潮汐电站，已正常运行近 20 年，是世界第三大潮汐电站。目前，中国潮汐发电量仅次于法国、加拿大，居世界第三位。

2.3.2 非化石能源发展中存在的核心问题

2.3.2.1 无序开发，跑马圈地，缺乏统一的规划

2006 年，国家出台了《中华人民共和国可再生能源法》，推动非化石能源产业发展。然而，这引发了各地一窝蜂地上项目，造成过度竞争和产能过剩。“跑马圈地”、“跑马圈风”、“跑马圈河”等无序开发问题比较严重，缺乏一致的规划和统筹的管理成为影响非化石能源发展难以逾越的障碍。以中国的风电产业为例，中国风电产业起步相对较晚，却已经出现了投资过热的现象。产能的急速扩张造成了一系列严重的问题，如引发价格战，形成自杀式的恶性竞争，给整个产业的发展带来不良后果。盲目圈地、快速上马，其结果必然造成行业的无序竞争，并导致资源浪费。各大公司争资源、争设备、争管理运营人才等，甚至出现多家企业在同一风场重复竖测风塔的现象。在这种情况下，非化石能源的开发利用需要迫切调整，统筹规划，合理布局，协调管理。

无序开发问题是在投资体制改革、电力体制改革后出现的，核心问题是在能源投资体制多元化之后，中国仍在沿用以项目管理代替资源管理的办法管理风电、水电等非化石能源的开发，导致各投资主体在利益驱动下单纯追求经济利益而忽视社会和环境、公共安全责任。这种管理模式也导致无法实现市场公平，侵害人民利益，滋生腐败现象和权力寻租，破坏生态环境，危害公共安全等一系列问题。上述问题的治本之策在于加强和规范非化石能源资源管理。市场化的水电开发要求政府要制定符合生态环境和社会利益的开发规划，以及公正透明、兼顾各方利益的开发管理办法和监管体制，并按“建一个工程，造福一方百姓”的要求使当地人民受益。另外，多部门管理，权责不明，各部门各层次规划不统一，没有统筹管理的部门，也是这种现象出现的根源。

2.3.2.2 非化石能源研发水平和创新能力有待提高

中国的非化石能源产业目前存在核心技术缺失、低端制造环节盲目扩张等

问题。中国发展低碳能源面临的最大困境是，大部分核心技术并不掌握在自己手中，70%的低碳核心技术需要“进口”。联合国日前发布的一份报告验证了这一点。联合国开发计划署发布的《2010 年中国人类发展报告——迈向低碳经济和社会的可持续未来》的报告指出，中国实现未来低碳产业的目标，至少需要 60 种骨干技术支持，而在这 60 多种技术里面有 42 种是中国目前不掌握的核心技术。

从风电产业来看，与欧洲风电产业起步较早的国家相比，中国在风机设计和制造的基础领域比较薄弱，即便能拥有自己的产权，也很难掌握核心技术。一些企业片面追求高速成长、高速发展，而忽视了自主创新和基础性研究实验。核心技术的缺失直接导致风电装备制造的产品质量问题。如果说培育自主知识产权是中国风电产业的长远目标，那么解决风机运行中的产品质量问题就是当下亟待解决的问题。伴随着大批兆瓦级新型风电机组匆忙投入规模化生产，风机产品质量问题愈发突出。

此外，技术已成为太阳能产业发展的最大制约因素。太阳能电池、多晶硅等光伏产业核心技术缺失、装备依赖进口现象严重。目前，产业链上的核心技术仍然掌握在国外企业手中，且难以进行“市场换技术”，这将严重阻碍市场的规模化发展。太阳能电池、多晶硅产业很有可能和此前的制造业一样，沦为世界低碳业的“制造工厂”，成为发达国家污染和能耗的转移地。

中国核心技术缺失的原因主要有以下几个方面：①国家资金投入不足，基础性研究薄弱。中国创新性工作起步晚，水平低，虽然国家加大了投资力度，但每年用于非化石能源研发的资金也只有 1 亿多元，与购买国外石油资源花费的上万亿资金相比微不足道，更无法与发达国家相比。②技术发展缺乏清晰的指导思路。中国至今在非化石能源领域尚无清晰的技术发展路线和长期的发展思路，处于跟在国际社会后面模仿的状况，没有制定自主研发和创新的方向。③没有建立起技术研发的长效机制。中国科研体系缺乏人才培养的长效机制，并且大多数都是一次扶持，没有制订连续的、滚动的和长期的研发投入计划。

2.3.2.3 尚未形成完整的产业链条和自主的产业体系

除太阳能热水器外，中国大多数非化石能源缺乏完整的产业体系，除了技术研发滞后之外，中国大多数设备制造以及原材料供应等方面存在严重的瓶颈，如大型风电的设计技术、风电机组叶片所需的碳纤维、生物质发电关键设备以及生物液体燃料所需要的生物酶等。其中，最显著的是中国太阳能光伏产业的“两头在外”现象，即 90%以上的硅材料依赖进口且价格过高，90%以上的产品依赖出口。这种依附性发展格局，使国内一些光伏企业仅承担了多晶硅生产中高污染、高耗能的后端生产环节。国外原料供应及技术封锁以及一波接一波的反倾销制裁，让国内企业在一定程度上受制于国外。

2.3.2.4 市场机制尚待完善，政策保障乏力

在非化石能源产业发展过程中，如何协调政策手段和市场机制的关系，也是需要考虑的问题之一。政府为了鼓励新兴能源产业发展，出台补贴政策，但不适当的补贴政策可能会扭曲价格的市场信号机制，不利于产业良性发展。

自 2005 年法律颁布以来，包括国家发改委、中华人民共和国财政部、中华人民共和国建设部、电监会、国家标准化管理委员会等相关部门，陆续出台了包括扶持电价、费用分摊、投资补贴在内的 20 多个相关的配套政策，基本建立了中国非化石能源的政策框架体系，有力促进了非化石能源的产业进步。但是，目前法律只规定了非化石能源发电企业和电网企业的电力收购关系，缺乏政府对电网企业强制配额的调控手段，即电网现状不改变，以前法律规定的收购关系就如同虚设。另外，对于电价附加收入的使用也缺乏统筹的考虑。加之非化石能源涉及的能源种类多，能源资源状况、能源技术类型和技术产业化水平更是复杂多样、涉及的管理部门多，研究制定适于各种非化石能源及其发展情况的配套法规规章和技术规范与标准，也是一个复杂的过程。因此，需要各有关部门根据各种非化石能源发展目标、资源状况、技术开发和产业发展的实际情况，继续完善合理的非化石能源发电价格机制、具有可操作性的非化石能源发电配额细则、优惠的投融资机制，以及完整的规范、标准、检测认证体系和非化石能源发展基金办法等政策手段。

总之，由于大多数非化石能源企业尚处于产业发展的初级阶段，受技术、成本、市场等因素的制约，目前除水电可以与煤炭等常规能源发电竞争外，其他非化石能源的开发利用成本都相对较高，还难以与煤炭等常规能源发电竞争。在相当长的时间里，必须有法律法规的保障和政府强有力的政策支持，非化石能源才能得到持续、稳定的发展。但在促进保护的同时，也要防止政策对市场的扭曲，避免过度保护，引发不合理的投机热潮和逆向选择，做到经济、合理、高效、优化。

2.3.2.5 电力消纳和并网问题成为非化石能源发展的主要瓶颈

中国电力企业联合会 2009 年年初公布的数据显示，截至 2008 年年底，风电装机容量只占到全国电力总装机容量的 1.13%，而发电量更是只占 0.37%。同时，内蒙古约有 1/3 的风电并网项目处于闲置状态；甘肃酒泉已经投运的 46 万

kW 风电装机最大发电出力只能达到 65%左右。国内每一家风电企业，最近两年几乎都遇到了风电并网的难题，只是程度有所不同。即便是已经并网的风电场，也面临着运行中较为普遍的被电网限电的情况。

中国风电的大规模发展始于 2004 年，由于基数较小，并网问题在最初几年并不明显。随着风电装机连续四年以每年翻一番的速度急剧增加，电网的瓶颈因素开始显现，并已取代上网电价、风机成本，成为最近两年中国风电爆发式增长中最为突出的瓶颈。

风电并网瓶颈的深层次原因主要有四个：①风电增长速度远远超过原有的规划，产能相对过剩。一方面，风电的快速发展超出了电网建设的速度，相应的电网建设却按部就班甚至严重滞后，两者的脱节导致了最后风电上网能力与电网购入能力的巨大差距。另一方面中国风电并网采用的是“大规模—高集中—高电压—远距离输送”的模式，与欧洲的“分散上网、就地消纳”的方式不同，而且风电机组从吊装完毕到并网发电，需要进行大量的配套设施建设、调试和验收工作，二者存在着正常的时间差，而且能否及时并网，一定程度上又并不完全取决于电网。部分风电场建成后无法及时并网，重要原因是风电场建设规划和电网建设规划脱节。目前，风电开发无序的问题较为突出，各地普遍存在风电前期工作规模大于地方规划，地方规划大于国家规划的现象。各地在编制风电开发规划时，没有研究风电消纳市场，风电场规划和电网规划无法很好衔接。②电网安全运营受到冲击。非化石能源发电存在不稳定和不可控性等特点，因此增加了电网的建设和运营成本，尤其是调度机构承受了更大的压力，电网企业常常出自维护电网安全的需要，对风电上网量进行严格的控制，甚至远低于电网可以容纳的能力。所以中国风电发展中面临着大规模、高集中开发和远距离、高电压输送的问题，给电网带来了很多技术和经济难题，包括系统调峰调频问题、电网适应性问题、电压控制问题、安全稳定问题等。风电确实给电网调度、电力输送增加了难度。③地区电网承受能力有限。目前中国的风电建设多在偏远地区，当地经济落后，电网负荷小，已经超过地区电网消纳风电能力的极限，不能满足大规模风电接入的要求。④电网接入缺乏经济动力。截至 2008 年年底，风电装机容量只占到全国电力总装机容量的 1.13%，而发电量更是只占 0.37%。同时，内蒙古约有 1/3 的风电并网项目处于闲置状态；甘肃酒泉已经投运的 46 万 kW 风电装机最大发电出力只能达到 65%左右，可见竞相上马风电项目的背后，却是微不足道的经济效益。风电产业陷入产能过剩的尴尬境遇，电网公司的投资效益并不高，缺乏投资动力，导致某些偏远风电场的电网建设由发电企业自行承担，从而限制偏远地区的风电场建设开发。

第3章 中国能源安全预测预警模型构建

本章节初步建立中国能源预测预警混合模型，将CGE模型与TIME模型相结合，融合两种模型的优点，自下而上模型涵盖中国40个子部门，包括原油、天然气、煤炭、焦炭、风能、核能、太阳能、汽油、柴油、煤油、燃料油、液化石油气、热力、电力、生物能、水能在内的16种能载体，2项加工工艺和17项转化工艺；自上而下模型涵盖生产模块、价格模块、国际贸易模块、投资模块、市场均衡模块和能源环境模块，将收入与需求模块与上述终端能源需求的计算结果进行接合，并对模型进行准递推动态模拟，以实现中长期预测的需求。

模型结合部分包括：①能源服务需求变量。分为农业、工业、交通、商业、居民五大部门，每个部门都包含多种能源服务需求，有的以活动水平、终端用能、有用能表示，TIME模型中由对应的参数把活动水平、终端用能都转换为有用能。②能源效率变量。需要通过TIME模型获得减排引起的能源系统效率的变化，然后输入CGE模型。

利用CGE模型以2005年为模型基准年，2010年为模型校核年。在模型时间跨度内，分为8个周期，每个周期固定为5年，2050年为模型终止年。主要通过2015～2050年7个水平年的模拟结果来反映未来经济及能源需求的增长路径。

3.1 中国能源安全预警模型设计

根据现有能源-经济-环境模型的不足，结合能源安全预警的需求，本项目参照中国经济可计算一般均衡模型的基本结构，结合不同能源的加工技术、转换技术和终端用能技术能源利用，得到终端用能子部门的能源需求量，并对能源系统中的能源流以及伴生的资金流、物质流和污染物排放进行模拟，而后根据终端能源需求预测数据、不同能载体的转化关系，以及与能源系统密切相关的环境、经济和政策要求，构造多周期大型预警模型。

图 3-1 为中国能源预警模型结构图，此图描绘了能源需求预测模块、能源系统预警及优化模块、能源供应模块及污染物排放模块，并描绘了主要能源技术(加工工艺、转换工艺和终端用能工艺)。

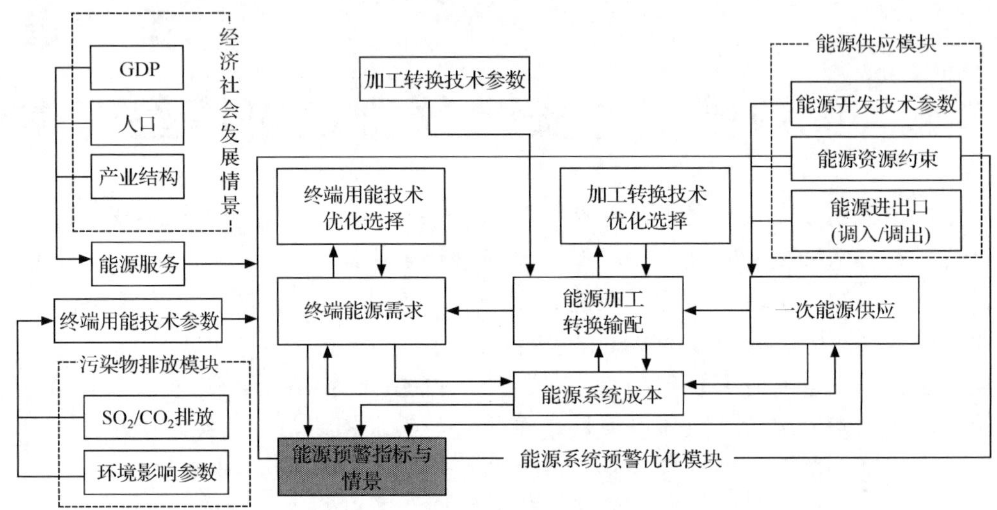

图 3-1　中国能源预警模型结构图

3.1.1　预警模型能源需求端结构模块

中国能源预警参考系统以 2005 年为模型基准年，2010 年为模型校核年。在模型时间跨度内，分为 8 个周期，每个周期固定为 5 年，2050 年为模型终止年。中国能源预警模型是由能源资源供应、能源加工和转化工艺、满足各种用能的终端技术，以及各经济部门终端能源需求所组成的网络结构图，其网络结构如图 3-2 所示。

中国能源预警模型定义了包括原油、天然气、煤炭、焦炭、风能、核能、太阳能、汽油、柴油、煤油、燃料油、液化石油气、热力、电力、生物能、水能在内的 16 种能载体。在该模型中，原煤、原油、天然气、汽油、柴油、煤油、燃料油、液化石油气、风力、生物质、核能、太阳能、水能作为供应资源，属于系统的输入量。

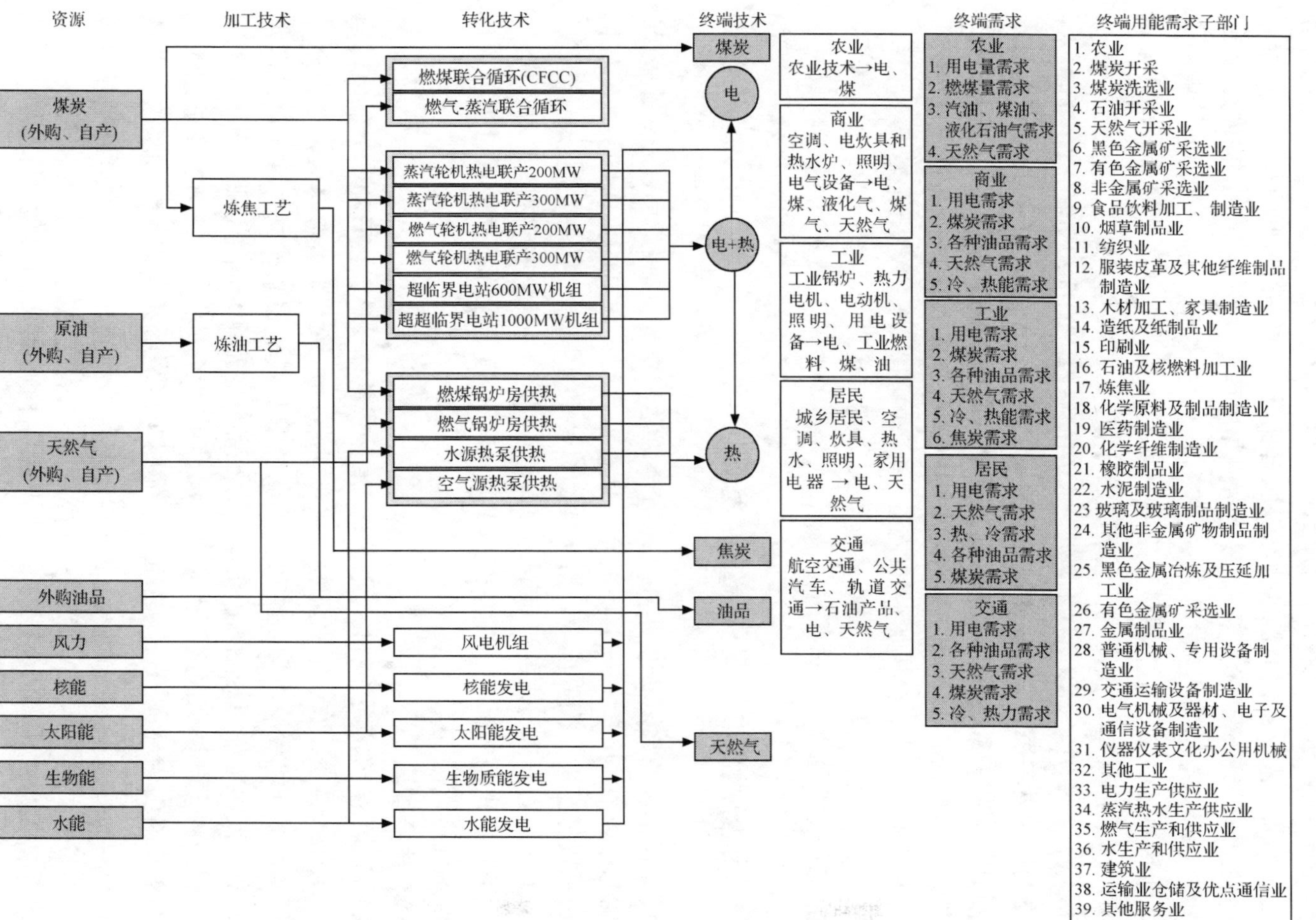

图 3-2　中国能源预警系统网络结构图

在该模型中，分别定义了 2 项加工工艺和 17 项转化工艺。加工工艺包括炼焦工艺和炼油工艺。转化工艺包括燃煤联合循环、燃气-蒸汽联合循环、蒸汽轮机热电联产（200MW/300MW）、燃气轮机热电联产（200MW/300MW）、超临界电站 600MW 机组、超超临界 1000MW 机组、燃煤锅炉房供热、燃气锅炉房供热、水源热泵供热、空气源热泵工业、风力发电、核电、太阳能发电、生物质能发电和水能发电。在终端用能需求部门定义了农业、商业、工业、居民、交通 5 大部门 46 项终端用能技术，每一部门的终端用能技术又细分为不同技术。

终端用能需求根据中国具体情况分为 40 个子部门。其中农业终端用能需求细分为用电需求、燃煤量需求、拥有量需求。商业终端能源需求细分为空调耗能、餐饮、热水耗能、照明/电器耗能需求。工业终端能源需求细分为包括石油化工行业、钢铁行业、金属加工和制造行业在内的 21 项终端用能需求。居民终端能源需求分为城乡居民的用能需求。交通终端能源需求细分为航空、车辆、轨道的交通耗能需求。

3.1.2 预警模型市场贸易端结构模块

对现有投入产出表进行归并，并结合两类消费者（城镇居民、农村居民）建立能源行业的可计算一般均衡模型，该模型保留了原有的生产模块、价格模块、国际贸易模块、投资模块、市场均衡模块和能源环境模块，将收入与需求模块与上述终端能源需求的计算结果进行接合，并对模型进行准递推动态模拟，以实现中长期预测的需求。并在模型中加入了不确定性分析部分，对模型接口的不确定性进行探讨。

（1）生产模块

将 40 个生产部门进行归并成为 16 个生产部门：煤炭、石油、天然气、电力、建筑业、交通、农业、服务业、化学工业、其他工业、纺织业、设备制造业、金属制品业、金属冶炼及压延加工业、非金属矿物制品业、食品制造及烟草加工业。前 4 个部门是能源的供应与分配部门，后 10 个部门则与产品和服务的生产相关。假设每个部门生产单一产品，生产者追求成本最小化，根据投入品的相对价格确定最优的投入品组合。部门产出采用资本、劳动、能源和其他中间投入的多层嵌套 CES 函数进行描述，嵌套结构选择资本先与能源聚合再与劳动力聚合的嵌套形式（K/E/L）。结构如图 3-3 所示。

式（3-1）反映了部门生产的第一层嵌套结构，表示生产函数。式（3-2）～式（3-4）反映了第二层 CES 嵌套，根据资本-能源-劳动力合成的需求函数，按

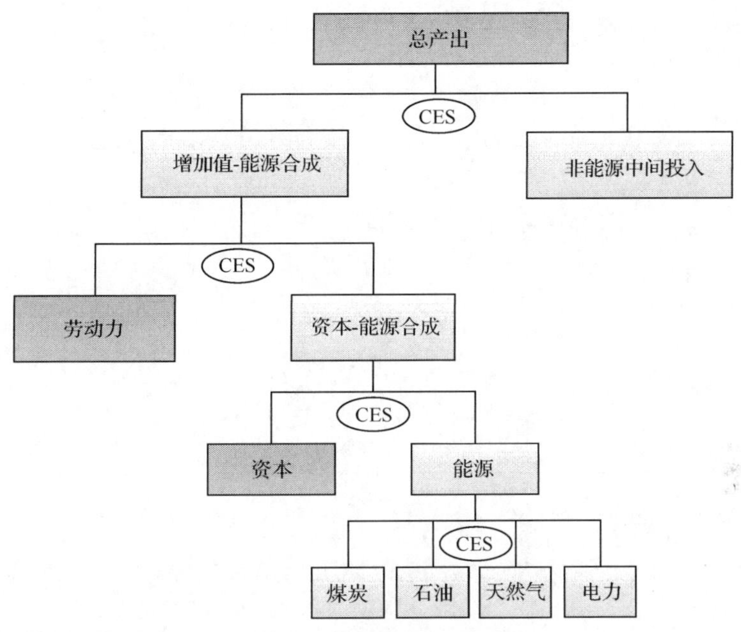

图 3-3 生产函数结构示意图

生产者追求利润最大化原则，可得出劳动力需求函数、资本-能源合成投入的需求函数。式（3-5）～式（3-7），反映了第三层 CES 的嵌套结构，根据成本最小化原则得出资本需求函数、能源投入合成需求函数和资本-能源合成的单位成本函数。式（3-8）～式（3-9）反映了第四层嵌套结构，根据成本最小化的假设，得出各能源品种的需求函数、能源合成的单位成本函数。式（3-10）～式（3-11）反映了非能源部门和能源部门的中间投入函数（表 3-1）。

$$Q_i(t) = \sum_{j=1}^{12} a_{ji} Q_i(t) + \mathrm{KEL}_i(t) + i\mathrm{tax}_i Q_i(t) \tag{3-1}$$

$$\mathrm{KEL}_i(t) = \Omega_{V_i} \left(\omega_{V_i} \mathrm{KE}_i(t)^{\rho_{V_i}} + (1-\omega_{V_i}) L_i(t)^{\rho_{V_i}}\right)^{1/\rho_{V_i}} \tag{3-2}$$

$$L_i(t) = \Omega_{V_i}^{\sigma_{V_i}-1} \cdot (1-\omega_{V_i})^{\sigma_{V_i}} \cdot \left(\frac{\mathrm{PEV}_i(t)}{W_i(t)}\right)^{\sigma_{V_i}} \cdot \mathrm{KEL}_i(t) \tag{3-3}$$

$$\mathrm{KE}_i(t) = \Omega_{V_i}^{\sigma_{V_i}-1} \cdot \omega_{V_i}^{\sigma_{V_i}} \left(\frac{\mathrm{PEV}_i(t)}{\mathrm{CKE}_i(t)}\right)^{\sigma_{V_i}} \cdot \mathrm{KEL}_i(t) \tag{3-4}$$

$$K_i(t) = \Omega_{K_i}^{\sigma_{K_i}-1} \cdot \omega_{K_i}^{\sigma_{K_i}} \left(\frac{\mathrm{CKE}_i(t)}{\mathrm{UK}_i(t)}\right)^{\sigma_{K_i}} \cdot \mathrm{KE}_i(t) \tag{3-5}$$

$$E_i(t) = \Omega_{K_i}^{\sigma_{K_i}-1} \cdot (1-\omega_{K_i})^{\sigma_{K_i}} \left(\frac{\mathrm{CKE}_i(t)}{\mathrm{CE}_i(t)}\right)^{\sigma_{K_i}} \cdot \mathrm{KE}_i(t) \tag{3-6}$$

$$\mathrm{CKE}_i(t)=\Omega_{K_i}^{-1}\left[\omega_{K_i}^{\sigma_{K_i}}\mathrm{UK}_i(t)^{1-\sigma_{K_i}}+(1-\omega_{K_i})^{\sigma_{K_i}}\right]\cdot\left[\frac{\mathrm{CKE}_i(t)}{\mathrm{CE}_i(t)}\right]^{\sigma_{K_i}}\cdot\mathrm{KE}_i(t) \tag{3-7}$$

$$\mathrm{VE}_{ji}(t)=\Omega_{K_{ji}}^{\sigma_{E_i}-1}\cdot\omega_{E_{ji}}^{\sigma_{E_i}}\left(\frac{\mathrm{CE}_i(t)}{\mathrm{PC}_j(t)}\right)^{\sigma_{K_i}}\cdot E_i(t) \tag{3-8}$$

$$\mathrm{CE}_{ji}(t)=\Omega_{E_i}^{-1}\cdot\left(\sum_{j=13}^{16}\omega_{E_{ji}}^{\sigma_{E_i}}\cdot\mathrm{PC}_j(t)^{(1-\sigma_{E_i})}\right)^{1/\sigma_{E_i}} \tag{3-9}$$

$$V_i(t)=\sum_{j=1}^{16}a_{ij}Q_j(t) \tag{3-10}$$

$$V_i(t)=\sum_{j=1}^{16}\mathrm{VE}_{ij}(t) \tag{3-11}$$

表 3-1 公式说明（1）

参数	参数含义
a_{ji}	i 部门单位产出需要 j 部门产品的中间投入系数
Ω_{V_i}	i 部门投入要素合成的效率参数
ω_{V_i}	i 部门资本-能源合成的分配参数
ρ_{V_i}	$=(\sigma_{V_i}-1)/\sigma_{V_i}$，其中 σ_{V_i} 是 i 部门资本-能源合成与劳动力的替代弹性
Ω_{K_i}	i 部门资本-能源投入合成的效率参数
ρ_{K_i}	$=(\sigma_{K_i}-1)/\sigma_{K_i}$，其中 σ_{K_i} 是 i 部门资本与能源的替代弹性
ω_{K_i}	能源 j 在 i 部门能源投入合成中的分配参数
ρ_{E_i}	$=(\sigma_{E_i}-1)/\sigma_{E_i}$，其中 σ_{E_i} 是 i 部门各种能源之间的替代弹性
外生变量	**变量含义**
$i\mathrm{tax}_i$	i 部门间接企业税率
内生变量	**变量含义**
$Q_i(t)$	i 部门在时期 t 内的总产出
$\mathrm{KEL}_i(t)$	i 部门在时期 t 内由 K-E 合成与 L 组合的增加值-能源合成
$\mathrm{KE}_i(t)$	i 部门在时期 t 内的资本-能源合成投入
$K_i(t)$	i 部门在时期 t 内的资本投入，即资本存量
$E_i(t)$	i 部门在时期 t 内的能源投入合成
L_i	i 部门在时期 t 内的劳动力投入
$\mathrm{PEV}_i(t)$	单位产出净值
$\mathrm{UK}_i(t)$	i 部门在时期 t 内资本使用成本
CE_i	i 部门在时期 t 内能源投入合成的单位成本
$\mathrm{PC}_j(t)$	j 能源在时期 t 内的使用价格
$V_i(t)$	时期 t 内对 i 部门产品的中间投入需求
VE_{ji}	i 部门在时期 t 内所需要的能源 j 的中间投入

（2）价格模块

模型中的所有价格均为相对价格，这些价格之间除通过各种嵌套 CES 或 CET 函数相互联系之外，还通过各种税收或补贴以及汇率转换相互联系。图 3-4 显示了模型中的价格构成。

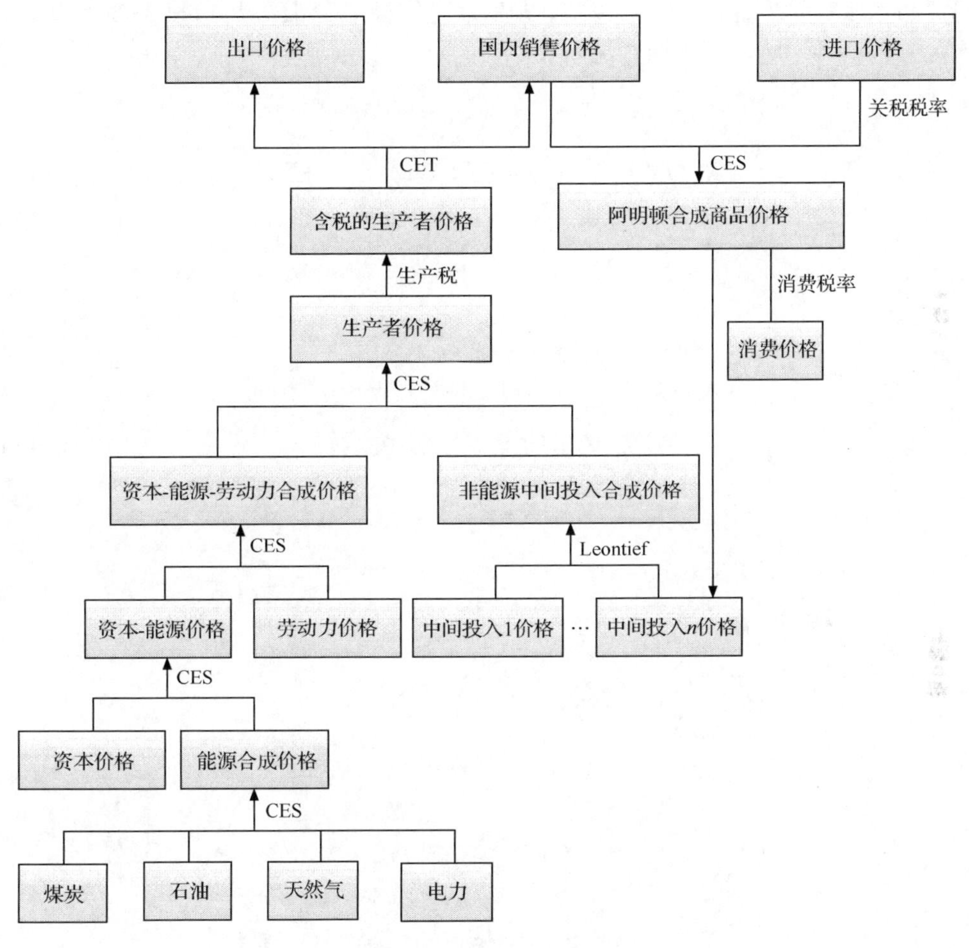

图 3-4 模型中价格构成

式（3-12）反映了国产品销售价格（生产价格），是由出口的商品价格与用于国内消费的商品价格复合而成。式（3-13）～式（3-14）反映了进出口商品价格。式（3-15）反映了合成商品价格，是进口商品价格与国内商品价格复合而成的商品价格。式（3-16）反映了部门消费品的价格，根据中间投入来源部门的合成商品价格的加权平均值得到。式（3-17）反映了资本的使用价格。式（3-18）

反映了资本服务价格，i 部门的资本服务价格由该部门所使用资本来源的各部门价格加权平均计算得到。式（3-19）反映了部门净价格，部门净价格为减去间接税和中间投入成本后的产出价格。式（3-20）表示价格指数，在动态经济学模型中必然会遇到市场上商品与服务的变化，这种变化要么是因为经济系统中生产的商品与服务量发生了变化，要么是因为销售商品与服务的价格发生了变化，为区分这两种影响，因此引入了价格指数（表 3-2）。

$$\mathrm{PS}_i = \frac{\mathrm{PX}_i(t) \cdot X_i(t) + \mathrm{PD}_i(t) \cdot D_i(t)}{Q_i(t)} \tag{3-12}$$

$$\mathrm{PM}_i(t) = (1 + tm_i) \cdot \overline{\mathrm{PWM}_i}(t) \cdot \mathrm{ER}(t) \tag{3-13}$$

$$\mathrm{PX}_i(t) = (1 + te_i) \cdot \overline{\mathrm{PWX}_i}(t) \cdot \mathrm{ER}(t) \tag{3-14}$$

$$P_i(t) = \Omega_{\mathrm{IMP}_i}^{-1} \left[\omega_{\mathrm{IMP}_i}^{\sigma_{\mathrm{IMP}_i}} PM_i(t)^{(1-\sigma_{\mathrm{IMP}_i})} + (1 - \omega_{\mathrm{IMP}_i})^{\sigma_{\mathrm{IMP}_i}} \mathrm{PD}_i(t)^{(1-\sigma_{\mathrm{IMP}_i})} \right]^{1/(1-\sigma_{\mathrm{IMP}_i})} \tag{3-15}$$

$$\mathrm{PC}_i(t) = \sum_{j=1}^{16} tr_{ji} \cdot \left[1 + \mathrm{CT}_j(t) \right] \cdot P_j(t) \tag{3-16}$$

$$\mathrm{UK}_i(t) = (\delta_i + R) \cdot \mathrm{PK}_i(t) \tag{3-17}$$

$$\mathrm{PK}_i(t) = \sum_j sf_{ji} \cdot P_j(t) \tag{3-18}$$

$$\mathrm{PVA}_i(t) = \mathrm{PS}_i \cdot (1 - i\mathrm{tax}_i) - \sum_{j=1}^{12} a_{ji} P_j(t) - \sum_{j=13}^{16} \frac{\mathrm{VE}_{ji}(t)}{Q_i(t)} \cdot \mathrm{PC}_j(t) \tag{3-19}$$

$$\frac{Y(t)}{\mathrm{RY}(t)} = \overline{\mathrm{PINDEX}}(t) \tag{3-20}$$

表 3-2　公式说明（2）

参数名称	参数含义
Ω_{IMP_i}	合成商品 i 在进口需求函数中的转移参数
ω_{IMP_i}	进口商品 i 在进口需求函数中的份额参数
σ_{IMP_i}	i 商品在进口品和国内商品之间的价格替代弹性
外生变量	变量含义
$\overline{\mathrm{PWM}_i}$	i 进口商品在时期 t 内的世界市场价格（\$）
tm_i	i 商品的进口关税
$\mathrm{ER}(t)$	时期 t 内的人民币汇率（RMB/\$）
te_i	i 商品的出口补贴

续表

外生变量	变量含义
δ_i	i 部门的固定资产折旧率
$\overline{\text{PINDEX}}(t)$	时期 t 内的 GDP 平减指数
内生变量	变量含义
$\text{PS}_i(t)$	国产商品 i 在时期 t 内的销售价格
$X_i(t)$	国产商品 i 在时期 t 内的销售价格
$D_i(t)$	国产商品 i 在时期 t 内的总国内需求量
$\text{PD}_i(t)$	国产商品 i 在时期 t 内的国内价格
$\text{PM}_i(t)$	i 进口商品在时期 t 内的国内价格
$\text{PX}_i(t)$	i 部门出口商品在时期 t 内的国内价格
$P_i(t)$	合成商品在时期 t 内的合成价格
$\text{PC}_i(t)$	消费品 i 在时期 t 内的价格
$\text{CT}_j(t)$	商品 j 时期 t 内的碳税从价税税率
$\text{PK}_i(t)$	i 部门在时期 t 内的固定资本品价格
R	真实利率
$\text{PVA}_i(t)$	i 部门在时期 t 内的增加值价格或净价格
$Y(t)$	时期 t 的名义 GNP
$\text{RY}(t)$	时期 t 内的真实 GNP

(3) 收入与需求模块

生产中获得的收入被分配到 3 个主要的机构：企业、居民、政府。企业收入为各部门资本回报之和。居民收入主要为劳动力、从政府得到的转移支付和补贴，企业收入中一部分也会分配给居民；居民可支配收入即是居民收入减去居民所交的各种税（如所得税）。政府收入主要包括居民、企业上交的各项税收及对外贸易的关税（图 3-5）。

需求主要包括居民消费、政府消费、投资需求及中间使用。居民在一定的收入水平限制下，按照效用最大化原则确定对各部门产品的消费数量，通过优化条件求解得到其需求数量。政府消费、投资需求按照总支出的固定份额确定，中间使用通过生产函数确定。另外，假设库存全部由国内产品构成，居民消费、政府消费、投资消费及中间消费由进口品和国内产品所组成的 Armington 合成商品供给。

式（3-21）～式（3-22）描述了居民收入，居民收入主要包括劳动力收入、

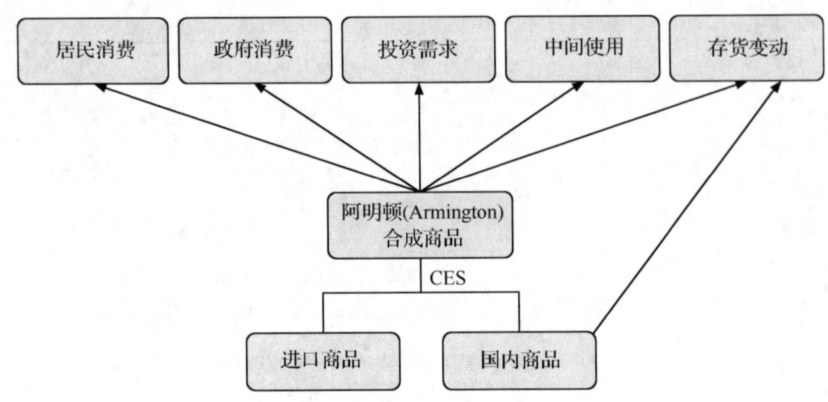

图 3-5 商品需求的构成

企业利润分配、政府转移支付及国外汇入。式（3-23）描述了企业净收入，企业净收入为资本收入与政府转移支付之和减去企业净税收、进入资本账户的保留收入及折旧。式（3-24）描述了政府收入，由关税、间接税、直接税和净国外借入四部分组成。式（3-25）～式（3-28）描述了要素收入，包括劳动力收入和资本收入。式（3-29）描述了国民名义收入，由总增加值、间接税、关税及外贸净盈利组成。式（3-30）～式（3-33）描述了各项税收收入。式（3-34）描述了政府出口补贴。式（3-35）～式（3-36）分别描述了居民的消费需求和最终需求。式（3-37）描述了政府的消费需求，政府购买量外生给定，并且根据外生固定消费构成系数确定政府对各种产品的购买量（表 3-3）。

$$Y_h(t)=\mathrm{ws}_h(t)\sum_i \mathrm{WB}_i(t)+\mathrm{es}_h(t)\cdot \mathrm{YE}(t)+\mathrm{ts}_h(t)\cdot \overline{\mathrm{HHT}}(t)$$
$$+\mathrm{rs}_h(t)\cdot \mathrm{ER}(t)\cdot \overline{\mathrm{REMIT}}(t)+\mathrm{rt}_h\cdot \mathrm{RC}(t)\cdot(\overline{\mathrm{POP}}_h(t)/\sum_h \overline{\mathrm{POP}}_h(t)) \tag{3-21}$$

$$\mathrm{YD}_h(t)=(1-h\mathrm{tax}_h)\cdot Y_h(t) \tag{3-22}$$

$$\mathrm{YE}_h(t)=\sum_i \mathrm{YK}_i(t)+\overline{\mathrm{GENT}}(t)-\mathrm{ESAV}(t)-\mathrm{ETAX}(t)-\mathrm{DEPR}(t) \tag{3-23}$$

$$\mathrm{YG}_h(t)=\mathrm{TARIFF}(t)+\mathrm{INDT}(t)+\mathrm{HHTAX}(t)+\mathrm{ETAX}(t)$$
$$+\mathrm{ER}(t)\cdot \overline{\mathrm{FBOR}}(t)+[1-\mathrm{rt}(t)]\cdot \mathrm{RC}(t)+\overline{\mathrm{GDEF}}(t) \tag{3-24}$$

$$\mathrm{WB}_i=W_i(t)\cdot L_i(t) \tag{3-25}$$

$$W_i=[1+\mathrm{GRW}(t)]\cdot \mathrm{wo}_i\cdot \mathrm{CPI}(t) \tag{3-26}$$

$$\mathrm{CPI} = \frac{\sum_i \mathrm{PC}_i(t) \cdot \mathrm{co}_i}{\sum_i \mathrm{pco}_i \cdot \mathrm{co}_i} \tag{3-27}$$

$$\mathrm{YK}_i = \mathrm{PAV}_i(t) \cdot Q_i(t) - \mathrm{WB}_i(t) \tag{3-28}$$

$$Y(t) = \sum_i [\mathrm{PVA}_i \cdot Q_i(t)] + \mathrm{INDT}(t) + \mathrm{TARIFF}(t) - \mathrm{NETSUB}(t) \tag{3-29}$$

$$\mathrm{TARIFF}(t) = \sum_i \mathrm{tm}_i \cdot \overline{\mathrm{PWM}}_i(t) \cdot \mathrm{ER}(t) \cdot M_i(t) \tag{3-30}$$

$$\mathrm{INDT}(t) = \sum_i i\,\mathrm{tax}_i \cdot \mathrm{PS}_i(t) \cdot Q_i(t) \tag{3-31}$$

$$\mathrm{HHTAX}(t) = \sum_h h\,\mathrm{tax}_h \cdot Y_h(t) \tag{3-32}$$

$$\mathrm{ETAX}(t) = \mathrm{etx}(t)\left(\sum_i \mathrm{YK}_i - \mathrm{DEPR}(t) + \overline{\mathrm{GENT}}(t)\right) \tag{3-33}$$

$$\mathrm{NETSUB}(t) = \sum_i \mathrm{te}_i \cdot \overline{\mathrm{PWX}}_i \cdot \mathrm{ER}(t) \cdot X_i(t) \tag{3-34}$$

$$C_{hi}(t) = \mathrm{cles}_{hi}(t) \cdot [1 - \mathrm{mps}_h(t)] \cdot \mathrm{YD}_h(t)/\mathrm{PC}_i(t) \tag{3-35}$$

$$\mathrm{CI}_{hi}(t) = \sum_j \mathrm{tr}_{ij} C_{hj}(t) \tag{3-36}$$

$$G_i(t) = e_i(t) \cdot \overline{\mathrm{GN}}(t) \tag{3-37}$$

表 3-3　公式说明（3）

参数名称	参数含义
$\mathrm{es}_h(t)$	h 类居民所获企业分配利润占企业总分配利润的比例系数
$\mathrm{rs}_h(t)$	h 类居民所获国外净汇入占总国外净汇入的比例系数
$\mathrm{rt}_h(t)$	时期 t 内返回给居民的碳税占总碳税收入的比例系数
$\mathrm{ts}_h(t)$	h 类居民所获政府转移支付占总政府转移支付的比例系数
$\mathrm{ws}_h(t)$	h 类居民在时期 t 内所获得工资占总工资收入的比例系数
$\mathrm{cles}_{hi}(t)$	h 类居民在居民总消费中的份额比例
$e_i(t)$	i 商品在时期 t 政府总支出的比例系数，$\sum_i e_i(t) = 1$
外生变量	**变量含义**
$\overline{\mathrm{REMIT}}(t)$	时期 t 内国外净汇入
$\overline{\mathrm{HHT}}(t)$	时期 t 内政府对居民的转移支付
$\overline{\mathrm{POP}}(t)$	h 类居民在时期 t 的总人口
$h\mathrm{tax}_h(t)$	h 类居民所得税税率
$\overline{\mathrm{GENT}}(t)$	时期 t 内政府对企业的转移支付

续表

外生变量	变量含义
$\overline{\text{FBOR}}(t)$	时期 t 内的国外净借入
$\overline{\text{GDEF}}(t)$	时期 t 内的政府预算赤字
wo_i	i 部门在基准年的工资率
co_i	i 商品在基准年的消费量
pco_i	i 商品在基准年的价格
$\text{etx}(t)$	时期 t 内的企业税税率
mps_h	h 类居民的边际储蓄率
$\overline{\text{GN}}(t)$	时期 t 内总的政府购买
内生变量	**变量含义**
$Y_h(t)$	h 类居民在时期 t 内的总收入
$\text{RC}(t)$	时期 t 内的碳税收入
$\text{YE}(t)$	时期 t 内的企业净收入
$\text{WB}_i(t)$	i 部门在时期 t 内的工资或劳动收入
$\text{YD}_h(t)$	h 类居民在时期 t 内的可支配收入
$\text{DEPR}(t)$	时期 t 内固定资本存量的总折旧值
$\text{ETAX}(t)$	时期 t 内的企业税收收入
$\text{ESAV}(t)$	时期 t 内的总名义企业储蓄
$\text{YG}(t)$	时期 t 内的政府名义收入
$\text{TARIFF}(t)$	时期 t 内的关税收入
$\text{INDT}(t)$	时期 t 内的总间接税收入
$\text{HHTAX}(t)$	时期 t 内的总居民税收收入
$\text{GRW}(t)$	时期 t 内的总工资增长率
$\text{CPI}(t)$	时期 t 的拉氏消费者价格指数
$\text{YK}_i(t)$	i 商品在时期 t 内的资本收入
$\text{NETSUB}(t)$	时期 t 内的总出口补贴
$M_i(t)$	i 部门在 t 时期内的总进口量
$C_{hi}(t)$	h 类居民在 t 时期内对 i 商品的消费量
$\text{CI}_{hi}(t)$	h 类居民在时期 t 内商品 i 的最终需求
$G_i(t)$	政府在时期 t 内对商品 i 的消费

(4) 国际贸易模块

现实经济是开放的经济，对外贸易在一国的经济发展中起着重要的作用，因此在 CGE 模型中对外贸易占有重要的地位。采用小国假设，将商品的世界价格设定为外生变量，其不受商品国内价格的影响。此外，要区分进口商品与国内商品，当前较为普遍的做法是假设国内商品和进口商品是不完全替代的，采用阿明顿（Armington）假设，用 CES 方程来描述进口行为，用 CET 方程来描述出口行为。

式（3-38）～式（3-40）描述了部门间的投资分配，区分了固定资本和流动资本两种资本。式（3-41）描述了对于投资品的需求。式（3-42）描述了总折旧，为各部门折旧之和。式（3-43）描述了居民储蓄，为居民可支配收入乘以边际储蓄倾向。式（3-44）描述了企业储蓄，由企业留存利润的某一比例系数确定。式（3-45）描述了总储蓄，由企业储蓄与折旧、居民储蓄、政府储蓄及国外净储蓄组成。式（3-46）描述了真实 GNP，真实国民收入为各项最终消费、投资需求及净出口的总和（表 3-4）。

$$\mathrm{SK}_i(t)=\mathrm{ac}_i(t)\cdot Q_i(t) \tag{3-38}$$

$$\mathrm{DK}(t)=\mathrm{INV}(t)-\sum_i P_i\cdot \mathrm{SK}_i(t)-\overline{\mathrm{GDEF}}(t) \tag{3-39}$$

$$\mathrm{DK}_i(t)=\mathrm{ak}_i\cdot \mathrm{DK}(t)/\mathrm{PK}_i(t) \tag{3-40}$$

$$\mathrm{FI}_i(t)=\sum_j sf_{ij}(t)\cdot \mathrm{DK}_j(t) \tag{3-41}$$

$$\mathrm{DEPR}(t)=\sum_i \delta_i\cdot \mathrm{PK}_i(t)\cdot K_i(t) \tag{3-42}$$

$$\mathrm{HSAV}_h(t)=\mathrm{mps}_h(t)\cdot \mathrm{YD}_h(t) \tag{3-43}$$

$$\mathrm{ESAV}(t)=\mathrm{esr}(t)\Big(\sum_i \mathrm{YK}_i(t)+\overline{\mathrm{GENT}}(t)-\mathrm{ETAX}(t)-\mathrm{DEPR}(t)\Big) \tag{3-44}$$

$$\mathrm{TSAV}(t)=\sum_h \mathrm{HSAV}_h(t)+\mathrm{GSAV}(t)+\mathrm{ESAV}(t)+\mathrm{DEPR}(t)+\mathrm{ER}(t)\cdot\overline{\mathrm{FSAV}}(t) \tag{3-45}$$

$$\mathrm{RY}(t)=\sum_i\Big(\sum_h \mathrm{CI}_{hi}(t)+G_i(t)+\mathrm{FI}_i(t)+\mathrm{SK}_i(t)+(1-\mathrm{te}_i)\cdot X_i(t)-(1-\mathrm{tm}_i)\cdot M_i(t)\Big) \tag{3-46}$$

表 3-4　公式说明（4）

参数名称	参数含义
te_i	投入转换系数
外生变量	变量含义
$ac_i(t)$	在时期 t 内单位产出 i 商品所需要的流动资本
内生变量	变量含义
$DK(t)$	时期 t 内的总固定资产投资
$INV(t)$	时期 t 内的总名义投资
$DK_i(t)$	i 部门在时期 t 内的固定资产投资
$HSAV_h(t)$	h 类居民在时期 t 内的总名义储蓄
$esr(t)$	时期 t 内的企业储蓄率
$TSAV(t)$	时期 t 内的总名义储蓄
$GSAV(t)$	时期 t 内的政府总储蓄
$ESAV(t)$	时期 t 内的国外净储蓄

（5）能源环境模块

本模型在上述模块所构成的一般均衡经济模型基础上，还考察了生产模块对能源、环境系统的影响。污染物的排放有两种计算方式：第一种是利用每个部门的产出乘以固定的排放系数即可得到该部门生产所排放的污染物，将各部门所排放的某项污染物相加即可得到该项污染物的全部排放；第二种就是利用每个部门中间投入品的数量乘以中间投入品的某项污染物排放系数即可得到该部门某项污染物的排放量。本模型依据不同能源品种投入对 CO_2 排放量进行计算，并基于计算结果定义和分析碳税政策对生产、价格、收入模块之间的作用。

式（3-47）～式（3-48）描述了进口商品、国内商品的 CES 组合和最优进口函数。式（3-49）～式（3-51）描述了出口需求函数、出口品与国产国内销售品的 CET 函数和最优出口供应函数。式（3-52）描述了对外贸易逆差（表 3-5）。

$$Z_i(t) = \Omega_{\mathrm{IMP}_i}\left[\omega_{\mathrm{IMP}_i} M_i(t)^{\rho_{\mathrm{IMP}_i}} + (1-\omega_{\mathrm{IMP}_i}) D_i(t)^{\rho_{\mathrm{IMP}_i}}\right]^{1/\rho_{\mathrm{IMP}_i}} \tag{3-47}$$

$$M_i(t) = \left(\frac{\omega_{\mathrm{IMP}_i}}{1-\omega_{\mathrm{IMP}_i}}\right)^{\sigma_{\mathrm{IMP}_i}} \left(\frac{\mathrm{PD}_i(t)}{\mathrm{PM}_i(t)}\right)^{\sigma_{\mathrm{IMP}_i}} \cdot D_i(t) \tag{3-48}$$

$$X_i(t) = \mathrm{xo}_i e^{\mathrm{grx}_i(t)\cdot(t-t_0)} \left[\frac{\mathrm{PWO}_i(t)}{\mathrm{PMX}_i(t)}\right]^{\xi_i} \tag{3-49}$$

$$Q_i(t) = \Omega_{\mathrm{EXP}_i}\left(\omega_{\mathrm{EXP}_i} X_i(t)^{\rho_{\mathrm{EXP}_i}} + (1-\omega_{\mathrm{EXP}_i}) D_i(t)^{\rho_{\mathrm{EXP}_i}}\right)^{1/\rho_{\mathrm{EXP}_i}} \tag{3-50}$$

$$X_i(t) = \left(\frac{1-\omega_{\mathrm{EXP}_i}}{\omega_{\mathrm{EXP}_i}}\right)^{\sigma_{\mathrm{EXP}_i}} \left(\frac{\mathrm{PX}_i(t)}{\mathrm{PD}_i(t)}\right)^{\sigma_{\mathrm{EXP}_i}} \cdot D_i(t) \tag{3-51}$$

$$\mathrm{FTD}(t) = \sum_i \overline{\mathrm{PWM}}_i(t) \cdot M_i(t) - \sum_i \overline{\mathrm{PWX}}_i(t) \cdot X_i(t) \tag{3-52}$$

表 3-5　公式说明（5）

参数名称	参数含义
ρ_{IMP_i}	$=(\sigma_{\mathrm{IMP}_i}-1)/\sigma_{\mathrm{IMP}_i}$，其中 σ_{IMP_i} 是进口品 i 与国产品 i 之间替代的价格弹性
ξ_i	商品 i 价格弹性
Ω_{EXP_i}	i 部门总产出在出口供应函数中的转移参数
ω_{EXP_i}	i 出口品在出口供应函数中的比例参数
ρ_{EXP_i}	$=(\sigma_{\mathrm{EXP}_i}+1)/\sigma_{\mathrm{EXP}_i}$，其中 σ_{EXP_i} 是 i 商品国外销售与国内销售转移的价格弹性
外生变量	**变量含义**
xo_i	商品 i 在基准年的出口量
$\overline{\mathrm{PWO}}_i(t)$	商品 i 在时期 t 内出口的世界市场价格
$\mathrm{grx}_i(t)$	商品 i 在时期（$t-t_0$）内的年出口增长率
内生变量	**变量含义**
$Z_i(t)$	合成商品 i 在时期 t 内的总供应量
$\overline{\mathrm{LS}}(t)$	时期 t 内的劳动力可供总量
$\overline{\mathrm{FK}}(t)$	时期 t 内的固定资本可供总量
$\mathrm{FTD}(t)$	时期 t 内的对外贸易逆差

（6）市场均衡模块

本模型的均衡模块包括 3 种市场出清条件和 3 个宏观平衡条件。式（3-53）～式（3-55）分别表示商品市场出清、劳动力市场出清、资本市场出清，式（3-56）～式（3-58）分别表示政府预算平衡、国际贸易平衡、投资储蓄平衡。

$$Z_i(t) = V_i(t) + \sum_h \mathrm{CI}_{hi}(t) + G_i(t) + \mathrm{FI}_i(t) + \mathrm{SK}_i(t) \tag{3-53}$$

$$\sum_i L_i(t) = \overline{\mathrm{LS}}(t) \tag{3-54}$$

$$\sum_i K_i(t) = \overline{\mathrm{FK}}(t) \tag{3-55}$$

$$\mathrm{YG}(t) = \sum_i [P_i(t) \cdot G_i(t)] + \mathrm{GSAV}(t) + \overline{\mathrm{GENT}}(t) + \overline{\mathrm{HHT}}(t) \tag{3-56}$$

$$\overline{\mathrm{SBT}}(t) = \overline{\mathrm{FBOR}}(t) + \overline{\mathrm{REMIT}}(t) + \overline{\mathrm{FSAV}}(t) - \mathrm{FTD}(t) \tag{3-57}$$

$$\mathrm{TSAV}(t) = \mathrm{INV}(t) \tag{3-58}$$

3.2 模型的连接

将 CGE 模型和 TIME 模型相结合，可以全面研究不同能源情景和减排情景的影响，CGE 模型可以获得减排情景对宏观经济、产业结构的影响，而 TIME 模型可以研究减排情景对中国能源技术发展路线的影响。

本项目建立的混合模型，TIME 模型对部门划分较详细，对于混合模型的连接具有较大优势，国内 CGE 模型的部门划分一般比较粗略，多为 5～20 个，而能源部门包括很多细节，如果不能细致对应，而主要依靠计量经济学的方法，容易造成较大的误差，尤其对于中长期的政策研究。

混合模型比单独的能源模型或 CGE 模型的优势在于能够全面反映能源系统、经济系统之间的相互作用。

模型中重要的连接变量包括：

1）能源服务需求：分为农业、工业、交通、商业、居民五大部门，每个部门都包含多种能源服务需求，有的以活动水平、终端用能、有用能表示，TIME 模型中由对应的参数把活动水平、终端用能都转换为有用能（表 3-6）。

表 3-6 模型中需要输入的能源服务需求

行业		能源服务需求种类
农业		农业电机有用能、农业机械总段用能、农业其他能源服务终端用能
工业及建筑业		铝产量、水泥产量、合成氨产量、钢铁产量、机制纸及纸板产量、其他电力需求有用能、其他工业用热有用能、工业原料终端用能
交通运输业		航空货运、公路货运、管道货运、铁路货运、水路运输、航空客运、公共交通、私人交通、铁路客运、水路客运
商业及其他服务业		商业制冷有用能、商业照明/电器有用能、商业热水/供热有用能
居民生活	城镇	城镇制冷用能、城镇炊事/热水用能、城镇采暖有用能、城镇家电终端用能
	农村	农村电器终端用能、农村炊事/热水有用能、农村采暖有用能

2）能源效率。需要通过 TIME 模型获得减排引起能源系统效率的变化，然后输入 CGE 模型。CGE 能源部门包括六大部门，分别是煤炭采选业、油气采选业、石油及核燃料加工业、炼焦业、电力热力的生产和供应业、燃气生产和供应业，分别对应于 TIME 模型的开采、中间转换、终端利用环节，所以将能源效率分为煤炭开采、石油天然气开采、煤炭中间转换、石油天然气中间转换、终端利用效率，见表 3-7。

表 3-7　模型连接采用的能源效率参数

效率类型	具体内容
开采效率	煤炭向“煤炭开采业”的投入
	石油天然气向“石油天然气采选业”的投入
中间转换效率	煤炭向“炼焦业”的投入
	石油天然气向“石油及核燃料加工业”的投入
	煤炭向“电力热力的生产和供应业”的投入
	煤炭向“燃气生产和供应业”的投入
终端利用效率	煤炭、石油天然气、成品油、焦炭、电力、燃气向非能源部门的投入

3.3　模拟基准年设定

在基本模型结构搭建的基础上，为了研究未来经济增长及结构变化所导致的能源需求的变化情况，我们对模型进行准递推动态模拟。本模型通过给定劳动力总量、资本总量、TFP、政府消费支出、国外储蓄、税率、转移支付等参数的值，进行准递推动态模拟。

利用 CGE 模型以 2005 年为模型基准年，2010 年为模型校核年。在模型时间跨度内，分为 8 个周期，每个周期固定为 5 年，2050 年为模型终止年。主要通过 2015～2050 年 7 个水平年的模拟结果来反映未来经济及能源需求的增长路径。

第 4 章
数据整理、参数估计及情景设计

本章节通过历史数据归纳和国内外研究比较，对能源预测预警模型进行了参数估计和情景设计，其中，建立了各部门能源服务需求的计算方法，包括钢铁、水泥、合成氨、铝产量，机制纸及纸板产量和其他工业能源服务需求，交通能源服务需求，农业、商业、居民能源服务需求等。

在模型参数校准过程中，本章节重点归纳与比较了当前国内外研究结果，以此校准模型中所用基本参数，校准基本结果如下：

1）中国 GDP 增长的预测研究结果相差较大，本研究采取了两种经济增长方案——低经济方案和高经济方案。

2）三大产业结构预测研究重点参照姜克隽等（2008）的研究结果。

3）人口和城市化率预测参照《21 世纪中国人口发展战略研究》以及姜克隽和胡秀莲（2008）的研究结果。

这样，情景分析设计成一个参考情景及一个政策情景，并结合不同经济增长速度预测情况，在此设定四种情景：低经济参考情景、低经济政策情景、高经济参考情景、高经济政策情景。

4.1 基年平衡数据表

该模型是基于 RES 平衡数据表所建立的，这是因为模型需要的数据基础十分庞大，利用 RES 可便于对模型的各种技术进行分组和描述。RES 是一个包含了从资源开采、转换到终端利用的所有流程的能流图，本模型正是通过对这些技术流程所涉及的能源流入和流出、技术效率及排放等参数进行描述来优化得到最终满足整个能源系统目标的技术组合。本模型在建立过程中进行了大量的数据调研，参考了国内外各行业不同领域的研究成果、内部资料，建立了模型基础数据库。在此基础上，按照中国 RES 所需要的能载体种类和需求部门，以

2007 年标准量型能源平衡表为基础构建了中国能源预测模型的基年 RES 平衡数据表，并按照 RES 包括的能载体及各部门的能源消耗来调整平衡表列项和最终消费栏的各行数值，最终使得该表能够按照中国 RES 的要求，为中国能源预测模型提供基年的系统状态数据，即对中国能源预测模型进行基年校核。

中国能源预测模型的基年 RES 平衡数据表的数据整理过程如下所示。

为与模型中能载体相对应，首先将平衡表中的能载体进行合并：

1）将原表中的“洗精煤”列与“其他洗煤”列合并为“洗煤”。

2）将“焦炉煤气”“其他煤气”和“炼厂干气”合并为“合成气”。

3）将“其他石油制品”与“其他焦化制品”合并统称为“其他石油制品”。

其次，在行方向上进行如下合并与改动：

1）将原表中的“进口”“我轮、机在外国加油量”“出口”和“外轮、机在我国加油量”合并为“净进口”。

2）为尽量减少供需的平衡差额，将原表中“平衡差额”一行中的“原煤”“原油”和“天然气”列对应数值添加到“一次能源生产”行中：将除去“热力”“电力”外的其他列添加到“库存”行中；至于“平衡差额”中的“热力”“电力”并入“损失量”行中。

3）将“工业”与“建筑业”行合并成“工业”；将“批发零售贸易餐饮”与“其他”行合并为“商业”。

4）根据王庆义（2005）的说明，将工业和商业中汽油的 95%、柴油的 35% 计入交通运输中，将居民生活的全部汽油、95% 的柴油计入交通运输行中；将交通运输中的“洗煤”、“型煤”、“焦炭”、“热力”计入商业行中。

4.2 能源服务需求的计算

根据两种模型的特点，采用了三种计算方法：计量经济学方法、能源服务强度法、弹性系数法。

1）计量经济学法：是 20 世纪 60 年代兴起的基于历史数据统计分析的方法。该方法的基本思想是根据历史数据预测未来。由于社会经济发展具有一定的连续性，所以根据历史数据获得的经济变量之间的关系在一定的时间内保持不变。该方法分为定性分析和定量分析两个步骤：定性分析确定某个经济变量可能影响因素和方程表达形式。例如，钢铁产量是一种以活动水平表示的能源服务需求，影响因素可能包括 GDP、人口等，通过查阅文献，采用 Gompertz 方程形式来表达它们的关系比较合适。定量分析是采用最小二乘法等计量经济学方法对历史数据进行回归分析。以钢铁产量研究为例，通过回归分析，可以获得Gompertz方程中的参数数值。这种由历史预测未来的方法在预测期较长的情况下会产生较大的不确定性。本项目在采用该方法时对比了国内外其他研究机构的成果，适当修正模型，以便减少误差，提高准确性。

2）能源服务强度法：有些能源服务预测是很复杂的，不适合采用计量经济学方法，可以采用某些容易测量的物理量表示能源服务的活动水平，即“能源服务的表征量”。其中，表征量的能源服务强度是单位能源服务表征量的能源服务需求。随着社会经济的发展、人们生活水平的提高，表征量的服务强度将发生变化。能源服务强度指标可以根据历史数据用计量经济方法分析得到，也可以从其他研究成果中取得。可以表示为下式：

能源服务需求＝能源服务表征量×表征量的能源服务强度

3）弹性系数法：其中，被预测量是能源服务、能源服务表征量或者能源服务强度指标；预测量是便于获得的变量，如GDP、部门GDP增加值、人口等宏观经济变量；弹性系数是反映预测量与被预测量的相对变化关系的变量。可以表示为下式：

被预测量的增长率＝预测量的增长率×弹性系数

4.3 各部门能源服务需求采用的计算方法

工业、交通等各部门的能源服务需求的计算方法在不同模拟阶段有所不同，见表4-1。

表4-1 各部门能源服务需求采用的计算方法

能源服务需求所属部门		计算方法
工业和建筑业	主要高耗能产品	计量经济学方法
	其他	弹性系数法
交通运输业		计量经济学方法
农业		计量经济学方法
商业与服务业		能源服务强度法
居民		能源服务强度法弹性系数法

4.3.1　工业能源服务需求

在计算工业能源服务需求的过程中，通过选择合适的解释变量和拟合方程，对比不同文献的预测结果，产生了较好的回归效果。

工业能源服务需求分为：高耗能工业产品产量（钢铁、水泥、机制纸及纸板、合成氨、铝）、其他电力需求有用能、其他工业用热有用能、工业原料终端用能。

(1) 钢铁、水泥、合成氨、铝产量

发达国家的工业发展史表明，由于工业化建立在对能源和矿产资源大量消费的基础上，所以人均资源和能源消费量随人均 GDP 的增长呈现“S”型增长关系。尤其是像中国这样正处于工业化阶段的国家，人均资源消费量将表现出快速增长、增速放缓和逐渐稳定这三个阶段，显示出明显的饱和趋势。各国工业化的历史表明，高耗能工业产量的发展也具有明显的饱和特性，所以我们使用 Gompertz 模型来预测钢铁、水泥、合成氨、铝产量。

Gompertz 模型的方程是

$$\mathrm{ENIP} = \mathrm{ENIP0} \cdot e^{\alpha \cdot e^{\beta \cdot \mathrm{GDPP}}}$$

转换为线性方程为

$$\mathrm{Ln}\left(-\mathrm{Ln}\left(\frac{\mathrm{ENIP}}{\mathrm{ENIP0}}\right)\right) = \mathrm{Ln}(-\alpha) + \beta \times \mathrm{GDPP}$$

其中，ENIP 为人均高耗能工业产品产量；ENIP0 为人均高耗能工业产品产量的饱和值；GDPP 为人均 GDP。

首先，必须选取合适的人均产量饱和水平。在确定饱和水平时，我们先设定了上下限，然后选取不同的饱和值水平，估计模型，计量残差平方和。我们选择了使残差平复和最小的饱和水平值对应相应的方程（表 4-2，表 4-3）。

表 4-2　人均高耗能工业产品的饱和值　（单位：t/人）

	钢铁	水泥	合成氨	铝
饱和值 ENIP0	0.450	1.100	0.040	0.015

表 4-3　回归结果参数和拟合效果

	钢铁	水泥	合成氨	铝
参数 α	−3.779	−3.686	−1.977	−4.904
参数 β	−0.000 14	−0.000 21	−0.000 19	−0.000 12
拟合效果 R^2	0.916	0.947	0.908	0.981

(2) 机制纸及纸板产量

机制纸及纸板的消费水平显著已成为衡量一个国家现代化水平的标志之一，因此人均消费量在工业化完成之后还将持续一段时间，预计到 2030 年还不会达到饱和水平，所以采用人均 GDP 作为解释变量进行回归分析和预测。

$$D3\_PAP = -35\,534.9 + 5\,922.8 \times \log(GDPP) + [AR(1) = 0.9190]$$
$$R^2 = 0.978 \quad (-2.689) \quad (3.413) \quad (16.584)$$

其中：D3 _ PAP 是机制纸及纸板产量。

(3) 其他工业能源服务需求

其他能源服务需求包括其他店里需求有用能、其他工业用热有用能、工业原料终端用能。

工业原料终端用能根据历史数据采用弹性系数法计算。

4.3.2 交通能源服务需求

(1) 客运周转量

以下方程分别是客运周转总量、铁路、航空、公路客运的客运周转量，其中公路客运分为运营部门客运周转量和私人汽车客运周转量。水路客运周转量较小，预计会维持在 70 亿人·km 左右。

$$P0\_PT = 113.770 + 0.118 \times GDPP$$
$$R^2 = 0.993(6.682) \quad (59.81)$$

$$P1\_PR = -322.65 + 0.934 \times P1\_PR(-1) + 41.88 \times \log(GDPP) + [AR(1) = 0.142]$$
$$R^2 = 0.998(1.601) \quad (19.815) \quad (-4.986) \quad (6.173)$$

$$P2\_PA = -13.75 + 0.720 \times P2\_PR(-1) + 0.00\,607 \times GDPP + [AR(1) = 0.8297]$$
$$R^2 = 0.985(-1.063) \quad (14.212) \quad (1.095) \quad (6.173)$$

$$P3\_PH1 = 80.247 + 0.0625 \times GDPP - 54.71 \times D03 + [AR(1) = 0.8297]$$
$$R^2 = 0.998(1.601) \quad (19.815) \quad (-4.986) \quad (6.173)$$

式中，P0 _ PT 为客运中转总量（十亿人·km）；P1 _ PR 为铁路客运中转量（十亿人·km）；P2 _ PA 为航空客运周转量（十亿人·km）；P3 _ PH1 为运营部门公路客运周转量（十亿人·km）；GDPP 为人均 GDP（2005 年价）；D03 为虚拟变量（2003 年为 1，其余年份为 0）。

对于私人汽车客运周转量的计算，Kopos 和中国能源发展战略与政策研究课题组采用了中国、韩国和日本在人均 GDP 为自变量的千人汽车拥有率曲线的连接来模拟中国未来的汽车拥有率变化。

本项目计算私人汽车客运周转量的公式见下，考虑的因素是中国人口、民用汽车保有率、私人汽车在民用汽车中的比例、私人汽车的平均载客量、家庭轿车每年运行距离。人均民用汽车保有率通过计量经济学方法获得；家庭轿车每年运行距离参考了国家发改委能源所的结果。

$$P3\_PH2 = POPM \times PCAR\_P \times N \times DISTANCE/1\,000\,000$$

式中，P3 _ PH2 为私人汽车客运周转量（十亿人·km）；POPM 为中国人口（百万人）；PCAR _ P 为民用汽车保有率（辆/千人）；PCAR 为私人汽车在民用汽车中的比重；N 为私人汽车的平均载客量（人/辆）；DISTANCE 为家庭轿车每年运行距离（km）。

通过回归分析，得到人均民用汽车保有率的计算方程如下：

$$P1\_PR = -322.65 + 0.934 \times P1\_PR(-1) + 41.88 \times \log(GDPP) + [AR(1) = 0.142]$$

$$R^2 = 0.998(1.601) \qquad (19.815) \qquad (-4.986) \qquad (6.173)$$

式中，PCAR _ P 为人均民用汽车保有率（辆/千人）。

假设中国到 2050 年私人汽车的比例逐渐达到 83%。参考能源所的数据，小轿车年平均行驶里程由 9500km 逐渐下降到 8500km。假定平均载客量保持 1.05 人不变，得到中国小轿车能源服务需求构想方案。

（2）货运周转量

货运周转总量是各种模式货运周转量的总和。

$$Q1\_FR = -2698.8 + 0.7055 \times Q1\_FR(-1) + 54.793 \times \log(GDPP) + [AR(1) = 0.8979]$$

$$R^2 = 0.995(-1.034) \qquad (3.816) \qquad (1.178) \qquad (7.095)$$

$$Q2\_FH = -7034 + 0.0052 \times GDP2005 + 34.49 \times D07 + 2089.9 \times D08 + [AR(1) = 0.8979]$$

$$R^2 = 0.999(-0.015) \qquad (3.447) \quad (1.868) \qquad (80.517) \qquad (9.268)$$

$$Q3\_FA = -2.525 - 0.392 \times Q3\_FA(-1) + 7.46e-05 \times GDP2005 + [AR(1) = 0.6844]$$

$$R^2 = 0.982(-2.464) \qquad (-1.550) \qquad (4.593) \quad (2.906)$$

$$Q4\_FW = 423.8 + 0.0163 \times GDP2005 + 1001 \times D04 + 1531 \times D05$$

$$R^2 = 0.999(6.219) \qquad (22.554) \qquad (13.485) \qquad (16.178)$$

$$+1757.7\times D06+2196.5\times D07+451.6\times D08+[AR(1)=0.4475]$$
$$(15.933)\qquad(17.234)\qquad(3.207)\qquad(2.000)$$

$$Q5\_FP=-41.35-0.349\times Q5\_FP(-1)+0.00069\times GDP2005+[AR(1)=0.5017]$$

$$R^2=0.954(-0.094)\qquad(0.056)\qquad(0.117)\qquad(0.094)$$

式中，Q1 _ FR 为铁路货运周转量（10^9 t·km）；Q2 _FH 为公路货运周转量（10^9 t·km）；Q3 _FA 为航空货运周转量（10^9 t·km）；Q4 _FW 为水路货运周转量（10^9 t·km）；Q5 _FP 为管道货运周转量（10^9 t·km）。

4.3.3 农业、商业、居民能源服务需求

农业、商业、居民能源服务需求的计算暂时还采用了计量经济学方法，根据新的情景设计进行了更新。

（1）农业能源服务需求

农业是第一产业，包括种植业、林业、牧业、渔业、副业等五个行业。农业的能源服务包括农田灌溉，农业机械作业，林业，牧业、渔业动力驱动，农产品加工的动力机械，农产品烘烤和温室供暖等。据此将农业部门的能源服务需求分为农业电机、农业机械和农产品加工。农业电机以有用能表示，农业机械和农产品加工以终端用能（Mtce）表示。本研究采用计量经济学的方法建立了农业终端用能总量、农业电机终端用能、农业机械终端用能与农业增加值之间的关系。农业终端用能总量减去农业电机终端用能、农业机械终端用能，可以获得农产品加工终端用能。

（2）商业能源服务需求

我国目前商业及服务业部门在整个国民经济中的比例还比较小，能耗比重也很小。未来随着我国经济结构调整，商业及服务业部门的比重将增加，将成为我国能耗的一个增长点。商业及服务业所需要的能源需求按终端用途可划分为采暖、制冷和照明三个部门，其终端能源消费量占到服务业总量的95%以上，其中以采暖为主。其他用电设备，如电梯、冷藏室、电脑、复印机、饮水机等终端用能占比仅为3.5%。

采暖、制冷和照明的能源消费量一般均以单位能耗强度直接乘以服务业建筑使用面积得到。大部分已有研究都认为服务业的增加值和服务业的总建筑使用面积之间也存在一定的关系，一般为1～3m^2/1000美元，已有研究设定我国为1.8m^2/1000美元。

(3) 居民能源服务需求

我国城乡居民生活呈现出比较明显的二元性。收入上的巨大差别以及生活环境的巨大差别造成了城乡服务需求差别较大。城镇居民的能源服务包括制冷、采暖、炊事/热水、照明及其他电器四种，农村居民的能源服务包括家用电器、供暖、炊事/热水三种。

城镇居民的四种能源服务都使用有用能表示，农村居民的家用电器以终端能源需求表示，而供暖和炊事/热水都以有用能表示。

城镇居民制冷服务需求主要取决于空调普及率及空调的效率；采暖服务需求取决于居民居住面积、采暖强度、采暖普及率；炊事/热水服务需求取决于居民数量、炊事/热水强度。

4.4 模型参数校准

4.4.1 基准情景设计

由于中国未来经济发展具有不确定性，所以本研究将经济发展状况分为低经济、高经济两种，分别加以考虑（表 4-4）。

表 4-4　本研究所采用的未来经济政治数据

年份	GDP（2007 年价）/万元		GDP 增长率/%	
	低经济方案	高经济方案	低经济方案	高经济方案
2010	294 936	298 777	9.8	10.14
2015	415 862	452 580	7.11	8.66
2020	580 185	675 529	6.89	8.34
2025	787 906	967 625	6.31	7.45
2030	1 039 024	1 328 867	5.69	6.55
2035	1 391 181	1 908 800	5.18	5.73
2040	1 821 087	2 649 722	4.77	4.91
2045	2 409 731	3 718 188	4.32	4.54
2050	3 139 369	5 136 866	3.98	4.10

4.4.2 宏观经济假设

(1) 中国主要的战略部署

中国的战略部署中与本项目有关的主要目标有以下两项。

1) 现代化发展“三步走”战略。最初由邓小平提出，经过党的十五大、十六大、十七大不断完善。根据这个战略，2010 年国民生产总值比 2000 年翻一番；2020 年实现全面建设小康社会，基本实现工业化，在优化结构、提高效益、降低消耗、保护环境的基础上，实现 2020 年人均 GDP 比 2000 年翻两番；2050 年基本实现现代化，达到中等发达国家水平。

2) 能源和应对气候变化的规划。我国通过“十一五”规划、《中国的能源状况与政策》白皮书、《中国应对气候变化国家方案》等政策性文件，制定了能源发展和应对气候变化战略，见表 4-5。根据这些规划，2010 年单位 GDP 能耗比 2005 年下降 20%，可再生能源开发利用总量（包括大水电）在一次能源供应结构中的比重提高到 10%左右；2020 年单位 GDP 碳排放比 2005 年降低 40%～45%，非化石能源在一次能源消费中的比例达到 15%左右（包括核电）；森林面积比 2005 年增加 4000 万 hm^2，森林蓄积量比 2005 年增加 13 亿 m^3。

表 4-5 中国关于能源和应对气候变化的主要规划目标

时间	名称	内容
2006 年 6 月	国民经济和社会发展“十一五”规划纲要	到 2010 年，单位国内生产总值能源消耗比 2005 年降低 20%左右；主要污染物排放总量减少 10%；森林覆盖率增加 20%，控制温室气体排放取得成效
2007 年 9 月	《可再生能源中长期发展规划》	2010 年使可再生能源消费量达到能源消费总量的 10%，到 2020 年达到 15%的发展目标
2009 年 1 月	国务院常务会议	到 2020 年我国单位国内生产总值 CO_2 排放量比 2005 年下降 40%～45%，作为约束性指标纳入国民经济和社会发展中长期规划，并制定相应的国内同级、监测、考核办法；通过大力发展可再生能源、积极推进核电建设等行动，到 2020 年我国非化石能源占一次能源消费的比重达到 15%左右；通过植树造林和加强森林管理，森林面积比 2005 年增加 4000 万 ha，森林蓄积量比 2005 年增加 13 亿 m^3

(2) GDP 增长率

国内外多家研究单位对中国未来中长期的经济增长和能源需求做了研究

(表 4-6)。

表 4-6　中国未来中长期的经济增长和能源需求目标

年份	单位	预测结果
2008	中国工程院“能源中长期(2030、2050)发展战略研究咨询项目”	预测结果为 2010 年到 2030 年 GDP 增长保持在 8%左右
2007	国家信息中心和国务院发展研究中心	在政策经济趋势和维持现有政策的情境下,我国 2030 年前平均 GDP 增速可达 7.5%,低增速情景为 6.4%,高增速情景为 8.7%
2007	国家发改委能源研究所节能优先课题组	2005～2030 年 GDP 增速为 7.7%
2008	国家发改委能源研究所低碳发展课题组	我国 2030 年前节能情景下平均 GDP 增速可达 8.1%

大多数机构认为,中国经济有可能保持较快增长,但难以保持在 8%以上的增长速度。国际能源署(IEA)和美国能源信息署(Energy Information Administration,EIA)认为,在趋势照常的基准情景下,未来 20 年,我国 GDP 将保持 6%～6.4%的增速,能源需求年均增长 3%～4%。

综合上述预测及近期历史数据,我们发现,各机构对中国经济增长的预测相差较大。所以本项目采用了两种经济增长方案:低经济方案和高经济方案(表 4-7,表 4-8)。

表 4-7　中国经济增长国内研究者预测汇总　(单位:%)

<table>
<tr><th colspan="2">研究机构</th><th>2000～2010 年</th><th>2010～2020 年</th><th>2020～2030 年</th><th>2030～2040 年</th><th>2040～2050 年</th></tr>
<tr><td colspan="2">中国社科院(李京文等,1999)</td><td>8</td><td>6</td><td>6</td><td>4～5</td><td>4～5</td></tr>
<tr><td colspan="2">北京国民经济研究所(王小鲁,2000)</td><td>6.58</td><td>6.22</td><td>—</td><td>—</td><td>—</td></tr>
<tr><td rowspan="2">国务院发展研究中心(王梦奎等,2002)</td><td>基准</td><td>7.90</td><td>6.60</td><td>5.40</td><td>4.50</td><td>3.40</td></tr>
<tr><td>低增长</td><td>6.60</td><td>4.70</td><td>5.40</td><td>4.50</td><td>3.40</td></tr>
<tr><td colspan="2">北京大学(刘伟等,2004)</td><td>8.75</td><td>6.18</td><td>4.76</td><td>—</td><td>—</td></tr>
<tr><td colspan="2">国家信息中心(梁优彩等,2002)</td><td>7.50</td><td>7.30</td><td>5.50</td><td>5.00</td><td>4.50</td></tr>
</table>

续表

研究机构	2000～2010 年	2010～2020 年	2020～2030 年	2030～2040 年	2040～2050 年
清华大学（王灿等，2004）	8.75	6.18	4.76	—	—
国务院发展研究中心（王梦奎等，2006，基准情景）	8.40	7.10	—	—	—
姜克隽（2008）	9.68 (2005～2010)	8.38	7.11	4.98	3.60

表 4-8　中国未来经济增长国际机构预测汇总　　（单位：%）

研究机构	2000～2010 年	2010～2020 年	2020～2030 年	2030～2050 年
世界银行（1993）	6.9	5.6	—	—
国际能源署（2000）	5.7	4.7	3.9	—
兰德公司（2000）	3～4.9	2.1～5.3 (2010～2015)	—	—
高盛公司（2003）	7.6	5.45 (2005～2015)	4.35 (2015～2030)	3.55
国际能源署（世界能源展望，2007）	—	7.7	4.9	—

（3）三大产业结构

目前有很多机构做了 2050 年前产业结构变化情况的研究，其中最接近历史数据的是姜克隽、胡秀莲的研究。本项目主要参考这个数据（表 4-9，表 4-10）。

表 4-9　本研究采用的未来产业结构数据　　（单位：%）

产业类型	2010 年	2020 年	2030 年	2040 年	2050 年
第一产业	10.1	6.8	4.3	3.1	2.5
第二产业	49.2	48.7	45.5	40.7	36.3
第三产业	40.7	44.5	50.2	56.2	61.2

表 4-10 有关中国未来产业结构变化的预测汇总 (单位:%)

研究机构	产业类型	2000 年	2010 年	2020 年	2030 年	2040 年	2050 年
中国社科院（李京文等，1999）	第一产业	19.6	18.4	—	12.2	—	8.0
	第二产业	44	41.1	—	38.0	—	32.7
	第三产业	36.3	40.5	—	49.8	—	59.3
“中国气候变化国别研究组”（原国家科委，1999）	第一产业	23	18	—	14	—	—
	第二产业	43	42	—	39	—	—
	第三产业	34	40	—	47	—	—
中国社科院（2003）	第一产业	16.4	12.7	9.6	7.6	—	5.3
	第二产业	50.2	49.9	48.6	46.6	—	41.7
	第三产业	33.4	37.4	41.8	45.8	—	53
国家经贸委行业规划司（2003）	第一产业	16.4	12.6	8.0	—	—	—
	第二产业	50.2	50.4	52	—	—	—
	第三产业	33.4	37	40	—	—	—
《中国能源展望 2004》	第一产业	16.4	10	9	8.5	—	—
	第二产业	50.2	52	49	44	—	—
	第三产业	33.4	38	42	47.5	—	—
《中国中长期发展的重要问题 2006～2020》	第一产业	16.4	10.6	7.0	—	—	—
	第二产业	50.2	54.2	52.6	—	—	—
	第三产业	33.4	35.2	40.4	—	—	—
姜克隽等（2008）	第一产业	16.4	10.1	6.8	4.3	3.1	2.5
	第二产业	50.2	49.2	48.7	45.5	40.6	36.4
	第三产业	33.4	40.8	44.5	50.2	56.2	61.2

(4) 人口和城市化

本项目参照《21 世纪中国人口发展战略研究》和姜克隽、胡秀莲的研究，所采用的人口和城市化率的数据见表 4-11。

表 4-11 本项目采用的人口和城市化率表

年份	2007	2010	2020	2030	2040	2050
总人口/亿人	13.08	13.60	14.44	14.65	14.81	14.95
城市化率/%	42.9	49.2	61.2	72.2	81.0	90.2

4.5 情景分析

情景分析是目前在能源和经济系统长期模拟中已得到广泛应用的一种重要研究工具。当建立模型来评估已有政策或进行政策建议时，通常情况下都是通过将结果与参考情况进行比较来对政策进行分析与评估。因此，情景分析成为了模型分析中一种重要的研究方法。

4.5.1 情景设计假定

TIMES 模型主要是在参照情景的基础上对未来可能的能源趋势进行模拟。这里的参照情景是反映未来在各种主要条件下的可能的发展路径，它是模型研究政策影响的参照基础。它可以仅描述按照原有发展的情景，通常被称为“照常情景”，也可以与一些已有政策进行结合，成为一个“政策情景”。

由于中国未来的发展必然将面临着资源和环境的约束，中国当前已经采取了一系列政策和措施来应对气候变化，这些政策和措施将对中国未来能源需求产生一定的影响。本研究所定义的参照情景并不是照常发展情景，从严格意义上讲是一组政策情景，描述的是一组按照原有轨道和趋势及政策效应发展的经济和社会发展路径。

4.5.2 情景设计定义

如上所述，为实现本项目研究目的，本项目将设计一个参考情景及一个政策情景，分别定义如下：

参考情景（reference scenario，RS)，这是一个从基年开始，不再附加其他额外针对性政策的参照情景，因此也可称为基年政策情景。模型基年设置为2007 年，因此，本文所定义的基年政策情景将充分考虑 2007 年国家已采取的战略、规划和相关措施，如“十一五”单位 GDP 能耗下降 20、国家可再生能源发展规划与国家核电中长期发展规划等，并将这种节能和发展替代能源的战略予以延伸。即在 2020 年总体上实现国家的可再生能源发展规划和核电中长期发展规划的各项发展目标，并在 2020 年后将如上的发展路径予以延伸至 2050 年。

政策情景（policy scenario，PS)，这是一个模拟基年以来的新政策和措施在未来得以实施的参照情景。由于 2007 年以来，我国已先后颁布了很多新的节能减排和应对气候变化的政策和措施，如 2020 年非化石能源占一次能源达到 15%的发展目标以及 2020 年单位国内生产总值 CO_2 排放量比 2005 年水平下降 40%～45%的减排行动目标等，这些措施的实施无疑将对未来能源政策产生一定的影响，并针对国家 2050 年中远期目标。因此，在政策情景中，将充分考虑 2007 年以来这些新的政策和目标的实施与实现，但不考虑具体的 CO_2 绝对减排政策和措施。

在政策情景的模拟和分析中发现，结合当前国家对主要非化石能源的规划目标，2020 年非化石能源约可贡献 7 亿 tce，如果要达到 15%的非化石能源的发展目标，则一次能源消费须控制在 47 亿 tce 左右。在本项目假设的 GDP 增速下，如果剩下 40 亿 tce 的化石能源消费全部按照煤炭的排放因子计算，那么碳强度下降目标也基本能够得以实现。因此，本研究报告在政策情景的设计中，将结合相关研究和规划对 2020 年以前的非化石能源发展设置硬约束，并将其延伸至 2050 年，而将碳强度变化作为模拟结果予以表达。但如前所述，非化石能源发展目标的实现尚需控制能源消费总量。因此，在政策情景中，将不仅设置更大力度的非化石能源开发，进一步优化火电技术结构，同时还需转变经济发展方式和消费模式，控制一些关键 ESR 的过快增长和消费峰值，如降低高耗能产品产量峰值，控制建筑面积，特别是城市居民和商业建筑面积的过快增长，降低小汽车保有量的增速及使用强度，从而降低终端能源需求和一次能源消费，以评价如上政策对实现非化石能源发展目标和碳强度下降目标的贡献（表 4-12）。

表 4-12　参考情景和政策情景具体参数设计描述

参数	参考情景	政策情景
能源需求	延续当前快速发展态势，先进技术普及较慢，高耗能产量、建筑面积和小汽车数量将在较高的人均水平上区域饱和	控制能源需求的过快增长，快速普及先进技术，高耗能产量，建筑面积和小汽车数量均得到一定控制
高耗能产品产量	水泥、钢铁和合成氨产量将于 2020 年分别突破 17 亿 t、7 亿 t 和 0.8 亿 t	水泥、钢铁和合成氨产量将于 2020 年分别突破 16 亿 t、6 亿 t、0.7 亿 t
建筑面积	2050 年居民建筑面积和商业建筑面积将分别达到 850 亿 m^2 和 550 亿 m^2	2050 年居民建筑面积和商业建筑面积将分别达到 800 亿 m^2 和 500 亿 m^2
汽车保有量	千人汽车拥有量为 45，保有量将于 2050 年达到 8.5 亿辆，之后保持稳定	千人汽车拥有量控制为 40，保有量峰值保持在 7.8 亿辆左右
火电发展	以 USC 为主，有较小的 IGCC 示范和利用，2050 年天然气发电装机达到 80GW	有较大的 IGCC 示范和利用，2050 年天然气发电装机达到 140GW

续表

参数	参考情景	政策情景
水能发电	2050年装机容量达到5亿kW	2050年装机容量达到6.6亿kW
核能发电	2050年装机容量达到2亿kW	2050年装机容量达到2.5亿kW
风能发电	2050年装机容量达到3.1亿kW	2050年装机容量达到5.5亿kW
其他低碳能源发电	太阳能和生物质等其他可再生能源发电2050年装机容量达到3.0亿kW	2050年总装机容量达到4.2亿kW

根据上述的不同经济增长速度预测情况，在此设定四种情景（表4-13）。

表4-13　情景描述

情景	情景描述
低经济参考情景	GDP增长速度较低，2011年后不采取进一步的能源调控和减排政策时，产生的经济发展状况。这种情况下，GDP增长速度见表4-4，产业结构见表4-9，人口和城市化率见表4-11，能源消费量和CO_2排放量由模型计算所得
低经济政策情景	GDP增长速度较低，2011年后逐渐提高减排率（减排率每年增加1%），2020～2050年保持减排率为10%。人口和城市化率同低经济基准情景；GDP增长率、产业结构由能源预测模型测算
高经济参考情景	GDP增长速度较高，2011年后不采取进一步的能源调控和减排政策时，产生的经济发展状况。这种情况下，GDP增长速度见表4-4，产业结构、人口和城市化率同低经济基准情景，能源消费、CO_2排放由能源预测模型确定
高经济政策情景	GDP增长速度较高，2011年后逐渐提高减排率（减排率每年增加1%），2020～2050年保持减排率为10%。人口和城市化率同低经济基准情景；GDP增长率、产业结构由能源预测模型测算

第 5 章
能源预警方法及体系构建

由于能源问题的复杂性，能源预警也有多种分类。从时间上看，可分为短期预警、中期预警和长期预警。从能源品种上来看，可分为单一品种的能源预警，如石油预警、煤炭预警、电力预警等，也可进行综合性的能源预警。中长期能源预警的目标是为国家制定经济发展战略和能源战略服务，具有十分重要的意义。从国际经验来看，国际能源署（IEA）成立以后就一直致力于中长期的能源预测预警研究。

为立足于中长期能源预警分析，应在能源预测预警指标体系研究的基础上，选取具有综合性、代表性和前瞻性的指标，忽略那些对中长期能源安全形势不太重要的指标，更好地对中国未来的能源安全形势进行评估。

本章节将中国能源预警系统划分为资源安全、生产安全、使用安全、运输安全、消费安全五大部分，并分别根据煤炭、石油、天然气和电力四个要素子系统进行指标筛选，基于能源的生产供应过程，遵循“科学性、重要性、系统性、可比性、动态性和简洁性”原则构建了中国能源预警指标体系框架。

根据国内外相关文献及国内国际当前指标发展趋势，确定了各个指标的预警界限值。

采用未确定测度的方法，确定能源的安全等级，建立了能源预警步骤框架。

步骤一：确定能源预警评价因子。按照能源预警所涉及的五个要素：资源安全、生产安全、使用安全、运输安全、消费安全。

步骤二：确定能源预警评价等级标准。本项目在能源预警评价中，划分了五个评价等级：极危险、危险、警戒、较安全、安全。

步骤三：建立分类标准矩阵。

步骤四：构造单指标未确知测度。

步骤五：确定指标的方法总体上分为客观赋权法和主观赋权法两大类，本研究使用主客观赋权相结合的方法。

步骤六：计算多指标综合未确定测度。

步骤七：样本等级的识别。

5.1 指标体系划分

本研究将中国能源预警系统划分为资源安全、生产安全、使用安全、运输安全、消费安全五大部分，并分别根据煤炭、石油、天然气和电力四个要素子系统进行指标筛选，基于能源的生产供应过程，遵循“科学性、重要性、系统性、可比性、动态性和简洁性”原则构建如图 5-1 所示的中国能源预警指标体系框架。

能源预警指标体系采取定性与定量结合的方式，分为目标层、准则层、子准层和指标层四个层次。通过文献查阅和专家咨询建立包括五大类、四个子系统、45 个指标在内的中国能源预警指标体系。从涵盖能源生产供应流程中涉及的资源因素、生产因素、供给因素、运输因素和消费因素的五大因素中选取相应指标测度中国能源系统的安全状态。

接下来根据构建的指标体系，运用 AHP 的方法对按递阶层次构建的指标体系赋予权重。首先设计专家咨询表，分发给相关领域颇有建树的专家，按 1～9 的标度值对同一层次的因素的重要性进行两两比较，构造判断矩阵。然后根据判断矩阵计算同一层次因素的相对权重，并进行一致性检验。根据各层次计算得到的相对权重，对能源生产供应流程中涉及的资源因素、生产因素、供给因素、运输因素和消费因素分别构建一个综合指数。同时构建一个总的预警指数用于测度中国能源系统是否处于安全状态。

5.2 指标解释

5.2.1 资源安全

(1) 煤炭子系统

1）煤炭储采比＝煤炭当年的剩余储量/煤炭当年采量。反映以当前的开采量煤炭资源可供开采的年限。

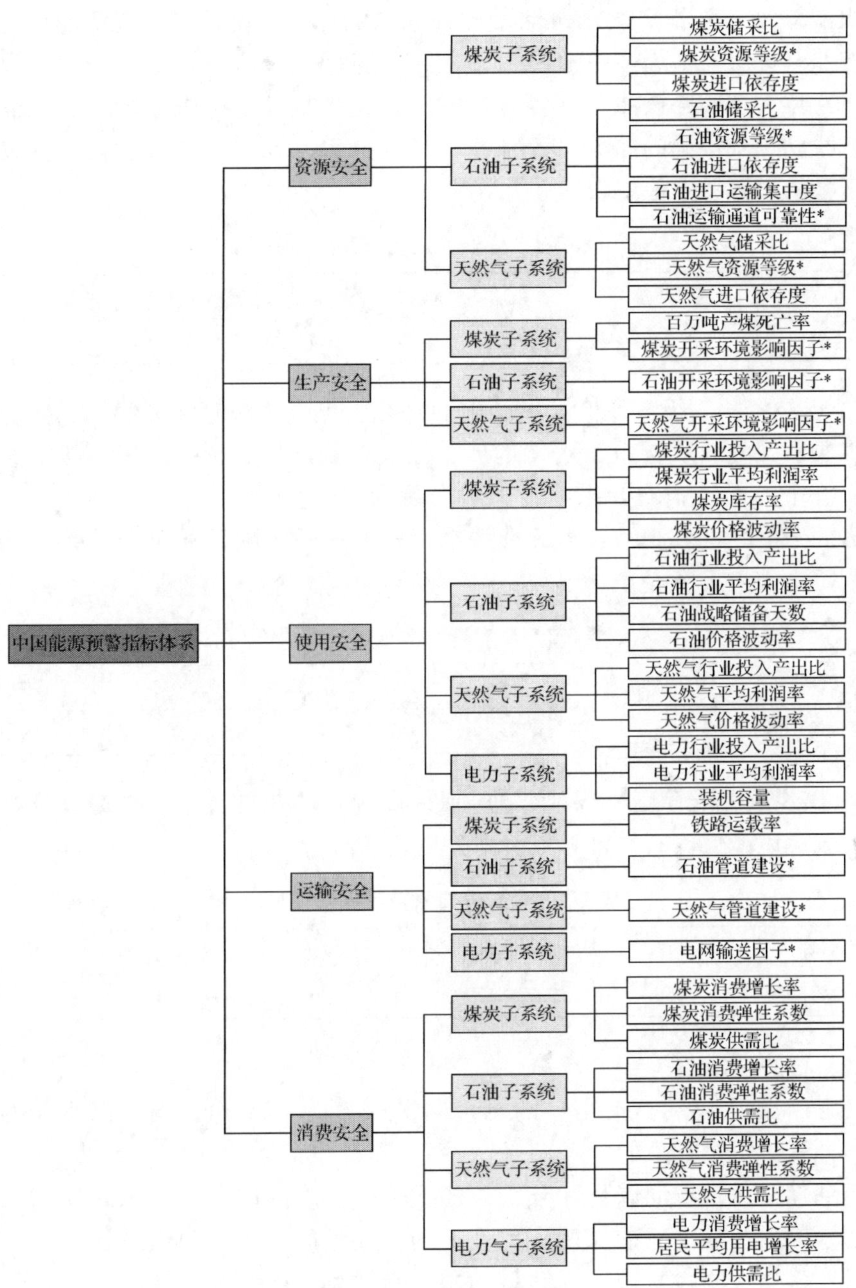

图 5-1　中国能源预警系统指标体系

* 为定性评价的指标，其余为定量评价的指标

煤炭储采比是指煤炭剩余储量和开采量的比值，反映煤炭资源的可利用潜力。按照有关研究估算，中国 1998 年的煤炭储采比为 110，也就是说可以再利用约 110 年，但如果按照近几年煤炭的年产量计算，不考虑煤炭新勘探储量的状况，我国煤炭资源的储采比将缩短为 55～60 年。综合考虑，我国煤炭储采比评价指标的预警界限值如表 5-1 所示。

表 5-1　煤炭储采比预警界限值

指标名称	极危险	危险	警戒	较安全	安全
煤炭采储比	＜30	30～50	50～100	100～150	＞150

2）煤炭资源等级：评价煤炭品质的好坏。煤炭资源等级分级的具体方法是根据煤炭资源的地质构造、水文地质、煤炭埋藏条件、矿井瓦斯等级、经济地理条件五个方面的情况，采取专家打分综合评价的方法，共分为优、良、中、差、劣五个等级（表 5-2），与五种警报一一对应。本项目通过相关数据的对比定性判定。

表 5-2　煤炭资源等级预警界限值

指标名称	极危险	危险	警戒	较安全	安全
煤炭资源等级	劣	差	中	良	优

3）煤炭进口依存度＝煤炭年进口量/煤炭年消费总量。煤炭对外依存度越高，安全程度越低，其预警界限值划分见表 5-3。

表 5-3　煤炭进口依存度预警界限值　　　　(单位:%)

指标名称	极危险	危险	警戒	较安全	安全
煤炭进口依存度	＞65	65～50	50～40	40～30	＜30

(2) 石油子系统

1）石油储采比＝石油当年的剩余储量/石油当年采量。反映以当前的开采量，石油资源可供开采的年限。

石油储采比是石油储量和开采量的比值，反映国内石油资源的长期可利用率，预警国内石油供应的长期稳定性。国际上一般认为，当储采比低于 12 时，石油行业将处于危险状态；当储量动用系数达到 0.7 时，石油产量将达到高峰期；而世界平均的储采比目前是 43。按此计算，我国石油系统的储采比指标预警界限值见表 5-4。

表 5-4 石油储采比预警界限值

指标名称	极危险	危险	警戒	较安全	安全
石油采储比	<5	5～12	12～30	30～43	>43

2）石油资源等级：评价石油品质的好坏，共分为优、良、中、差、劣五个等级，由专家打分进行定性评价（表 5-5）。与五种警报一一对应。

表 5-5 石油资源等级预警界限值

指标名称	极危险	危险	警戒	较安全	安全
石油资源等级	劣	差	中	良	优

3）石油进口依存度＝石油年进口量/石油年消费总量。石油对外依存度越高，安全程度越低（表 5-6）。

表 5-6 石油进口依存度预警界限值 （单位：%）

指标名称	极危险	危险	警戒	较安全	安全
石油进口依存度	>65	65～50	50～40	40～30	<30

4）石油进口运输集中度：一般选用进口来源前三位或前五位国家的油气进口量/石油进口总量。这里选用前五位国家的油气进口量比上石油总的进口量。该指标是反映石油供应安全的重要指标，数值越大，表明进口的集中度越高，越不利于风险的分散，石油供应的安全性越低，其预警界限值如表 5-7 所示。

表 5-7 石油进口集中度预警界限值 （单位：%）

指标名称	极危险	危险	警戒	较安全	安全
石油进口集中度	>45	45～30	30～25	25～15	<15

5）石油运输通道可靠性：该指标与运输的距离、运输线的安全性、运输方式，以及对运输线的军事干预和控制能力的高低有关。采取专家打分综合评价的方法，共分为优、良、中、差、劣五个等级（表 5-8）。与五种警报一一对应。

表 5-8 石油运输通道可靠性预警界限值

指标名称	极危险	危险	警戒	较安全	安全
石油运输通道可靠性	劣	差	中	良	优

(3) 天然气子系统

1）天然气储采比＝天然气当年的剩余储量/天然气当年采量。反映以当前的开采量天然气资源可供开采的年限。我国天然气储采比的预警界限值参见表 5-9。

表 5-9　天然气储采比预警界限值

指标名称	极危险	危险	警戒	较安全	安全
天然气采储比	＜5	5～12	12～30	30～43	＞43

2）天然气品质等级：评价天然气品质的好坏，共分为优、良、中、差、劣五个等级，由专家打分进行定性评价（表 5-10）。与五种警报一一对应。

表 5-10　天然气品质等级预警界限值

指标名称	极危险	危险	警戒	较安全	安全
天然气品质等级	劣	差	中	良	优

3）天然气进口依存度＝天然气年进口量/天然气年消费总量。天然气对外依存度越高，安全程度越低，具体预警界限值见表 5-11。

表 5-11　天然气进口依存度预警界限值　　（单位：%）

指标名称	极危险	危险	警戒	较安全	安全
天然气进口依存度	＞65	65～50	50～40	40～30	＜30

5.2.2　生产安全

(1) 煤炭子系统

1）百万吨产煤死亡率：指每 100 万 t 煤炭产量的死亡人数。尽管近几年这个指数持续减小，但是由于产煤总量的增加，死亡的人数并未减少。重大矿难事故接连发生，一度成为社会关注的焦点，暴露出我国煤炭安全生产监管不力的现状。我国百万吨产煤死亡率的具体预警界限值见表 5-12。

表 5-12　百万吨产煤死亡率预警界限值　　（单位：%）

指标名称	极危险	危险	警戒	较安全	安全
百万吨产煤死亡率	＞3	3～1	1～0.5	0.5～0.1	＜0.1

2）煤炭开采的环境影响因子：采用定性评价的方法，分优、良、中、差、劣五级对煤炭开采的环境影响因子进行打分，结果如表 5-13 所示。

表 5-13　煤炭开采的环境影响因子预警界限值

指标名称	极危险	危险	警戒	较安全	安全
煤炭开采的环境影响因子	劣	差	中	良	优

(2) 石油子系统

石油开采的环境影响因子：采用定性评价的方法，分优、良、中、差、劣五级对石油开采的环境影响因子进行打分，结果如表 5-14 所示。

表 5-14　石油开采的环境影响因子预警界限值

指标名称	极危险	危险	警戒	较安全	安全
石油开采的环境影响因子	劣	差	中	良	优

(3) 天然气子系统

天然气开采的环境影响因子：采用定性评价的方法，分优、良、中、差、劣五级对天然气开采的环境影响因子进行打分，结果如表 5-15 所示。

表 5-15　天然气开采的环境影响因子预警界限值

指标名称	极危险	危险	警戒	较安全	安全
天然气开采的环境影响因子	劣	差	中	良	优

5.2.3　使用安全

(1) 煤炭子系统

1) 煤炭行业投入产出比（评价中长期）：总产出与总投入之比。当企业的投入产出比大于 1 时，企业经营赢利。当企业的投入产出比小于 1 时，企业经营亏损。煤炭企业投入产出比的具体预警界限值见表 5-16。

表 5-16　煤炭行业投入产出比预警界限值

指标名称	极危险	危险	警戒	较安全	安全
煤炭行业投入产出比	＜0.7	0.7～0.9	0.9～1	1～1.2	＞1.2

2) 煤炭行业平均利润率：指主要煤炭企业的利润率，等于利润总额/资本金总额×100%。其具体预警界限值见表 5-17。

3) 煤炭库存率：煤炭生产企业和消费企业库存量占煤炭消费的比例。反映当前煤炭库存量对于能源供给的调节能力。煤炭库存率的具体预警界限值见表 5-18。

表 5-17　煤炭行业平均利润率预警界限值　（单位：%）

指标名称	极危险	危险	警戒	较安全	安全
煤炭行业平均利润率	<10	10～20	20～25	25～30	>30

表 5-18　煤炭库存率预警界限值　（单位：%）

指标名称	极危险	危险	警戒	较安全	安全
煤炭库存率	<2	2～4	4～5	5～7	>7

4）价格波动率＝当期煤炭价格/基期煤炭价格，其预警界限值见表 5-19。

表 5-19　煤炭价格波动率预警界限值　（单位：%）

指标名称	极危险	危险	警戒	较安全	安全
煤炭价格波动率	>7	5～7	4～5	2～4	<2

（2）石油子系统

1）石油行业投入产出比（评价中长期）：总产出与总投入之比。当企业的投入产出比大于 1 时，企业经营赢利。当企业的投入产出比小于 1 时，企业经营亏损。石油投入产出比的具体预警界限值见表 5-20。

表 5-20　石油行业投入产出比预警界限值

指标名称	极危险	危险	警戒	较安全	安全
石油行业投入产出比	<0.7	0.7～0.9	0.9～1	1～1.2	>1.2

2）石油行业平均利润率：指主要石油企业的利润率，等于利润总额/资本金总额×100%。其预警界限值见表 5-21。

表 5-21　石油行业平均利润率预警界限值　（单位：%）

指标名称	极危险	危险	警戒	较安全	安全
石油行业平均利润率	<7	7～12	12～17	17～27	>27

3）战略石油储备天数：当进口石油供给终端时，国家动用战略储备进行石油调节、稳定石油供给平衡的能力。战略石油储备天数＝战略石油储备总量/国内石油日平均净进口量。

石油储备天数反映我国对石油供应短缺的调节能力，以及我国石油系统应对国际市场变动和对国际石油市场影响能力的大小，是影响我国石油供应安全的关键指标之一。根据 IEA 对其成员国的石油储备天数的要求以及一些主要发达国家的石油储备天数，初步判断得到该指标的预警界限值（表 5-22）。

表 5-22　石油储备天数预警界限值

指标名称	极危险	危险	警戒	较安全	安全
石油储备天数	0～10	10～30	30～90	90～180	＞180

4）石油价格波动率＝当期石油价格/基期石油价格。其预警界限值如表5-23所示。

表 5-23　石油价格波动率预警界限值　　（单位:%）

指标名称	极危险	危险	警戒	较安全	安全
石油价格波动率	＞45	35～45	30～35	20～30	＜20

(3) 天然气子系统

1）天然气行业投入产出比（评价中长期）：总产出与总投入之比。当企业的投入产出比大于 1 时，企业经营赢利。当企业的投入产出比小于 1 时，企业经营亏损。其具体预警界限值见表 5-24。

表 5-24　天然气行业投入产出比预警界限值

指标名称	极危险	危险	警戒	较安全	安全
天然气行业投入产出比	＜0.7	0.7～0.9	0.9～1	1～1.2	＞1.2

2）天然气行业平均利润率：指主要天然气企业的利润率，等于利润总额/资本金总额×100%。其具体预警界限值见表 5-25。

表 5-25　天然气行业平均利润率预警界限值　　（单位:%）

指标名称	极危险	危险	警戒	较安全	安全
天然气行业平均利润率	＜30	30～40	40～45	45～55	＞55

3）天然气价格波动率＝当期天然气价格/基期天然气价格。其具体预警界限值见表 5-26。

表 5-26　天然气价格波动率预警界限值　　（单位:%）

指标名称	极危险	危险	警戒	较安全	安全
天然气价格波动率	＞45	35～45	30～35	20～30	＜20

(4) 电力子系统

1）电力行业投入产出比（评价中长期）：总产出与总投入之比。当企业的投入产出比大于1时，企业经营赢利。当企业的投入产出比小于1时，企业经营亏损。其预警界限值见表5-27。

表5-27　电力行业投入产出比预警界限值

指标名称	极危险	危险	警戒	较安全	安全
电力行业投入产出比	＜0.7	0.7～0.9	0.9～1	1～1.2	＞1.2

2）电力行业平均利润率：指主要电力企业的利润率，等于利润总额/资本金总额×100%。其具体预警界限值见表5-28。

表5-28　电力行业平均利润率预警界限值

指标名称	极危险	危险	警戒	较安全	安全
电力行业平均利润率	＜2	2～4	4～5	5～7	＞7

5.2.4　运输安全

（1）煤炭子系统

铁路运载安全率：采取专家打分综合评价的方法，共分为优、良、中、差、劣五个等级（表5-29）。与五种警报一一对应。

表5-29　铁路运载安全率预警界限值

指标名称	极危险	危险	警戒	较安全	安全
铁路运载安全率	劣	差	中	良	优

（2）石油子系统

石油管道建设：采取专家打分综合评价的方法，共分为优、良、中、差、劣五个等级（表5-30）。与五种警报一一对应。

表5-30　石油管道建设预警界限值

指标名称	极危险	危险	警戒	较安全	安全
石油管道建设	劣	差	中	良	优

（3）天然气子系统

天然气管道建设：采取专家打分综合评价的方法，共分为优、良、中、差、劣五个等级（表5-31）。与五种警报一一对应。

表 5-31 天然气管道建设预警界限值

指标名称	极危险	危险	警戒	较安全	安全
天然气管道建设	劣	差	中	良	优

(4) 电力子系统

电网输送因子：权衡电网输送容量、电网线损率、电网建设投资率和电网运行安全度综合判断。采取专家打分综合评价的方法，共分为优、良、中、差、劣五个等级（表 5-32）。与五种警报一一对应。

表 5-32 电网输送因子预警界限值

指标名称	极危险	危险	警戒	较安全	安全
电网输送因子	劣	差	中	良	优

5.2.5 消费安全

(1) 煤炭子系统

1）煤炭消费弹性系数＝煤炭消费增长率/GDP 增长率。煤炭消费增长率＝当年煤炭消费增长量/上一年煤炭消费量×100％。其具体预警界限值见表 5-33。

表 5-33 煤炭消费弹性系数预警界限值

指标名称	极危险	危险	警戒	较安全	安全
煤炭消费弹性系数	＞0.8	0.6～0.8	0.5～0.6	0.3～0.5	＜0.3

2）煤炭供需比＝预测的煤炭供应量/预测的煤炭需求量。煤炭供需比是反映煤炭对需求满足能力的重要指标。煤炭需求的满足一方面依赖本国的供给，另一方面依赖进口，因此煤炭供需比指标也可以理解为煤炭自给率指标。煤炭是我国主要的能源供应来源，因此我国煤炭自身的供给能力将直接影响我国能源的安全。确定煤炭供需比的界限指标如表 5-34 所示。

表 5-34 煤炭供需比预警界限值

指标名称	极危险	危险	警戒	较安全	安全
煤炭供需比	＜0.90	0.90～0.95	0.95～0.98	0.98～1.05	＞1.05

(2) 石油子系统

1）石油消费弹性系数＝石油消费增长率/GDP 增长率。石油消费增长率＝

年石油消费增长量/上一年石油消费量×100％。石油消费弹性系数的具体界限值见表 5-35。

表 5-35　石油消费弹性系数预警界限值

指标名称	极危险	危险	警戒	较安全	安全
石油消费弹性系数	＞0.8	0.6～0.8	0.5～0.6	0.3～0.5	＜0.3

2）石油供需比＝预测的石油供应量/预测的石油需求量。石油供需比反映了石油供应量和需求量之间的平衡状态，该项指标是反映石油子系统供需状态最关键的指标。石油供需比的预警界限值设定如表 5-36 所示。

表 5-36　石油供需比预警界限值

指标名称	极危险	危险	警戒	较安全	安全
石油供需比	＜0.90	0.90～0.95	0.95～0.98	0.98～1.05	＞1.05

（3）天然气子系统

1）天然气消费弹性系数＝天然气消费增长率/GDP 增长率。天然气消费增长率＝当年天然气消费增长量/上一年天然气消费量×100％。天然气消费弹性系数的具体预警界限值见表 5-37。

表 5-37　天然气消费弹性系数预警界限值

指标名称	极危险	危险	警戒	较安全	安全
天然气消费弹性系数	＞1.0	0.8～1.0	0.7～0.8	0.5～0.7	＜0.5

2）天然气供需比＝预测的天然气供应量/预测的天然气需求量。天然气供需比反映天然气供应量和需求量之间的平衡状态。这是反映天然气子系统当前供需状态的关键指标之一。该指标预警界限值设定如表 5-38 所示。

表 5-38　天然气供需比预警界限值

指标名称	极危险	危险	警戒	较安全	安全
天然气供需比	＜0.90	0.90～0.95	0.95～0.98	0.98～1.05	＞1.05

（4）电力子系统

电力供需比＝预测的发电量/预测的电力需求量。

电力供需比反映电力供应量和需求量之间的平衡状态，该项指标是描述电力子系统供需平衡状态最关键的指标。电力供需比的预警界限值设定如表 5-39 所示。

表 5-39 电力供需比预警界限值

指标名称	极危险	危险	警戒	较安全	安全
电力供需比	＜0.90	0.90～0.95	0.95～0.98	0.98～1.05	＞1.05

火电机组利用小时数：电量由平衡转为紧张的预警线。

根据上述历史数据，取 5300 小时作为电量由平衡转为紧张的预警线，当火电机组利用小时数高于 5300 小时时，表示电量供需处于紧张状态（黄色预警），当火电机组利用小时数低于 5300 小时时，表示电量供需处于平衡状态（绿色无警）。2003、2006 年都是我国电力供需介于紧张到一般性缺电的年份，全国火电机组利用小时数分别为 5760 和 5633 小时。综上所述，可以取 5700 小时作为电量从紧张到缺电的预警线，当火电机组利用小时数高于 5700 小时时，表示电量供需处于缺电状态（橙色预警）。电力供需比的预警界限值设定如表 5-40 所示。

表 5-40 火电机组利用小时数预警界限值

指标名称	极危险	危险	警戒	较安全	安全
火电机组利用小时数	＞6100	5800～6100	5600～5800	5300～5600	＜5300

（5）环境系统

CO_2排放量增长率：CO_2排放量增长率主要反映能源系统 CO_2排放的变化情况，是评价能源系统中化石燃料对全球气候变化影响的关键指标。我国已经是世界第二大温室气体排放国，面临的国际压力越来越大，过高的 CO_2排放量不仅不利于减缓全球气候变化，也不利于改善能源结构和提高能源利用效率，以及实现经济可持续增长。尽管我国 CO_2排放在未来一段时间仍呈增长趋势，但将增长速度控制在一定范围内仍然是非常有必要的。

目前国际上对 CO_2允许排放量的大小和减排义务仍然处于谈判中，在我国还没有确定的减排义务的条件下，采用 CO_2排放量增长率的方法进行预警是更为合理的处理方法。从目前情况看，我国应该将 CO_2排放量增长率控制在略低于能源消费增长率的水平。以此为基础并结合历史数据，设定该指标的预警界限值如表 5-41 所示。

表 5-41 CO_2排放量增长率预警界限值 （单位：%）

指标名称	极危险	危险	警戒	较安全	安全
CO_2排放量增长率	＞6	4～6	2～4	1～2	＜1

5.3 能源预警计算方法与步骤

5.3.1 能源预警的计算方法

能源预警的目的是针对能源安全的主要隐患，提供一种基于未确定测度理论的中国能源预警方法和框架。为实现上述任务，本项目采取如下的技术解决方法。

步骤一：确定能源预警评价因子。

按照能源预警所涉及的五个要素：①资源安全：一个国家或地区可以持续、稳定、及时、足量和经济地获取所需自然资源的状态。②生产安全：在社会生产活动中，通过人、机、物料、环境、方法的和谐运作，使生产过程中潜在的各种事故风险和伤害因素始终处于有效控制状态。③使用安全：指能源被使用过程中的供给安全和效率优化状态。④运输安全：集公路、铁路、水运、航空为一体的能源输送过程及建设过程的安全状态。⑤消费安全：能源需求端及需求与产出的安全状态。上述指标体系较好地总结了能源安全的关键要素，也可以根据要素相应地归纳得出煤炭、石油、天然气和电力安全这四大要素。

步骤二：确定能源预警评价等级和标准。

能源安全评价标准和等级的确定是能源预警研究中非常重要的环节，标准和等级设置得是否科学合理，直接影响到评价结果的正确与否。评价标准和等级的制定应遵循可计量性原则、先进性原则、可行性原则和地域性原则，满足能反映能源安全的高低，能反映能源安全受胁迫的范围和程度，以及能用于能源系统建设与保护行为三个要求。本项目在能源预警评价中，划分了五个评价等级，即极危险、危险、警戒、较安全、安全，各等级的状态表征如表 5-42 所示。

步骤三：建立分类标准矩阵。

设研究对象空间为 $X=\{x_1,x_2,\cdots,x_n\}$，x_i 表示第 i 个样本；对每个样本有 m 个测量指标，指标空间 $I=\{I_1,I_2,\cdots,I_n\}$，I_j 表示第 j 个测量指标；样本的每个指标测量值有 K 个评价 $c_1,c_2,\cdots,c_k$，构成研究对象 X 的评价空间 $U=\{c_1,c_2,\cdots,c_n\}$。

在研究对象空间 X 上取 n 个样本 $x_1,x_2,\cdots,x_n$，对每个样本要测量 m 个指标 $I_1,I_2,\cdots,I_m$，第 i 个样本的第 j 个指标 I_j 的测量值为 X_{ij}，因此，第 i 个样本 X_i 可以表示为一个向量 $X_i=\{x_{i1},x_{i2},\cdots,x_{im}\}$，$1\leqslant i\leqslant n$。对城市生态系统健康进行评

表 5-42　能源安全等级状态表征

等级	表征状态	系统特征
Ⅰ	安全（理想状态）	能源供应具有稳定性（即经济安全性），也就是指满足国家人口发展正常需求的能源供应的稳定保障，主要涉及能源资源、能源生产和能源运输领域；能源的使用具有安全性，也就是指能源消费及使用不对人类自身的生产与发展环境构成任何威胁，主要涉及能源使用和能源消费领域
Ⅱ	较安全（良好状态）	能源供应较稳定，即主要涉及能源资源供应维持较好、能源生产和能源运输较安全；能源的使用较合理，能源消费及使用对人类自身的生产与发展环境形成的影响不大
Ⅲ	警戒（临界状态）	能源安全状况受外界胁迫、干扰较大，如本地供给存在不足、能源生产和能源运输存在隐患；而能源的使用对人类自身的生产与发展环境形成一定的影响，在外界胁迫减轻或优化能源使用后，能源安全会自然向高的程度改善，如果胁迫加大则会迅速恶化
Ⅳ	危险（较差状态）	能源安全问题较大，受胁迫、干扰多且较重，能源供给和使用隐患较大，且在短时间内调整困难，小能源安全事故频发，能源生产、消费状况较差
Ⅴ	极危险（恶劣状态）	能源系统残缺不全，受胁迫、干扰破坏严重，已不能满足正常的能源供给与消费，引发严重的经济和环境问题，能源事故频出，造成恶劣影响

价，其评价类别向量$(c_1, c_2, \cdots, c_k)$是有序的，且满足$c_1 > c_2 > \cdots > c_k$。每个指标的分类标准已知，写成分类标准矩阵为

$$\begin{array}{c} \\ I_1 \\ I_2 \\ \vdots \\ I_m \end{array} \begin{array}{c} \begin{array}{cccc} c_1 & c_2 & \cdots & c_k \end{array} \\ \begin{bmatrix} a_{11} & a_{12} & \cdots & a_{1k} \\ a_{21} & a_{22} & \cdots & a_{2k} \\ \vdots & \vdots & \vdots & \vdots \\ a_{m1} & a_{m2} & \cdots & a_{mk} \end{bmatrix} \end{array}$$

式中，a_{jk} 满足 $a_{j1} < a_{j2} < \cdots < a_{jk}$ 或者 $a_{j1} > a_{j2} > \cdots > a_{jk}$。

步骤四：构造单指标未确知测度。

计算第 i 个样品的第 j 个指标值 x_{ij} 属于 c_k 类的未确知测度 $\mu_{ijk} = \mu(x_{ij} \in c_k)$。不妨假定 $a_{j1} < a_{j2} < \cdots < a_{jk}$，即

当 $x_{ij} \leqslant a_{j1}$ 时，取 $\mu_{ij1} = 1, \mu_{ij2} = \cdots = \mu_{ijk} = 0$；

当 $x_{ij} \geqslant a_{j1}$ 时，取 $\mu_{ijk} = 1, \mu_{ij1} = \cdots = \mu_{ijk-1} = 0$；

当 $a_{jk} \leqslant x_{ij} \leqslant a_{ij+1}$ 时，取 $\mu_{ijl} = \dfrac{a_{jl+1} - x_{ij}}{a_{jl+1} - a_{jl}}, \mu_{ijl+1} = \dfrac{x_{jl} - a_{jl}}{a_{jl+1} - a_{jl}}$ ，$\mu_{ijk} = 0$，当

$k < 1$ 或 $k > l+1$ 时。

步骤五：确定指标权重。

确定指标的方法总体上分为客观赋权法和主观赋权法两大类，本研究采用客观赋权法常用的熵权法。其原理为某个指标的信息熵越小，表明其指标值变异程度越大，提供的信息量越大，在综合评价中的作用也越大，因而其权重也相应越大；反之，若某指标信息熵越大，则表明指标的变异程度越小，提供的信息量越小，权重也相应越小。熵权法是根据评价对象的指标值来确定各指标权重的一种方法，反映了指标间的相互比较关系，比较客观，而且该方法计算结果可信度大，自适功能强。

定义 f_{ij} 为赋权矩阵 $X = (x_{ij})_{n\times m}$ 第 j 项指标下第 i 个被评价对象的指标值的比重，则

$$f = x_{ij} / \sum_{i=1}^{n} x_{ij}$$

令 e_j 为第 j 项指标的熵值，有 $e_j = -k\sum_{i=1}^{n} fi_j \ln f_{ij}$（其中，$k = 1/\ln n$）指标权重，则

$$w_j = (1-e_j) / \sum_{i=1}^{m} 1 - e_j$$

步骤六：计算多指标综合未确定测度。

由单指标未确定测度和指标权重可以求出多指标综合测度 μ_{ik}：

$$\mu_{ik} = \mu(x_i \in c_k) = \sum_{j=1}^{m} w_j \mu_{ijk}, 1 \leqslant i \leqslant n, 1 \leqslant k \leqslant K$$

步骤七：识别样本等级。

由于评价类别向量 $(c_1, c_5, \cdots, c_k)$ 的有序性，用最大测度识别准则识别 x_i 的类别显然是不合适的。为此，引入下述置信度识别准则：

按照置信度准则，若（$c_1, c_5, \cdots, c_k$）满足 $c_i > c_{i+1}, (i = 1, 2, \cdots, k-1)$，对置信度 $\lambda(0.5 < \lambda \leqslant 1)$ 计算，则有

$$k_i = \min\left\{k: \sum_{l=1}^{k} \mu_{il} \geqslant \lambda, 1 \leqslant k \leqslant K\right\}$$

图 5-2 为本项目的能源预警复合算法流程图。

5.3.2 能源预警的具体实施方式

基于未确定测度的能源预警评价复合算法的具体实施方式如图 5-2 所示。

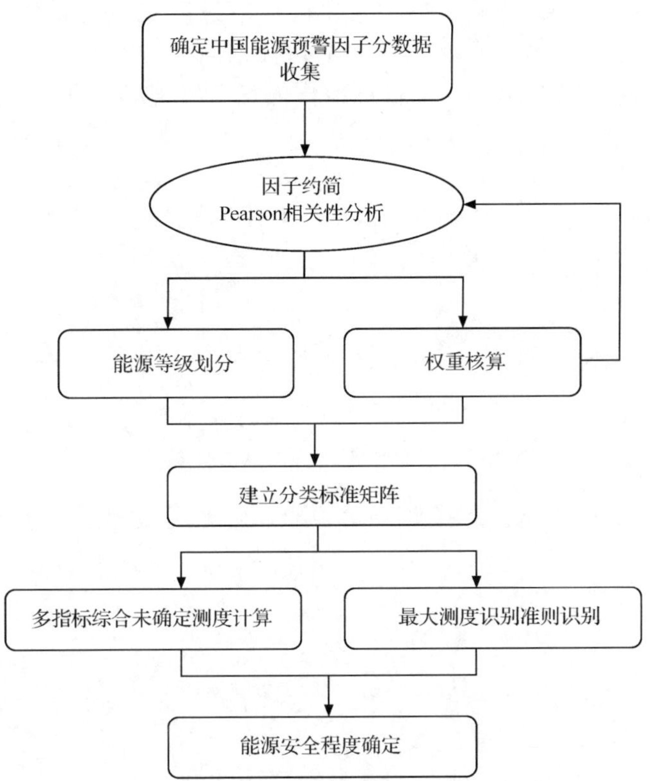

图 5-2　基于未确定测度的能源预警评价复合算法流程图

1）预测并计算每年能源预警五大要素指标值。

2）进行能源预警因子约简。由于各评价指标之间可能存在着数据不可得、非独立性等问题，需要对原始指标进行相关性检验，采用 SPSS 的 Pearson 相关性分析工具对各要素内部指标间的两两相关性进行分析处理。

3）在确定各评价等级的标准时，不同的指标标准确定的原则不同。可将指标分为三类。

A 类指标值与能源安全呈正相关关系，呈单增分布，即指标值越高，能源安全程度越高。这类指标都有一个极限值或目前现实状况所能达到的最高值域，这个最高值域即为安全级别的标准。

B 类指标值与能源安全程度呈负相关关系，呈单减分布，即指标值越高，能源安全程度则越低。这类指标也有一个理论和现实的最低值域，这个最低值域即作为安全级别的标准。

C类指标呈正态或偏态分布，这类指标值过高或过低都影响能源安全程度，即存在一个优化的取值范围。这类指标值取值以国内外公认的能源安全的现状值、先进国家的能源安全目标值作为安全级别的参考标准（图 5-3）。

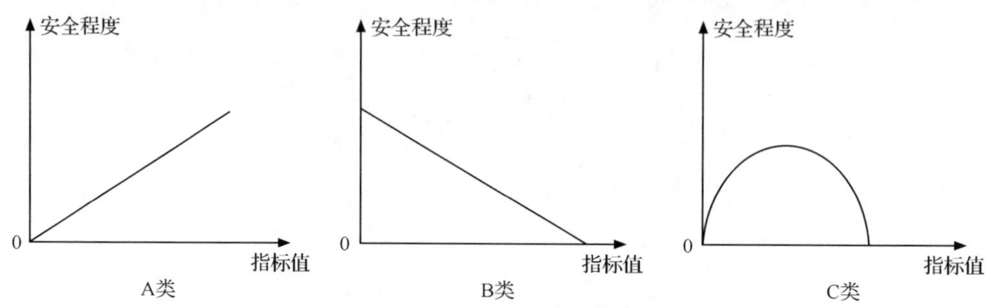

图 5-3 能源预警评价指标值分布类型

4）未确定测度评价。A 按照评价要求所需划分的类数 K，构建分类标准矩阵

$$
\begin{array}{c} \\ I_1 \\ I_2 \\ \vdots \\ I_m \end{array}
\begin{array}{c}
\begin{array}{cccc} c_1 & c_2 & \cdots & c_k \end{array} \\
\begin{bmatrix} a_{11} & a_{12} & \cdots & a_{1k} \\ a_{21} & a_{22} & \cdots & a_{2k} \\ \vdots & \vdots & \vdots & \vdots \\ a_{m1} & a_{m2} & \cdots & a_{mk} \end{bmatrix}
\end{array}
$$

B 确定指标权重。定义 $f_{i,j}$ 为赋权矩阵 $X=（x_{ij}）_{n\times m}$ 第 j 项指标下第 i 个被评价对象的指标值的比重。

C 利用多指标综合测度计算方法对能源安全评价理论做综合评价判断。即根据未确定测度评价结果，首先按照最大测度识别准则确定能源程度。完成整个评价过程。

第 6 章
能源预测预警结果及中国能源安全预警运行机制研究

本章节分为两个部分，分别是能源中长期预测结果（2015～2050）和能源预警预报，预测结果分别表示为四个情景，包括低经济参考情景、低经济政策情景、高经济参考情景和高经济政策情景。预警结果仅选用低经济参考情景的结果来进行计算，难以用模型模拟出的数据我们用 1999～2010 年的数据回归得到。

对于中国能源中长期预测，我们得出以下初步的研究结论。

1）参考情景和政策情景下 2050 年我国能源需求将分别达到 60.5 亿 tce（低经济参考情景）、56.8 亿 tce（低经济政策情景）和 84.7 亿 tce（高经济参考情景）、78.0 亿 tce（高经济政策情景）。

2）煤炭在终端能源消费中的比重将不断下降，2050 年下降到 27%，而油、气、热的消费比重将有所增长，特别是各部门内部对清洁能源的需求逐渐增强，气、电的消费比重将有较大增长。

3）与终端能源需求和一次能源消费相比，电力消费在 2010～2020 年增速略低，因为这一阶段由于工业化进程的深入和加速，主要还是对煤炭等化石能源的需求；而 2020～2050 年，电力消费的增速比终端能源需求和一次能源消费高很多。

4）未来我国 CO_2 排放增速将逐渐趋缓。2035 年之后，由于电力消费结构持续优化，其排放和占比将逐渐降低，而交通运输部门的持续快速发展将导致其 CO_2 排放量持续增加，所占比重也将逐步提升，并在 2050 年取代电力部门成为第一大排放部门。

5）为了验证和比较本研究的结果与现有国内外研究成果的不同，本研究将现有成果的预测结果列于此作为参考，为下一步模型的进一步修正做参考。

对于中国能源预测结果进行能源预警，我们得出以下初步的研究结论。

1）资源安全子系统在2010～2050年整体的安全程度在下降，其中煤炭采储比和石油进口依存度一直处于“危险”范围内，到2050年达到“极危险”。天然气进口依存度的安全程度也下降很快，到2050年达到“极危险”的程度，而煤炭进口依存度一直处于“安全”和“较安全”的范围内。

2）生产安全子系统在2010～2050年整体的安全程度在上升，其中百万吨产煤死亡率到2050年达到“较安全”程度。CO_2排放量增长率持续下降，2050年健康程度也将达到安全。

3）对于供给安全系统，由于政府对于能源价格的调控，能源价格波动率都处于较低的水平，但是如果在开放型自由市场的模拟前提下，后期能源价格波动率都会提升，拉低了其安全水平，而能源行业平均利润值都会逐步逼近国际能源行业平均利润值，所以会有先升后降的趋势。而当前规划中较看重的煤炭库存率和石油储备天数，我们考虑其会上升到国际平均储备天数后达到稳定。能源供给子系统整体的安全程度在2010～2050年逐步下降。

4）对于消费安全系统，当前中国由于不完全市场化的供给，其安全程度较高，若用一般均衡市场化模型计算后，能源供需比产生波动，会影响其安全程度；但能源消费弹性系数的下降使得能源安全程度有所提升；而由于逐步摆脱煤的依赖，对石油、天然气、电力的消费增多，其安全程度有所下降。

6.1 能源预测结果分析

6.1.1 总体发展趋势

参考情景和政策情景下2050年我国能源需求将分别达到60.5（低经济参考情景）、56.8（低经济政策情景）和84.7（高经济参考情景）、78.0（高经济政策情景）亿tce，分别是2007年的2.6和2.4倍。2010～2020年，参考情景和政策情景下终端能源需求的年均增速分别为4.74%和4.32%，2020年两者终端能源需求相差1.7亿tce；2020～2035年，两情景下终端能源需求增长均有所趋缓，年均增速将分别降至1.39%和1.28%，2035年两者终端能源需求将相差2.8亿tce；而2035～2050年，两情景下终端能源需求增长均进一步趋缓，年均增速分别降至0.68%和0.76%，2050年两者终端能源需求相差5.6亿tce（表6-1，图6-1）。

表 6-1 各情景能源消耗总量比较 （单位：亿 tce）

情景	2009 年	2010 年	2015 年	2020 年	2025 年	2030 年	2035 年	2040 年	2045 年	2050 年
低经济参考情景	30.7	32.5	42.8	47.0	50.5	54.0	55.9	57.8	59.2	60.5
低经济政策情景	30.7	32.5	40.3	44.2	47.4	50.7	52.5	54.3	55.6	56.8
高经济参考情景	30.7	32.5	46.4	55.4	62.9	70.4	74.7	78.9	81.8	84.7
高经济政策情景	30.7	32.5	43.6	52.0	59.1	66.1	70.1	74.1	76.8	79.6

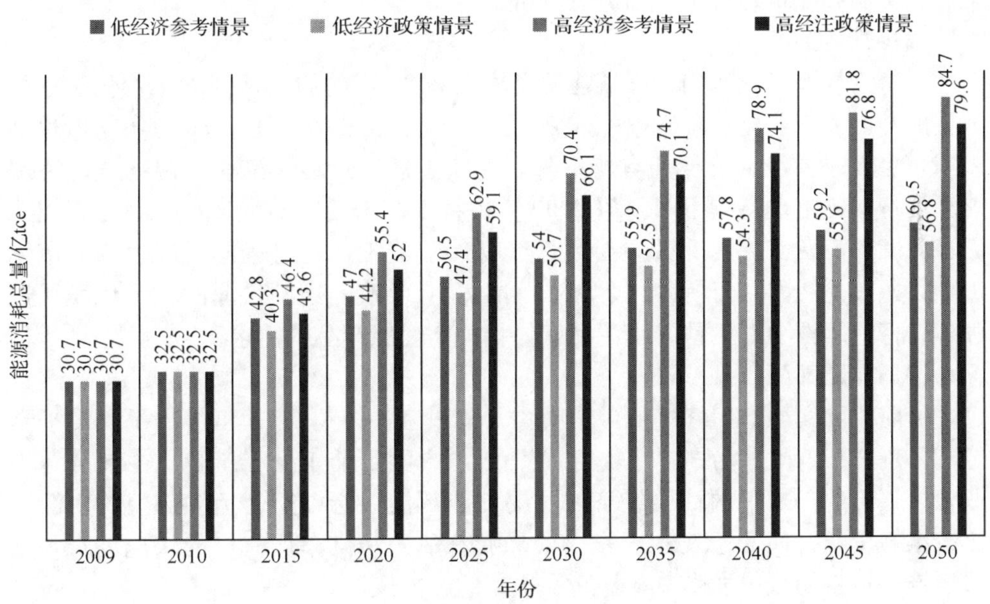

图 6-1 各情景能源消耗总量比较

6.1.2 终端能源构成

从参考情景下终端能源需求部门构成的变化情况来看，工业部门降幅最大，但 2050 年仍将占据一半左右；商业和交通部门则有较大增幅，2050 年分别上升到 10.1%和 24.7%；而居民和农业两个部门变化不大，居民稳中有升，农业则略有下降。从终端能源分品种的消费变化情况来看，煤炭在终端能源消费中的比重将不断下降，2050 年下降到 27%，而油、气、热的消费比重将有所增长，特别是各部门内部对清洁能源的需求逐渐增强，气、电的消费比重将有较大增长。

（1）终端能源需求的部门构成

四个情景下工业部门均有较大降幅，商业和交通部门则有较大增幅，居民部门占比虽然变化不大但其总量也一直处于稳步增长，而农业部门无论是总量还是占比将一直持续下降，是未来能源需求部门中最小的部门。因为商业和居民部门的最终能源消费主要的影响因素是未来建筑面积的发展。因此，本项目将商业和居民部门的终端能源需求统归于建筑物的终端能源需求，并重点针对工业、交通和建筑物三个方面进行分析。

（2）工业部门

四个情景下工业部门的终端能源需求在2020年前均将伴随着工业化进程的加速上升，在工业化进程基本完成之后仍将有缓慢增加，并于2030年前后达到顶峰，之后进入稳定阶段并有所下降。伴随着这一过程，工业部门在全部终端能源消费的比重也持续下降，但2050年仍将占据一半左右。造成工业终端能源需求和燃料消费变化情况的主要因素还有伴随着工业化进程同时发生的城市化进程，尤其是我国由于特殊的城乡二元结构所导致的这种快速的城市化发展进程，这将持续拉动对钢铁、水泥和其他相关高耗能产品的需求。

（3）交通部门

目前我国交通部门终端能源消费占总量的10％左右，而世界的平均水平是27.5％，OECD国家为34％。这主要是由于中国目前正处于工业化中期的重工业阶段，工业仍是中国社会经济的主要耗能部门，所以交通运输部门的用能占比较小的份额，远低于发达国家。未来随着私人小汽车保有量的快速增长，交通运输方式将朝着更加高效、舒适和快捷的方向发展。

总体而言，未来随着产业结构的优化与调整，终端能耗逐渐从工业生产部门转移到建筑物和交通部门，煤炭在终端能源消费中的比重将不断下降，2050年仅占终端能源消费的1/3左右，但在工业部门内仍是主要的终端能源。在建筑和交通领域，由于交通运输部门对油品的依赖和建筑物对清洁能源的需求逐渐增强，油、电、气的消费比重将有较大增长，2050年分别增长到33％、21.2％和11.9％。

6.1.3 非化石能源发展

由于非化石能源将主要在电力部门得到应用，本书将结合以上一次能源消费的预测结果，分析非化石能源发展目标的实现（表6-2）。

表 6-2　中国未来一次能源消费　　　　(单位：Mtce)

能源品种		煤炭	石油	天然气	一次电力	一次能源消费总量
低经济参考情景	2010 年	2210	617	143	100	3070
	2020 年	3012	1151	282	262	4707
	2030 年	3127	1353	348	482	5310
	2040 年	3017	1535	485	694	5731
	2050 年	2926	1707	533	810	5976
低经济政策情景	2010 年	2210	617	143	100	3070
	2020 年	2565	908	280	308	4061
	2030 年	2619	1148	440	631	4838
	2040 年	2544	1299	508	963	5314
	2050 年	2518	1334	649	1245	5746
高经济参考情景	2010 年	2210	617	143	237	3070
	2020 年	3343	1496	353	354	5546
	2030 年	3471	1759	435	651	6316
	2040 年	3409	1996	631	937	6972
	2050 年	3306	2219	693	1094	7312
高经济政策情景	2010 年	2847	1180	350	416	4793
	2020 年	2907	1492	550	852	5801
	2030 年	2875	1689	660	1300	6524
	2040 年	2845	1734	844	1681	7104
	2050 年	2847	1180	350	416	4793

由表 6-2 可见，在政策情景下，通过大力推进非化石能源的发展，使 2020 年一次电力按供电煤耗折算达到了 7.08 亿 tce，同时有效地控制了终端能源需求的过快增长，使 2020 年一次能源消费控制在 47.6 亿 tce，非化石能源在一次能源消费总量的占比将达到 14.8%，尚未达到我国所承诺的非化石能源发展目标。不过考虑到本书仅对非化石能源所贡献的一次电力进行了计算，如果能将沼气和太阳能热利用等非商品能源考虑进来，则应该可以满足目标的实现。而在参考情景中，尽管 2020 年在实现国家可再生能源中长期规划的前提下，非化石能源相比 2010 年也几乎翻了一番，但一次能源消费总量也将以较快速度增长，2020 年达到 49.1 亿 tce，非化石能源占比则不到 10%。

以上对参考情景和政策情景的比较充分说明了我国在完成非化石能源发展

目标时将面临着很大的困难，不仅要持续大力推动新能源和可再生能源的发展，同时还需控制关键 ESR 的过快增长，有效控制住终端能源需求和一次能源消费。另外，还需要将非商品能源的应用计入非化石能源消费才能满足目标，但这需要对分散式能源的使用进行统计，在现实执行中面临着很大的困难和障碍。从我国当前各方面的发展态势来看，我国仍需做出很大努力方能完成非化石能源发展目标。

而另外一方面，由于非化石能源主要是以一次电力形式应用，在计算这些非化石能源贡献量时，国际上通常按照电热当量计算，但我国由于能源结构以煤为主，所以一次电力一直按照供电煤耗计算，即将非化石能源的煤炭替代量作为其能源贡献量。按照我国电力部门当前的供电煤耗水平计算，供电煤耗法得到的非化石能源贡献量接近电热当量法的 3 倍左右，同时也使非化石能源的折算对供电煤耗非常敏感。本书假设 2010 年供电煤耗为 340gce/(kW•h)，此后每 10 年下降 10gce/(kW•h)，2020 年非化石能源按照 330gce/(kW•h) 进行折算。可实际上，自改革开放以来，我国供电煤耗基本以年均 4gce/(kW•h) 的速度持续下降，近年来随着火电技术机构快速变革以及“十一五”节能减排工作的加速推进，供电煤耗下降得更为剧烈。如果按照如此趋势发展，假设 2020 年供电煤耗将比如上假设值再低 30gce/(kW•h)，一次电力折算值将下降0.6 亿 tce 左右，这将至少将非化石能源的占比降低 1 百分点。

由此可见，我国 2020～2050 年的非化石能源发展目标的实现面临着诸多困难和不确定性，但从未来能源的可持续发展角度而言，加快非化石能源的发展，优化一次能源结构是大有裨益的。因此，我国需尽早对非化石能源目标实现所涉及的相关因素进行统筹考虑，并对非化石能源的发展进行统一的战略规划。

综上所述，由于一次能源消费与终端能源需求的紧密联系，未来我国一次能源消费的发展趋势也将体现出三阶段发展特征。必须对它们的阶段性特点予以战略重视，从而对我国未来能源的可持续发展进行阶段性的战略定位。

1）目前至 2020 年的当前阶段，是控制一次能源消费总量的关键期。由于工业化进程的深入以及能源基础设施和技术的锁定性，该阶段将决定未来的能源消费发展的趋势和增量水平，而煤炭仍将是这一阶段最为主要的一次能源。

2）2020～2035 年是转型阶段，是转变一次能源消费结构的攻坚期。随着工业化的初步完成以及建筑面积和交通需求的快速增长，煤炭的消费量将逐渐稳定并缓慢下降，而石油的消费将持续旺盛，天然气和一次电力的消费也将逐渐增大，特别是非化石能源将进入一个快速增长阶段。

3）2035～2050 年是稳定阶段，是一次能源消费的逐渐趋稳期。随着产业结构的不断优化，工业用能逐渐下降，建筑物和交通部门的能源需求也逐渐趋缓，一次能源消费增速将逐渐减慢，新增能源需求将主要由低碳能源来支撑。

因此，结合一次能源消费的阶段性特点，我国须尽快对未来主要一次能源的发展进行战略定位，以合理控制一次能源消费总量及结构，使能源在支撑经济发展并面临着环境和气候压力制约的条件下得以可持续发展。

煤炭作为最主要的一次能源，应使其作为基础能源在完成工业化进程的前提下，尽早使其消费达到峰值。之后应将其战略地位调整为重要的支撑能源，使其消费在一次能源消费中的比重持续下降，特别是要降低煤炭在终端部门的消费，而将其主要用于发电供热等转换环节，便于利用清洁煤和先进煤电技术降低煤炭利用对环境造成的污染。石油作为支撑经济发展和交通运输的支柱能源，必须对其未来在一次能源消费中的稳定战略地位予以重视。在供应方面应加强其替代技术的研发与示范，并应采取积极进口、加强石油储备的战略；在利用方面应加快石油经济性的提高，通过采用更高标准或税收等形式引导石油消费进一步向节约型迈进；同时还需要在需求侧引导消费理念和消费方式，降低私人小汽车保有量的迅猛增长并限制其使用强度，降低车辆的年运行里程，从而减少石油的消费需求。

天然气在我国作为储量较为丰富又较为洁净的化石能源，应加大其勘探和发展力度，使其作为重要的清洁能源优先供应于居民和商业等终端部门，加大其消费占一次能源消费总量的比重。最后，作为重要的一次电力来源，应逐步加大非化石能源的开发规模，推进非化石能源发电技术的技术进步和商业化进程，同时应积极拓展其应用领域，使其在终端能源消费中也能起到一定的替代作用，从而与天然气一同支撑起未来的低碳能源供应大局，满足新增的能源需求，为能源环境的可持续发展发挥应有的作用。

6.1.4　电力消费及构成

（1）总体发展趋势

随着经济的快速发展，电力作为重要的二次能源，未来电力工业将仍会继续快速发展。根据能源预测模型体系的运算结果，参考情景和政策情景下 2050 年我国电力消费将分别达到 9514TW·h 和 9185TW·h，分别是 2007 年的 2.86 倍和 2.76 倍。2010～2020 年，参考情景和政策情景下电力消费的年均增速分别为 3.56%和 3.45%，2020 年两者电力消费相差 1.5TW•h；2020～2050 年，两情景下电力消费增长均进一步趋缓，年均增速分别降至 1.6%和 1.59%，2050 年两者电力消费相差 329TW•h。

与终端能源需求和一次能源消费相比，电力消费在 2010～2020 年增速略低，因为这一阶段由于工业化进程的深入和加速，主要还是对煤炭等化石能源的需求；而 2020～2050 年，电力消费的增速比终端能源需求和一次能源消费高很多，因为这一阶段随着产业结构逐渐优化，终端能耗逐渐从工业生产部门转移到建筑物和交通部门，而后者由于清洁能源的需求也逐渐增强，因而电力作为最重要的清洁能源，其消费比重将有较大增加，保持了电力消费的持续快速增长。

(2) 电力消费构成

在电力消费构成方面，目前全国发电量中火电占 80%以上，水电占 17.8%，而核电、风电和其他等占不到 2%。未来随着新能源和可再生能源发电的快速发展，火电的比重将逐年下降，特别是在政策背景下，由于非化石能源得到了进一步大力发展，风电及光伏发电、生物质发电等其他可再生能源发电增长非常迅速，极大地降低了对燃煤发电的依赖。另外，虽然本研究在两个情景中核电装机容量的参数设置区别较小，但由于核电的运行稳定，年可运行小时数高，其在电力消费中的比重也有较大增长。

而随着非化石能源的快速发展，电力装机结构也将发生较大变化。政策情景下 2050 年总电力装机容量将从 2007 年的 713GW 增加到 2050 年的 2223GW，非化石能源发电和火力发电在总电力装机容量中的占比将发生互换，火电占比将从目前的 70%左右下降到 30%，即使是在参考情景下，火电占比也将下降到一半以下。由以上可以看出，与煤炭在一次能源中所起到的基础性作用一样，火电将主要作为基荷起支撑作用，而新增的电力需求将主要由非化石能源发电来满足。而火电内部结构也将发生较大转变，一些先进的火电技术如大容量、高参数的 USC、IGCC、NGCC 等技术将得到不断地推广与应用，而目前仍占据较大比例的亚临界技术将逐步被淘汰。

(3) 一次电力构成

未来随着新能源和可再生能源发电的快速发展，非化石能源发展得到的一次电力增长非常迅速，将迅速替代火电在电力消费中的份额，特别是在政策情景中（表 6-3～表 6-6）。

表 6-3　低经济参考情景发电装机容量　(单位：GW)

年份	火电	水电	风电	核电	生物质能	太阳能	地热能	总计
2009	651.1	196.3	17.6	9.1	4.3	0.4	—	878.8
2010	709.7	216.1	29.6	10.8	5.1	0.9	0.3	972.5
2020	973.0	254.9	118.6	58.0	5.9	4.9	0.6	1416
2030	1201.0	287.0	191.7	97.1	19.8	21.4	0.9	1819
2040	1308.0	328.2	213.7	144.7	23.8	29.9	1.1	2049
2050	1373.0	345.5	220.6	197.6	31.7	34.1	1.4	2204

表 6-4　低经济政策情景发电装机容量　(单位：GW)

年份	火电	水电	风电	核电	生物质能	太阳能	地热能	总计
2010	709.7	216.1	29.6	10.8	5.1	0.9	0.3	972.5
2020	761.7	290.4	134.8	66.7	12.9	5.7	0.7	1273
2030	803.7	338.8	222.9	130.6	29.7	53.2	1.1	1580
2040	790.7	379.3	266.6	213.0	36.9	71.8	1.5	1760
2050	785.0	397.1	277.5	304.6	45.6	87.6	1.9	1899

表 6-5　高经济参考情景发电装机容量　(单位：GW)

年份	火电	水电	风电	核电	生物质能	太阳能	地热能	总计
2010	709.7	216.1	29.6	10.8	5.1	0.9	0.3	972.5
2020	914.0	319.4	148.3	80.0	16.8	6.8	0.8	1486.2
2030	1167.6	280.4	130.5	69.6	7.7	5.9	1.2	1662.8
2040	1381.2	301.4	210.9	116.5	23.8	30.0	1.7	2065.3
2050	1412.6	344.6	235.1	173.6	28.6	41.9	2.1	2238.5

表 6-6　高经济政策情景发电装机容量　(单位：GW)

年份	火电	水电	风电	核电	生物质能	太阳能	地热能	总计
2010	709.7	216.1	29.6	10.8	5.1	0.9	0.3	972.5
2020	914.0	319.4	148.3	80.0	16.8	6.8	0.8	1486.2
2030	964.4	372.7	245.2	156.7	38.6	63.8	1.2	1842.7
2040	909.3	398.3	293.3	255.6	44.3	100.5	1.7	2002.9
2050	847.8	417.0	305.3	365.5	54.7	122.6	2.1	2115.0

水电仍是未来最主要的一次电力来源，它贡献了2020年一次电力的一半左右。不过由于水电目前的经济可开发装机容量主要在西南地区，随着近年来水电的快速开发，其经济可开发装机容量将于2035年前后基本开发完毕，而核电、风电和其他非化石能源（主要包括生物质发电和太阳能光伏发电）还将快速发展，水电在一次电力总量的占比将逐年下降，但2050年仍将占据1/3左右。核电在发展前期将体现出与水电一样的发展态势，为了完成2020年非化石能源发展和碳强度下降目标，我国近期对核电的开发力度不断加大，在建规模位居世界第一，核电也将与水电共同担负起非化石能源发展的基础性作用，它们在2020年的一次电力总量中将占到接近80%。2030年后随着其他非化石能源的大力发展，核电的发展速度将有所趋缓，但鉴于其在沿海省区能源供应中的重要作用，2050年核电比重仍将维持在30%左右。而风电和其他可再生能源利用所占的比重将随着它们的技术的日益成熟、成本的不断下降，以及开发基础逐渐完善而逐年增大，在2020年和2050年分别达到23%和38%。

综上所述，随着经济的快速发展，电力作为重要的二次能源，未来仍将保持持续快速发展，特别是在中远期，电力消费将以略高于终端能源需求和一次能源消费增长速度发展，其从当前到2050年的发展趋势也可大致分为三个阶段。

1）目前至2020年的当前阶段，是电力消费转型的关键期。由于当前至2020年这一阶段能源消费的快速增长，能源供应仍主要以化石能源为主，电力消费也一样，整体上仍将以火力发电为主，非化石能源将作为重要的补充能源。我国已承诺2020年非化石能源达到一次能源消费的15%，从实现非化石能源发展目标的角度和当前其发展态势而言，我国主要还是得依靠水电和核电的加速发展来完成非化石能源发展目标。

2）2020～2035年是转变电力消费结构的攻坚期。随着能源消费逐渐向消费领域转移，对清洁能源的需求将不断加大，电力作为重要的清洁能源其发展速度将进一步加快，非化石能源的发展也将逐步加快。虽然一次电力仍以水电和核电为主，但风电、生物质发电、太阳能光伏发电和其他可再生能源将进入一个快速增长阶段。他们的发展态势将决定非化石能源能否在这一阶段逐渐替代火电并在一次能源消费中增加比重，用于满足新增能源需求。因此，在这一阶段，需花大力气发展风能、生物质能和太阳能等可再生能源的利用技术，使其尽早成为非化石能源、电力消费乃至一次能源消费的主要能源。

3）2035～2050年是电力消费的转型期。电力消费总量虽仍将持续增加，但其消费结构将发生转变。在这一阶段，随着终端部门的能源需求也逐渐趋缓，电力消费增量将逐渐稳定，新增的电力消费将主要由非化石能源来支撑。而随着水电经济可开发装机容量基本开发完毕，风电和其他可再生能源技术更趋成熟，并网等基础设施问题得到解决，非化石能源的发展也将开始趋于多样化。得益于技术学习效应的逐渐深化，风能、生物质和太阳能等资源储量巨大的非可再生能源有望进一步降低投资成本，克服并网困难等障碍而得到快速增长，与水电、核电成三足鼎立之势，并将逐渐成为非化石能源发展的支柱力量。而非化石能源也将成为电力消费的主导能源，并主要通过一次电力的形式在一次能源消费中扩大占比，用于满足新增能源需求，减少化石燃料的消耗。

因此，结合未来电力消费的阶段性特点，我国须对未来电力消费，特别是非化石能源发电的发展提早进行规划，以合理控制火电的总量、增速及结构，使电力在支撑经济发展的同时，在能源供应、环境保护和应对气候变化等多方面发挥其资源、技术和基础设施方面的优势。

6.1.5　CO_2 排放

(1) 总体发展趋势

本项目 CO_2 排放因子设定如下：煤炭，0.731t CO_2/tce，折算为 2.68 t CO_2/tce；石油，0.565 t CO_2/tce，折算为 2.07 t CO_2/tce；天然气，0.445 t CO_2/tce，折算为 1.63 t CO_2/tce。

2009 年和 2010 年，我国 CO_2 排放量分别为 7546.7Mt 和 8332.5Mt。根据能源预测模型体系的运算结果，参考情景和政策情景下我国能源系统 CO_2 排放量均将持续上升，2050 年 CO_2 排放量将分别达到 130 和 118 亿 t，分别是 2007 年的 2.05 和 1.85 倍。2010～2020 年，参考情景和政策情景下 CO_2 排放的年均增速分别为 3.69%和 2.95%，2020 年两者 CO_2 排放相差约 10 亿 t；2020～2035 年，两情景下 CO_2 排放增长均有趋缓，年均增速将分别降至 0.95%和 0.93%，2035 年两者 CO_2 将相差约 12 亿 t；而 2035～2050 年，两情景下 CO_2 排放增长均进一步趋缓，年均增速均降至 0.21%，2050 年两者 CO_2 排放相差 13 亿 t。可见，未来我国 CO_2 排放增速将逐渐趋缓（图 6-2）。

(2) 碳排放部门构成

我国当前仍处于工业化进程的初中级阶段，因此 2020 年之前，工业仍是最大的 CO_2 排放部门，但电力部门的 CO_2 排放增长很快。随着 2020 年我国初步完

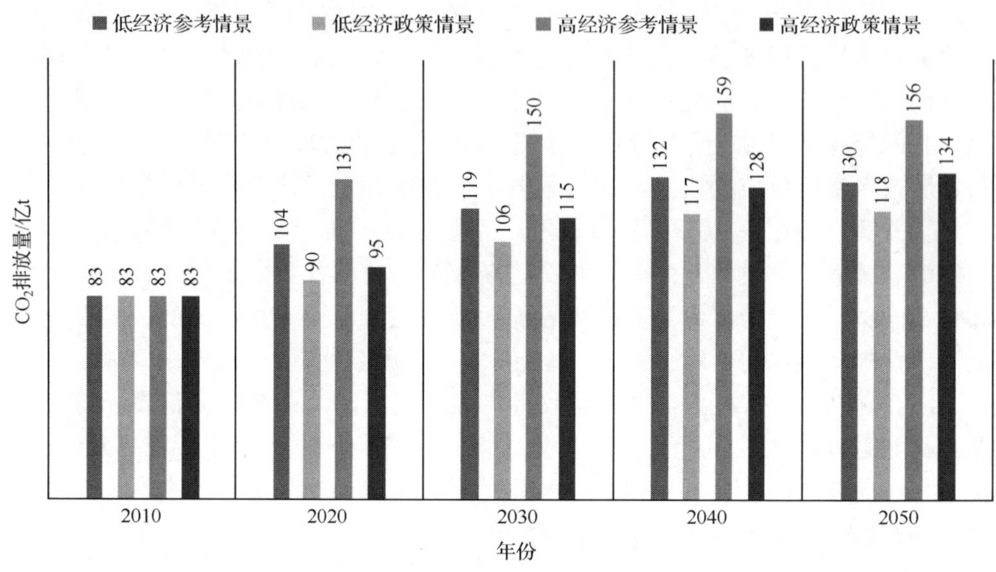

图 6-2 CO_2 排放变化趋势图

成工业化，工业部门的 CO_2 排放水平也将逐渐稳定，其排放占比也将从 2020 年的 38.3%逐渐下降到 2035 年的 32.9%，而电力作为重要的二次能源支撑部门，其 CO_2 排放量仍将继续增加，其排放比重到 2035 年将增长到 33.7%从而取代工业成为第一大排放部门；2035 年之后，由于电力消费结构持续优化，其排放和占比将逐渐降低，而交通运输部门的持续快速发展将导致其 CO_2 排放量持续增加，所占比重也将逐步提升，并在 2050 年取代电力部门成为第一大排放部门。居民和商业部门由于其终端能源主要是以电力为主的清洁能源，而农业虽以柴油等油品为主但其 CO_2 排放量很小，因此这三个部门排放的占比较小也比较稳定。

6.1.6 产业结构

减排政策对各部门的影响差别较大。减排政策促使经济发生结构变化，从排放高的商品、技术和工艺，转向排放低的商品、技术和工艺。因此，高排放部门的增长速度减缓，而低排放或者零排放部门的增长加速了。这种结构变化使得经济体中的资源进行了重新分配。

(1) 宏观六部门产业结构

表 6-7 表示国民经济六大部门增加值的变化，可以从中看出，减缓碳排放对工业、建筑业、交通运输业、商业都产生了负面影响，第一产业在两种情景下都是受益的部门，这是因为农业 CO_2 排放较少，本研究没有考虑其他温室气体的排放，所以农业的增加值相对于基准情景增加了。其他服务业在近期受到了负面影响。到 2030 年后，增加值由降转增。减排受损最大的是建筑业，其次是工业和交通运输业。

表 6-7 产业结构的变化（相对于基准情景） （单位:%）

行业	2020 年		2050 年	
	参考情景	政策情景	参考情景	政策情景
农林牧副渔业	—	2.143	—	1.146
工业	—	−3.852	—	−1.207
建筑业	—	−7.139	—	−2.552
交通运输业	—	−3.571	—	−2.653
商业	—	−1.858	—	−0.431
其他服务业	—	−0.360	—	0.129

(2) 42 部门产业结构

从 42 部门层次来看，主要高能耗行业，尤其是能源生产工业受到的损失最大，这些行业在国民经济中的比重会减少。2020 年政策情景下时，燃气生产和供应业的增加值相对于基准情景分别损失 19.9%和 28.60%。

低排放行业会获得发展。皮革毛皮羽毛（绒）及其制品业、农副食品加工业、农业、文教体育用品制造业、食品制造业、纺织服装鞋帽制造业、纺织业、医药制造业的增加值要高于基准情景，这些行业在国民经济中的比重会增加。

从中长期来看，就业和投资会向排放低的行业转移（图 6-3，表 6-8）。

6.1.7 居民消费

(1) 消费总量

在减排政策情景下，家庭实际收入减少，并且高排放产品（如电力和天然气）的价格增加。家庭收入用在这些产品的消费减少。所以总体上，人们的消费量减少。

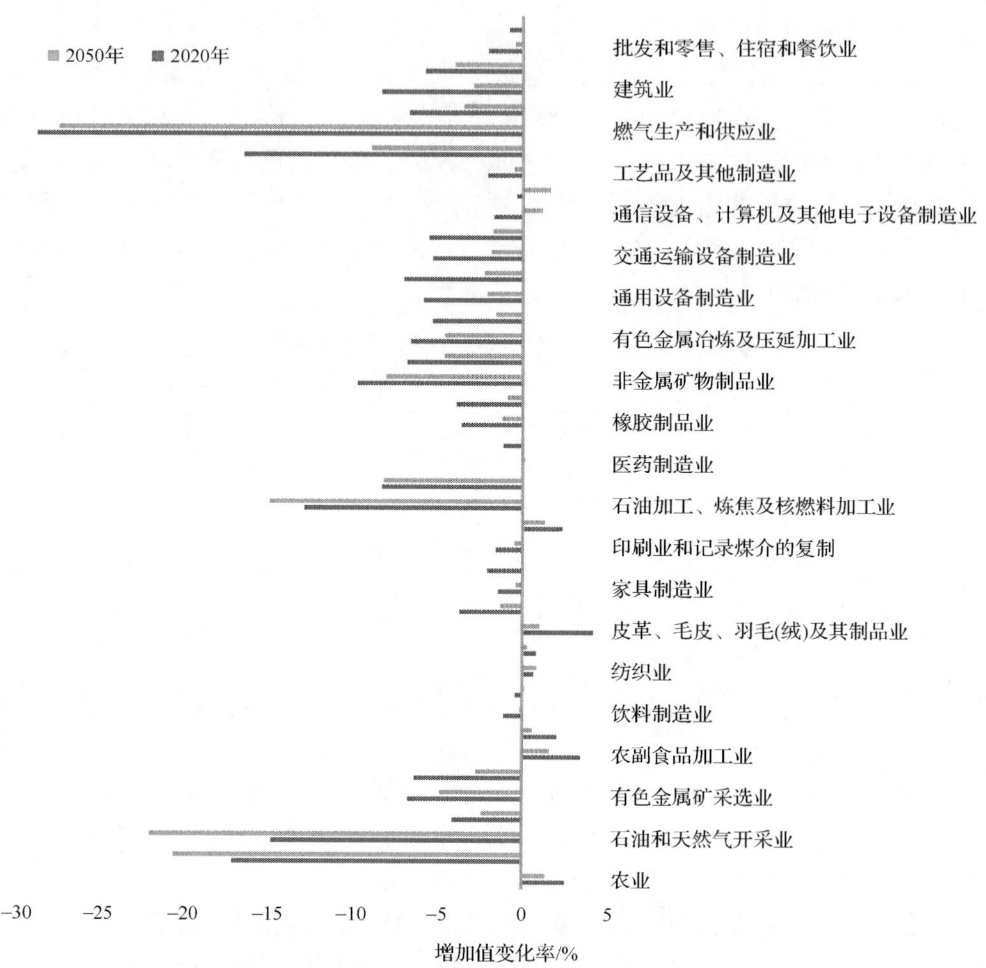

图 6-3　各部门的增加值变化率

表 6-8　参考和政策情景各部门的增加值变化率（相对于参考情景）　（单位：%）

行业	2020 年		2050 年	
	参考情景	政策情景	参考情景	政策情景
农业	—	2.480	—	1.359
煤炭开采和洗选业	—	−17.100	—	−20.597
石油和天然气开采业	—	−14.810	—	−21.986
黑色金属矿采选业	—	−4.107	—	−2.407

续表

行业	2020 年		2050 年	
	参考情景	政策情景	参考情景	政策情景
有色金属矿采选业	—	−6.748	—	−4.855
非金属矿采选业	—	−6.336	—	−2.707
农副食品加工业	—	3.414	—	1.578
食品制造业	—	1.998	—	0.569
饮料制造业	—	−1.105	—	−0.150
烟草制造业	—	−0.422	—	0.110
纺织业	—	0.623	—	0.819
纺织服装、鞋、帽制造业	—	0.773	—	0.240
皮革、毛皮、羽毛（绒）及其制品业	—	4.127	—	0.989
木材加工业及木、竹、藤、棕、草制造业	—	−3.705	—	−1.319
家具制造业	—	−1.456	—	−0.400
造纸及纸制品业	—	−2.089	—	−0.050
印刷业和记录媒介的复制	—	−1.576	—	−0.489
文教体育用品制造业	—	2.289	—	1.309
石油加工、炼焦及核燃料加工业	—	−12.873	—	−14.904
化学原料及化学制品制造业	—	−8.324	—	−8.201
医药制造业	—	0.030	—	0.120
化学纤维制造业	—	−1.135	—	−0.110
橡胶制品业	—	−3.615	—	−1.229
塑料制品业	—	−3.896	—	−0.899
非金属矿物制品业	—	−9.740	—	−8.051
黑色金属冶炼及压延加工业	—	−6.798	—	−4.605
有色金属冶炼及压延加工业	—	−6.587	—	−4.585
金属制品业	—	−5.302	—	−1.568
通用设备制造业	—	−5.844	—	−2.088
专用设备制造业	—	−6.978	—	−2.258
交通运输设备制造业	—	−5.292	—	−1.848
电气机械及器材制造业	—	−5.523	—	−1.748
通信设备、计算机及其他电子设备制造业	—	−1.717	—	1.129

续表

行业	2020 年		2050 年	
	参考情景	政策情景	参考情景	政策情景
仪器仪表及文化、办公用机械制造业	—	−0.372	—	1.588
工艺品及其他制造业	—	−2.068	—	−0.529
电力、热力的生产和供应业	—	−16.437	—	−8.890
燃气生产和供应业	—	−28.717	—	−27.430
水的生产和供应业	—	−6.687	—	−3.496
建筑业	—	−8.324	—	−2.907
交通运输、仓储及邮电通信业	—	−5.713	—	−3.996
批发和零售、住宿和餐饮业	—	−2.028	—	−0.450
其他服务业	—	−0.793	—	0.040

实际家庭可支配收入在所有政策情景下都增加了。家庭收入增长减缓由于劳动收入增长减缓。尽管资本和劳动的实际回报率都减少了，但是劳动收入的减缓大于资本收入。

家庭总消费的变化与实际家庭收入一致，在所有政策情景下都有所增长，尽管增长率低于基准情景。

尽管总消费继续增长，但是碳税改变了不同消费品的相对价格。对不同消费品的影响程度，取决于商品的碳排放强度和消费者对价格的敏感程度。如果某种消费品价格上升，消费者可能会选择价格较低的替代品。但是，如果替代性较差（需求弹性很小），那么消费者对该种商品的消费减少不会太多，即使是该消费品的价格上升了。

价格上升最大的消费品在于排放强度大的商品，如公路、航空、电力和燃气等。例如，在减排情景下，2045～2050 年电价增长了 34.25%，相对于基准情景，导致电力消费减少了大约 11.86%。大部分价格会下降，如服务业、通信、餐饮和住宿等。

家庭也在逐渐调整消费模式。消费者进行消费品的替代，从价格上升的产品，转向价格下降的消费品（表 6-9）。

（2）10 大类产品消费

表 6-9 和表 6-10 列出了主要的消费产品的种类。可以看出，减排对居住类支出的影响最大，政策情景与参考情景相比，2050 年分别减少了 4.1% 和

8.5%；交通通信、家庭设备的消费也有明显减少；食品、文教娱乐、医疗保健的支出会增加。

表 6-9　居民消费的各行业产品的变化率（政策情景相对于参考情景）（单位:%）

行业	2020 年	2030 年	2050 年
农业	5.611	4.246	2.322
煤炭开采和洗选业	0.002	0.002	0.002
石油和天然气开采业	0.002	0.002	0.002
黑色金属矿采选业	−5.516	−4.063	−2.852

表 6-10　2050 年各种消费品所占份额

序号	消费种类	份额/%	主要内容
1	食品类支出	35.0	粮食、蔬菜、水果、肉类、鸡蛋、糖类、烟酒等
2	衣着类支出	6.8	服装、鞋帽、丝织品等
3	居住类支出	18.1	燃料、供水、房产、居民服务等
4	家庭设备，用品及服务类支出	8.9	汽车、家用电器、家具、电子设备等
5	医疗保健类支出	5.7	—
6	交通通信类支出	4.8	各种客运交通模式、通信等
7	文教娱乐用品及服务类支出	13.7	教育开支等
8	银行中介服务消费支出	2.9	—
9	保险服务消费支出	0.2	—
10	其他支出	3.5	旅游等

6.1.8　模拟结果对比研究

为了验证和比较本研究的结果与现有国内外研究成果的不同，特将现有成果的预测结果列于此作为参考，为下一步模型的进一步修正做参考（表 6-11～表 6-15）。

本研究的结果与现有国内外研究结果对比差异较大，差异主要来自：①设定了高低两种经济发展速率后，令结果与发展速率关联，可在今后的研究中着重针对不同发展速率下能源预测变化率进行研究；②由于本次研究将产业部门进一步拆分，相对研究结果更具体，侧重点较明显。

表 6-11　国内外研究成果中能源消耗总量比较　（单位：亿 tce）

研究机构	情景	2010 年	2020 年	2030 年	2040 年	2050 年
朱永彬等（2009）	—	29.64	47.67	64.89	74.66	72.14
南京大学（管卫华等，2006）	—	21.66	32.34	47.72	—	—
张丽峰（2006）	—	21.09	29.51	37.83	45.11	52.02
付娟，金菊良，魏一鸣，等（2010）	—	31.62	45.63	—	—	—
中国能源研究会（柴松岳，2008）	—	—	45	—	—	50～55
中国科学院地理科学与资源研究所（樊杰和李平星，2010）	—	30.28	46.62	53.24	—	63.42
国家发展改革委员会能源研究所课题组（2010）	节能情景	31	48	—	—	67
	低碳情景	31	40	—	—	56
国务院发展研究中心（李善同和何建武，2007）	—	30.20	53.99	84.21	—	—

表 6-12　国内外研究成果中一次能源消费量比较

研究机构		2000 年	2010 年	2020 年	2030 年	2040 年	2050 年
朱永彬等（2009）	煤炭/%	—	67.0	61.4	56.3	51.6	47.3
	石油/%	—	20.4	20.1	19.8	19.4	19.0
	天然气/%	—	4.1	6.7	9.0	11.2	13.1
	一次电力/%	—	8.5	11.8	14.9	17.8	20.6
清华大学（陈文颖和吴宗鑫，2001）	煤炭/Mtce	—	1362	—	2277	—	3494
	石油/Mtce	—	300	—	395	—	588
	天然气/Mtce	—	100	—	241	—	492
	一次电力/Mtce	—	279	—	497	—	710
	一次能源消费总量/Mtce	—	2041	—	3409	—	5283
姜克隽，胡秀莲（2009）	煤炭/Mtce	944	2424	2991	2932	3001	2925
	石油/Mtce	278	628	1096	1708	1710	1836
	天然气/Mtce	30	109	271	460	532	668
	一次电力/Mtce	92.4	268	434	637	915	1181
	生物燃料/Mtce	0	10.6	25.1	40.9	44.5	488.2
	一次能源消费总量/Mtce	1346	3438	4817	5526	6202	6657

续表

研究机构		2000 年	2010 年	2020 年	2030 年	2040 年	2050 年
中国社科院（2010）基准情景	煤炭/Mtce	—	2024	2367	2666	2786	2627
	石油/Mtce	—	628	1096	1608	1710	1836
	天然气/Mtce	—	109	271	460	532	668
	水电/Mtce	—	225.4	324.9	354.1	380.5	397
	核电/Mtce	—	28	205	410	595	893
	风电/Mtce	—	7	20	54	84	103
	生物质发电/Mtce	—	16	30	44	71	86
	生物柴油/Mtce	—	0.6	3.1	7.9	8.5	9.0
	一次能源消费总量/Mtce	—	3038	4317	5604	6167	6619
杜祥琬（2005）	煤炭/Mtce	923.44	1472～1520.3	1794.9～1860	—	—	—
	石油/Mtce	320.96	464.6～492.2	651～685.1	—	—	—
	天然气/Mtce	35.36	105.8～144.9	213.9～291.4	—	—	—
	水电/Mtce	70.72	154.1～167.9	226.3～257.3	—	—	—
	核电/Mtce	5.44	25.3	74.4～86.8	—	—	—
	可再生能源/Mtce	4.08	9.2	34.1～37.2	—	—	—
	一次能源消费总量/Mtce	1360	2200～2400	2900～3300	—	—	—

表 6-13 国内外研究成果中发电装机容量比较 （单位：亿 kW）

研究机构		2000 年	2010 年	2020 年	2030 年	2040 年	2050 年
清华大学（陈文颖和吴宗鑫，2001）	火电	—	2.78	—	4.30	—	6.88
	水电	—	1.11	—	1.90	—	2.51
	核电	—	0.40	—	0.90	—	1.60
	新能源发电	—	0.15	—	0.35	—	0.70

续表

研究机构		2000年	2010年	2020年	2030年	2040年	2050年
中国能源研究会（柴松岳，2008）	水电	—	—	3	4	—	4.5-5
	核电	—	—	0.7～0.8	2	—	4
	新能源发电	—	—	2	4	—	8
国家信息中心（叶雷，2004）	火电	2.38	4.52	6.45	—	—	—
	水电	0.79	1.50	2.35	—	—	—
	核电	0.021	0.2	0.5	—	—	—
	新能源发电	0.0033	0.08	0.2	—	—	—
吕伟业等（2002）	火电	2.37	3.55	5.20	6.83	—	—
	水电	0.79	1.23	1.99	2.65	—	—
	核电	0.021	0.13	0.27	0.39	—	—
	新能源发电	0.0039	0.02	0.05	0.1	—	—

表 6-14　国内外研究成果中 CO_2 排放量比较　（单位：10^6 t）

研究机构	2000年	2010年	2020年	2030年	2040年	2050年
姜克隽和胡秀莲（2009）	867.2	2 134	2 779	3 179	3 525	3 465
王铮等（2006）	3 259.9	5 846.5	9 610.6	14 575.2	15 600.7	14 564.8
清华大学（何建坤和刘滨，2008）	817	—	1 640	—	—	2 025
张丽峰（2006）	—	1 163.39	1 603.45	2 044.80	2 438.23	2 782.30
中国社科院（2010）基准情景	—	—	9 000	11 060	11 670	11 730
李善同和何建武（2007）	—	7 242.3	12 270.3	18 205.6	—	—

表 6-15　国内外研究成果中产业结构变化比较　（单位：%）

研究机构		2000年	2010年	2020年	2030年	2040年	2050年
中国2007年投入产出表分析应用课题组（2011）	第一产业	—	10.4	5.7	3.5	—	—
	第二产业	—	48.8	47.1	45.6	—	—
	第三产业	—	40.8	47.2	50.9	—	—
中国社科院（姚愉芳和依绍华，2010）	第一产业	—	10.1	6.8	4.3	3.1	2.5
	第二产业	—	49.2	48.7	45.5	40.6	36.4
	第三产业	—	40.8	44.5	50.2	56.2	61.2

续表

研究机构		2000 年	2010 年	2020 年	2030 年	2040 年	2050 年
吕伟业等（2002）	第一产业	16	15	14	12	—	—
	第二产业	51	50	46	44	—	—
	第三产业	33	35	40	44	—	—
国家发改委能源研究所（姜克隽等，2008）	第一产业	—	10.1	6.8	4.3	3.1	2.5
	第二产业	—	49.2	48.7	45.5	40.6	36.4
	第三产业	—	40.8	44.5	50.2	56.2	61.2
李善同和何建武（2007）	第一产业	—	10.4	5.7	3.5	—	—
	第二产业	—	48.8	47.1	45.6	—	—
	第三产业	—	40.8	47.2	50.9	—	—

6.2 能源预警警情分析

上一节完成了 2015～2050 年中国能源预测模拟，接下来，我们根据上一章所提出的中国能源预警步骤框架得出中国能源预警警情分析表（表 6-16），根据中国能源预测出的结果计算得出中国能源预警警情指标，并通过不确定测度分析，识别出不同指标的安全程度。由于数据量较大，在这里，我们仅选用低经济参考情景的结果来进行计算，难以用模型模拟出的数据我们用 1999～2010 年的数据回归得到。

而在指标的选取中，我们在本次研究中规避了需要专家打分的主观变量，仅保留能通过模型计算得出具体数值的客观变量。变量的选取见表 6-16。

6.2.1 资源安全警情分析

为便于进行比较、分析中国 2010～2050 年的子系统安全水平变化历程，特选取计算 2010、2020、2030、2040、2050 年五年的数据作为参照进行能源安全预警评价。计算值见表 6-17。

代入上述能源安全预警评价模型，得出不同年份的综合测度矩阵，最终结果如图 6-4～图 6-6 所示。

表 6-16　中国能源预警警情分析表

目标层	要素层	指标名称	指标选取	极危险	危险	警戒	较安全	安全
资源安全	煤炭子系统	煤炭采储比	√	<30	30～50	50～100	100～150	>150
		煤炭资源等级	—	劣	差	中	良	优
		煤炭进口依存度/%	√	>65	50～65	40～50	30～40	<30
	石油子系统	石油采储比	√	<5	5～12	12～30	30～43	>43
		石油资源等级	—	劣	差	中	良	优
		石油进口依存度/%	√	>65	50～65	40～50	30～40	<30
		石油进口集中度/%	√	>45	30～45	25～30	15～25	<15
		石油运输通道可靠性	—	劣	差	中	良	优
	天然气子系统	天然气采储比	√	<5	5～12	12～30	30～43	>43
		天然气品质等级	—	劣	差	中	良	优
		天然气进口依存度/%	√	>65	50～65	40～50	30～40	<30
生产安全	煤炭子系统	百万吨产煤死亡率/%	√	>3	1～3	0.5～1	0.1～0.5	<0.1
		煤炭开采的环境影响因子	—	劣	差	中	良	优
	石油子系统	石油开采的环境影响因子	—	劣	差	中	良	优
	天然气子系统	天然气开采的环境影响因子	—	劣	差	中	良	优
	环境系统	CO_2排放量增长率/%	√	>6	4～6	2～4	1～2	<1
使用安全	煤炭子系统	煤炭行业投入产出比	√	<0.7	0.7～0.9	0.9～1	1～1.2	>1.2
		煤炭行业平均利润率/%	√	<10	10～20	20～25	25～30	>30
		煤炭库存率/%	√	<2	2～4	4～5	5～7	>7
		煤炭价格波动率/%	√	>7	5～7	4～5	2～4	<2

续表

目标层	要素层	指标名称	指标选取	极危险	危险	警戒	较安全	安全
使用安全	石油子系统	石油行业投入产出比	√	<0.7	0.7～0.9	0.9～1	1～1.2	>1.2
		石油行业平均利润率/%	√	<7	7～12	12～17	17～27	>27
		石油储备天数/%	√	0～10	10～30	30～90	90～180	>180
		石油价格波动率/%	√	>45	35～45	30～35	20～30	<20
	天然气子系统	天然气行业投入产出比	√	<0.7	0.7～0.9	0.9～1	1～1.2	>1.2
		天然气行业平均利润率/%	√	<30	30～40	40～45	45～55	>55
		天然气价格波动率/%	√	>45	35～45	30～35	20～30	<20
	电力子系统	电力行业投入产出比	√	<0.7	0.7～0.9	0.9～1	1～1.2	>1.2
		电力行业平均利润率/%	√	<2	2～4	4～5	5～7	>7
运输安全	煤炭子系统	铁路运载安全率	—	劣	差	中	良	优
	石油子系统	石油管道建设	—	劣	差	中	良	优
	天然气子系统	天然气管道建设	—	劣	差	中	良	优
	电力子系统	电网输送因子	—	劣	差	中	良	优
消费安全	煤炭子系统	煤炭消费弹性系数	√	>0.8	0.6～0.8	0.5～0.6	0.3～0.5	<0.3
	石油子系统	煤炭供需比	√	<0.90	0.90～0.95	0.95～0.98	0.98～1.05	>1.05
		石油消费弹性系数	√	>0.8	0.6～0.8	0.5～0.6	0.3～0.5	<0.3
		石油供需比	√	<0.90	0.90～0.95	0.95～0.98	0.98～1.05	>1.05

续表

目标层	要素层	指标名称	指标选取	极危险	危险	警戒	较安全	安全
消费安全	天然气子系统	天然气消费弹性系数	√	＞1.0	0.8～1.0	0.7～0.8	0.5～0.7	＜0.5
		天然气供需比	√	＜0.90	0.90～0.95	0.95～0.98	0.98～1.05	＞1.05
	电力子系统	电力供需比	√	＜0.90	0.90～0.95	0.95～0.98	0.98～1.05	＞1.05

表 6-17　中国能源预警系统资源安全子系统模拟值汇总

目标层	要素层	指标名称	2010 年	2020 年	2030 年	2040 年	2050 年
资源安全	煤炭子系统	煤炭采储比	35	28	21	16	10
		煤炭进口依存度/%	13.7	17.1	21.9	26.1	31.0
	石油子系统	石油采储比	41	32	23	14	6
		石油进口依存度/%	54.3	64.0	71.5	76.3	81.0
	天然气子系统	天然气采储比	39	33	28	23	19
		天然气进口依存度/%	22.8	41.1	52.3	60.7	68.5

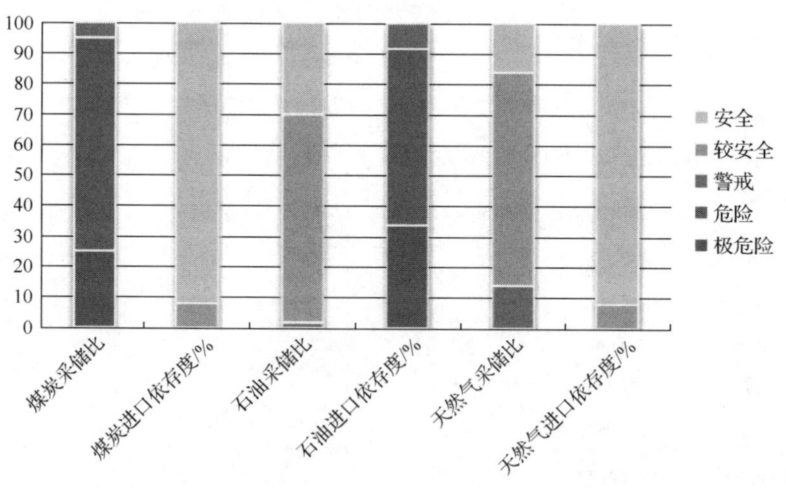

图 6-4　2010 年中国能源预警系统资源安全子系统预警测度图

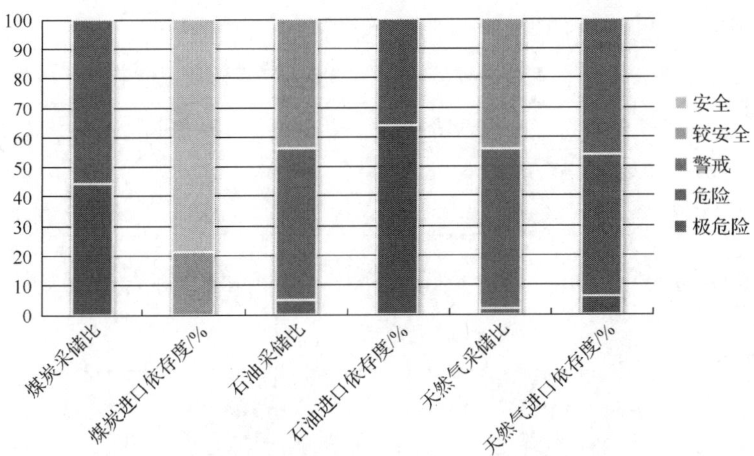

图 6-5 2030 年中国能源预警系统资源安全子系统预警测度图

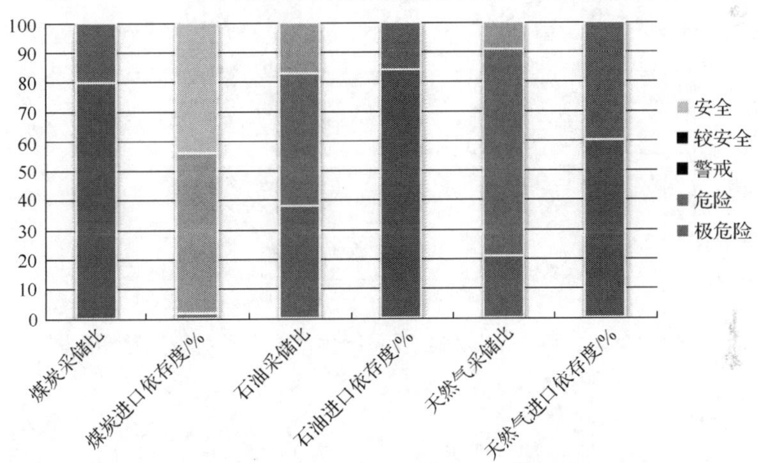

图 6-6 2050 年中国能源预警系统资源安全子系统预警测度图

结果显示，资源安全子系统在 2010～2050 年整体的安全程度在下降，其中煤炭采储比和石油进口依存度一直处于“危险”范围内，到 2050 年达到“极危险”。天然气进口依存度的安全程度也下降很快，到 2050 年达到“极危险”的程度，而煤炭进口依存度一直处于“安全”和“较安全”的范围内。

6.2.2 生产安全警情分析

由于生产安全系统中石油和天然气指标需要定性打分，这里先不予考虑，只考虑煤炭子系统生产安全和环境安全（表 6-18）。

表 6-18　中国能源预警系统生产安全子系统模拟值汇总

目标层	要素层	指标名称	2010 年	2020 年	2030 年	2040 年	2050 年
生产安全	煤炭子系统	百万吨产煤死亡率/%	0.892	0.7	0.5	0.3	0.1
	环境系统	CO_2排放量增长率/%	3.69	1.53	0.95	0.21	0.16

代入上述能源安全预警评价模型，得出不同年份的综合测度矩阵，最终结果如图 6-7～图 6-9 所示。

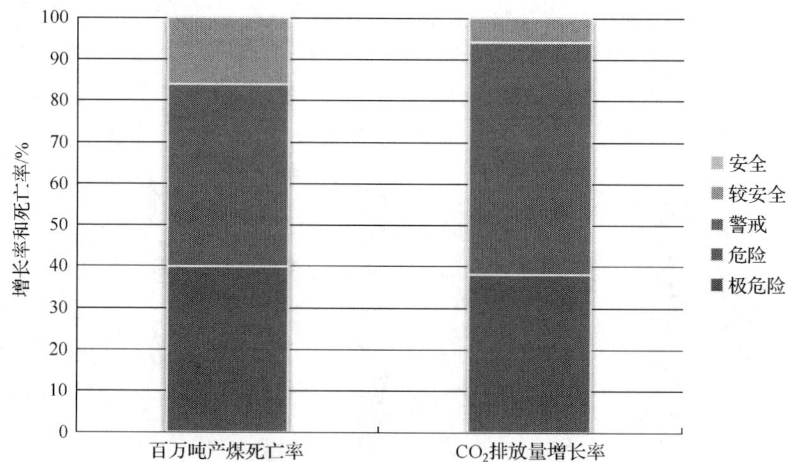

图 6-7　2010 年中国能源预警系统生产安全子系统预警测度图

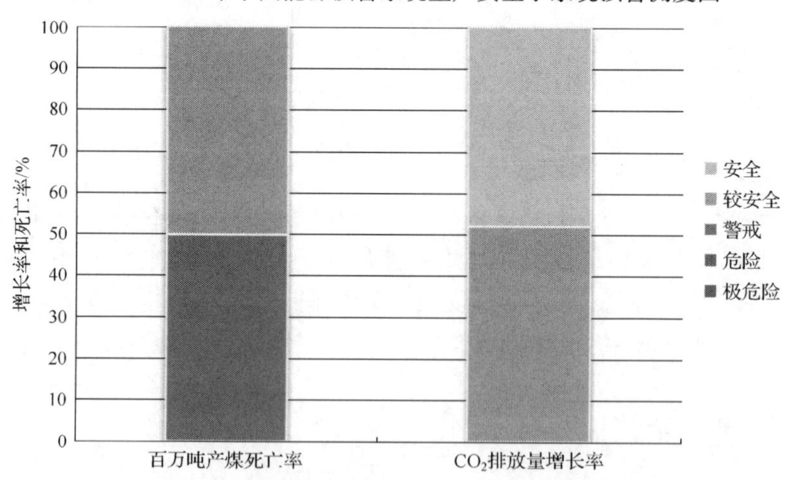

图 6-8　2030 年中国能源预警系统生产安全子系统预警测度图

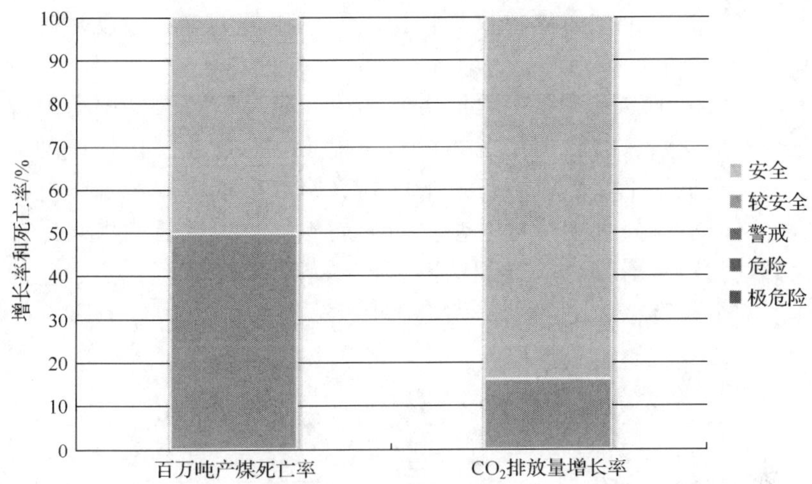

图 6-9　2050 年中国能源预警系统生产安全子系统预警测度图

结果显示，生产安全子系统在 2010～2050 年整体的安全程度在上升，其中百万吨产煤死亡率到 2050 年达到“较安全”程度。CO_2排放量增长率持续下降，2050 年也将达到“安全”程度。

6.2.3　供给安全警情分析

供给安全子系统包含的指标较多，分别从煤炭子系统、原油子系统、天然气子系统和电力子系统进行计算（表 6-19）。

表 6-19　中国能源预警系统供给安全子系统模拟值汇总

目标层	要素层	指标名称	2010 年	2020 年	2030 年	2040 年	2050 年
资源安全	煤炭子系统	煤炭行业平均利润率/%	24.1	27	23	18	15
		煤炭库存率/%	5.1	4.5	4.0	3.3	2.5
		煤炭价格波动率/%	10	14	18	23	28
	石油子系统	石油行业平均利润率/%	15	16	12	9	6
		石油储备天数	30	57	90	92	95
		石油价格波动率/%	4	12	18	25	30
	天然气子系统	天然气行业平均利润率/%	32	36	35	30	25
		天然气价格波动率/%	5.3	14	20	27	32
	电力子系统	电力行业平均利润率/%	3.5	4	4.3	4.4	4.2

代入上述能源安全预警评价模型，得出不同年份的综合测度矩阵，最终结果如图 6-10～图 6-12 所示。

结果显示，由于政府对于能源价格的调控，能源价格波动率都处于较低的水平，但是如果在开放型自由市场的模拟前提下，后期能源价格波动率都会提升，拉低了其安全水平，而能源行业平均利润值都会逐步逼近国际能源行业平均利润值，所以会有先升后降的趋势。而当前规划中较看重的煤炭库存率和石油储备天数，我们考虑其会上升到国际平均储备天数后达到稳定。能源供给子系统整体的安全程度在 2010～2050 年逐步下降。

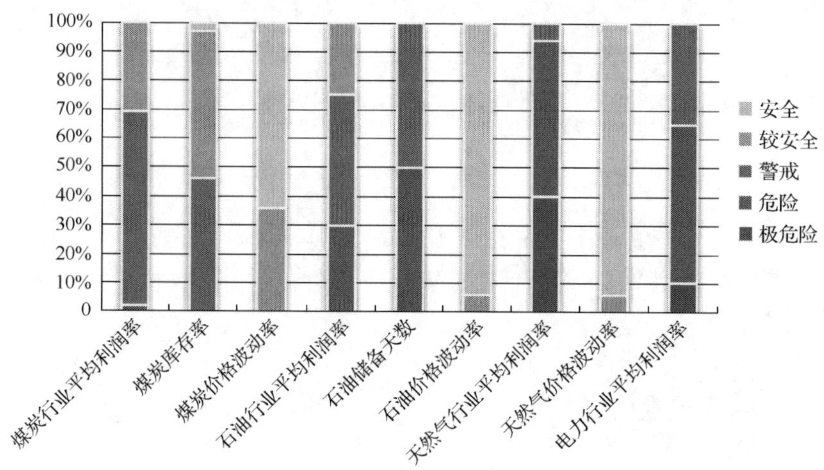

图 6-10　2010 年中国能源预警系统供给安全子系统预警测度图

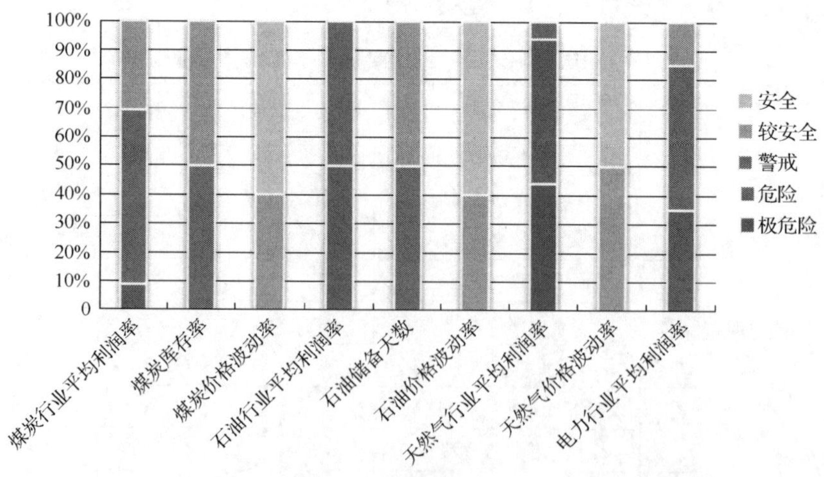

图 6-11　2030 年中国能源预警系统供给安全子系统预警测度图

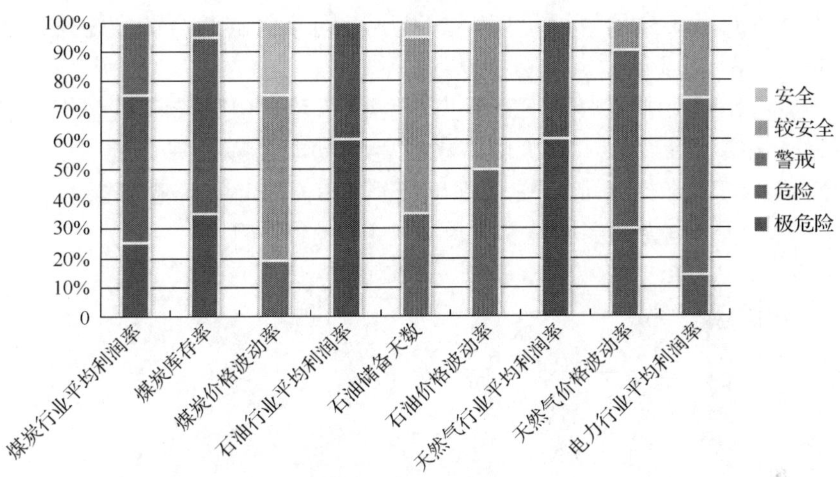

图 6-12　2050 年中国能源预警系统供给安全子系统预警测度图

6.2.4　运输安全警情分析

运输系统主要为定性指标，这里不做讨论。

6.2.5　消费安全警情分析

消费安全子系统模拟结果如表 6-20 所示。

表 6-20　中国能源预警系统消费安全子系统模拟值汇总

目标层	要素层	指标名称	2010 年	2020 年	2030 年	2040 年	2050 年
消费安全	煤炭子系统	煤炭消费弹性系数	0.67	0.52	0.44	0.36	0.30
		煤炭供需比	0.94	0.96	0.95	0.96	0.97
	石油子系统	石油消费弹性系数	0.64	0.55	0.43	0.38	0.32
		石油供需比	0.95	0.97	0.96	0.95	0.93
	天然气子系统	天然气消费弹性系数	0.62	0.53	0.43	0.34	0.28
		天然气供需比	0.96	0.98	0.96	0.93	0.91
	电力子系统	电力供需比	0.98	0.97	0.95	0.92	0.88
		火电机组利用小时数	5240	5439	5690	5900	6010

代入上述能源安全预警评价模型，得出不同年份的综合测度矩阵，最终结果如图 6-13～图 6-15 所示。

结果显示，当前中国由于不完全市场化的供给，其安全程度较高，若用一般均衡市场化模型计算后，能源供需比产生波动，会影响其安全程度；但能源消费弹性系数的下降使得能源安全程度有所提升；而由于逐步摆脱煤的依赖，对石油、天然气、电力的消费增多，其安全程度有所下降。

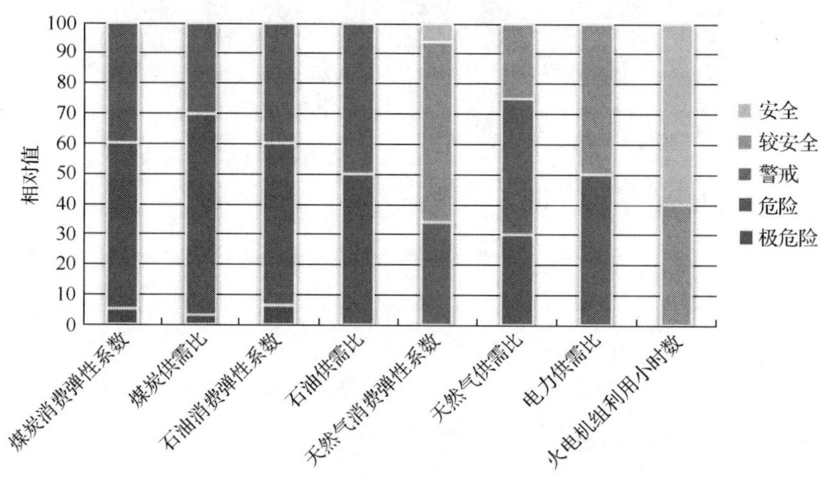

图 6-13 2010 年中国能源预警系统消费安全子系统预警测度图

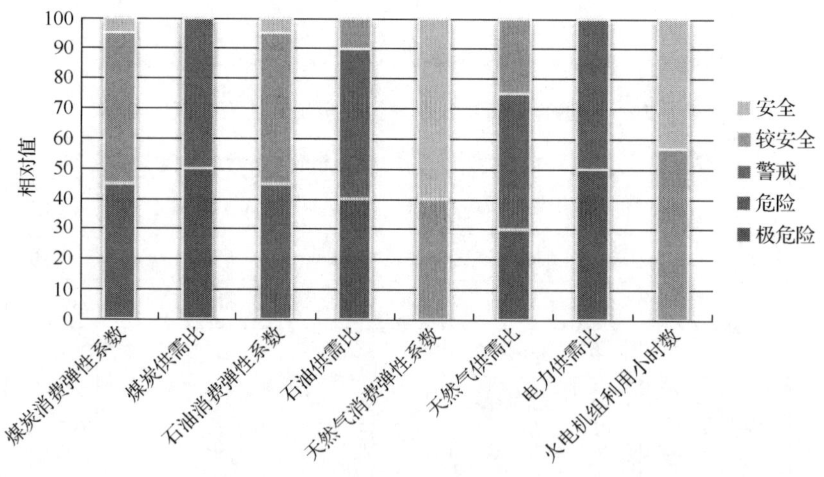

图 6-14 2030 年中国能源预警系统消费安全子系统预警测度图

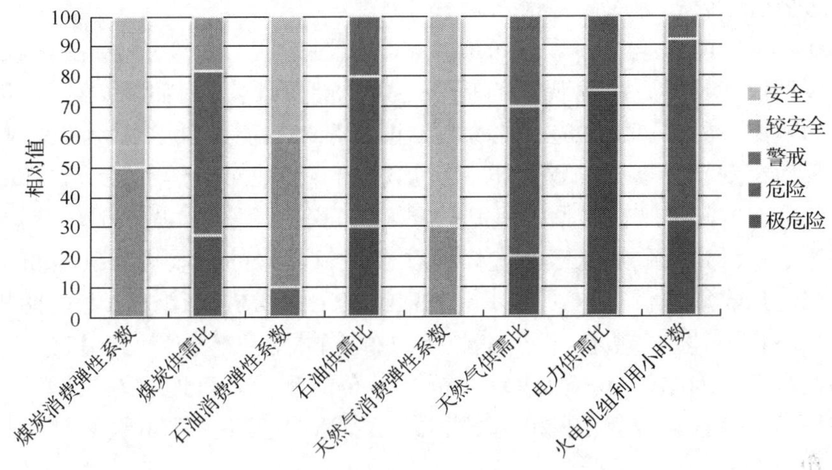

图 6-15　2050 年中国能源预警系统消费安全子系统预警测度图

6.3　中国能源安全预警运行机制比较研究

中国能源安全预警情景分析需从可操作的运行层面进行设计，并根据实际需求得出相应结论，进一步探讨该运行机制的可行性，而这需要与已形成能源预警法律法典的国家的运行机制比较研究，探讨其相关程度和可借鉴程度。本研究已从预警机制和应急响应机制两方面与美国能源预警及应急响应机制做了初步的比较，并在后续的研究中，进一步比较预警主体的反应层次、预警储备管理模式和预警资金筹措模式。

6.3.1　预警机制

预警机制是能源应急不可或缺的运行机制，对尽早发现潜在危机、及时启动紧急权力、降低能源应急事件带来的破坏性有着至关重要的作用。

能源供应中断危机出现的原因无非有以下几类：①市场供求关系紧张，需求旺盛而供给不足；②地缘政治的负面影响所致；③自然灾害、人为事故等导致能源的生产、运输环节瘫痪，无法正常供能。上述原因都显示出一个共同特点：能源供应中断事件均可事前通过预警机制得以防范，尤其是前两类原因和自然灾害引起的能源供应危机。能源安全预警是对辖区内有关能源安全的数据进行调查，当收集到有关信息证明能源危机即将发生或若有可能发生时，及时发布预警公告，公布进入预警状态。

因此，可对能源应急事件中的预警机制塑造如下：能源预警机制应建立在对能源市场保持及时、准确观察的基础之上；能源预警机制的触角应延伸到国际关系的领域，能够灵敏感应到地缘政治即将带来的能源供给切断的暴风骤雨；与国家其他突发紧急事件的预警机制密切联系，提前对自然灾害、恐怖袭击等事件做好准备。总体来说，预警机制的要点首先在于信息采集与分析。

在这个阶段，行政紧急权的主体往往会授权其他的行政机关进行市场关注等一系列信息收集分析工作，而进行信息收集工作的机构往往由专门的机构负责进行。NRP 第 37 条规定：美国能源部中的能源信息署也参与到应急系统中，能源部长授权给能源信息署收集、分析和发布能源信息，连续地为能源应急决策者评估相关信息，为其他的联邦机构或工业减少事件的严重性和减轻后果提供建议和协调。

加利福尼亚州的早期预警由州能源委员会的能源应急计划编制人员进行，主要负责：关注国际和国内事件；参加定期演习来建立和检验应急协议；培训人员：维持同公共和私人行业的接触。

预案编制也在这一阶段完成。各级能源应急主管机构都应编制能源应急预案，并由上一级主管机关进行审批，使行政紧急权的启动和执行有据可依。

6.3.2 应急响应机制

启动紧急权力进行突发事件的应对，这一阶段是应急权表现得最活跃的时期，也就是进行应急处置的时期。依法行政是对紧急权运行方式和步骤的要求，否则会影响实效，损害公平。

地方行政机构往往是应对能源中断危机挑战的第一层级，当地方的能源不足以应对中断危机时，地方的行政长官才可向上一级行政机关申请援助。因此，地方能源应急紧急权的快速启动和健康行使，对危机的控制与平息至关重要。而国家层面与地方层面能源应急紧急权力的运行机制大同小异。不同的地方在于，国家的能源应急机关是全国应急活动的主导，协调和联系更加复杂。例如，美国加利福尼亚州的能源应急管理中，加利福尼亚州的能源应急系统是建立在该州 Public Resources Code Section 25216. 5(b)和 Section 25700 的基础之上，由加利福尼亚州能源委员会（Energy Commission）具体编制的。

1）权力运行的启动和消灭机制：加利福尼亚州能源应急管理活动以“市场手段为主，尽量弱化政府手段”为原则，因此在危机初期，地方政府的作用主要在于查明事实、进行监控、信息发布，而非直接干涉工业界的恢复措施。只有当工业界的自发性措施已经不能应对，这时政府才会动用紧急权力。行政紧急权力是在州长宣布进入能源紧急状态时才正式启动，否则不予启动。紧急权力的消灭也是在行政长官（州长）宣布紧急状态结束时才归于结束。

2）机构间协调机制：应急活动的主导机关是同一层面的政府机构的协调人员。在加利福尼亚州，由能源委员会建立并维持政府各个部门间的信息沟通和权力运行系统。

3）自下而上的援助请求机制：请求机制发生在当地的能源储备不足以应对危机时，由当地政府向上一级政府或能源应急机构请求能源调配或储备释放。此时，能源应急紧急行政权表现出自下而上运行的态势，而且紧急权的效力范围只在能源应急组织内部。援助请求机制在较大的能源中断事件中经常被运用。

加利福尼亚州的地方政府不能直接向能源委员会请求能源协助，而是要先向当地的应急运行机构（Operational Area）请求，若此机构不能供应所请求的能源，则该机构将请求传达到地区的应急服务办公室，如有必要，也会由地区应急服务办公室将请求再传到州的应急办公室。由州的能源应急办公室要求能源委员会进行能源供应协助。只有当州的能源应急办公室批准了地方办公室的请求后，能源委员会和地方政府之间才有直接联系，这种联系是为了更好地协调所需能源的数量、燃料类型和交货地点。电力和天然气的协调和应急反应是由加利福尼亚州供应事业应急协会（The California Utilities Emergency Association）处理的。

本研究认为，加利福尼亚州能源应急活动中的政府权力运行模式优点有以下两个优点：

第一，自始至终援助请求都是由政府直接向专门的能源应急主管机构提出，这保证了能源应急活动的高效开展，也保证了决策的正确性。

第二，不越级的请求援助程序，虽然似乎有些繁冗，但是由于每一级都对下一级的情况有比较直接的了解，有利于迅速做出正确决策，同时也保障了比例原则的遵守，降低行政成本。

4）权力的监督：在能源应急中，紧急权力的运用对公民、企业及其他主体的利益的影响甚大。例如，断电等限制需求、征收征用措施等都会给企业带来一定的损失。在实现圆满应对能源应急事件的过程中，行政主体背负着两个义务：一是要及时作为；二是要合法或合理作为。根据比例原则，这种作为要对应急事件的消除或缓解有必要且在合理的范围内。为保障燃料及时与合理地分配，加利福尼亚州在其能源委员会内部建立设立了独立的燃料分配监察官员。

对燃料申请结果不满意的公民或其他实体可在接到决定通知的 15 日内向燃料分配监察官员提出申诉，由监察官对被提起申诉的分配决议进行审核，再做出决定。这种权力监管方式相对于诉讼的方式来说，时间成本低，有利于快速高效地解决问题。

5）国家间的能源应急权力运行：国家间的能源应急行政权的运行机制以国家间的协议为基础建立。现以国际能源署的成员国之间的能源应急权力的运行为例进行阐述。要说明的一点是，因为国际能源署是政府间的国际协定，而国际能源署的相关决议虽然对成员国有约束力，但其不能直接转化成国内法律，况且这些决议都是针对全体成员国所做出的，因此要对成员内的政府、企业或其他利益相关者产生约束力，必须要通过国内法的转化。换言之，国家间的能源应急权力最后只能在其权力域内运行，即行政管辖权范围内实行。

6.3.3 能源链式预警展望

当前能源预警的一个新方向是能源链式预警，其研究溯源于供应链风险研究，即研究供应链企业由于存在各种无法预测的不确定因素，导致供应链企业有受损的可能性。这种预警方式用于能源预警之中可以强调能源供应链风险产生的根本原因是不确定性因素的存在。例如，胡金环和周启蕾（2005）从供应链风险突发性特征出发，认为供应链企业由于受各种无法预测的不确定性因素影响，供应链企业受益与预期受益发生偏差，从而产生供应链风险。Svensson（2000）从制造企业角度出发，认为随机干扰的存在导致零部件和原材料供应链与正常期望产生偏差，这些偏差对供应链制造商和分销商都有负面影响。

能源链式预警相对传统能源指标预警有很多优势，其中比较重要的在于可以研究能源供应链风险传递过程预警。风险传递时风险发出者将某种不确定性依附于风险载体，通过一定的传递路径将不确定性传递给风险接受者。风险的传递必须在一定条件下进行：首先，必须含有风险发出者和风险接受者；其次，风险传递是风险不断前行的过程，其前行必须具备风险助推剂；最后，风险必须依附于一定的载体才能向前运动。因此，风险传递过程中必须包含四个基本元素：风险发出者、风险接受者、风险助推剂和风险传递载体（图 6-16）。

1）风险发出者：风险发出者与风险源不同，风险源是风险的最初发出者，而风险发出者有可能是风险源，也可能是从其他地方接受风险然后再传递出去。

2）风险助推剂：是推动风险传递的运行力量。

3）风险传递载体：风险必须依附于一定的载体才能够传递，风险传递载体

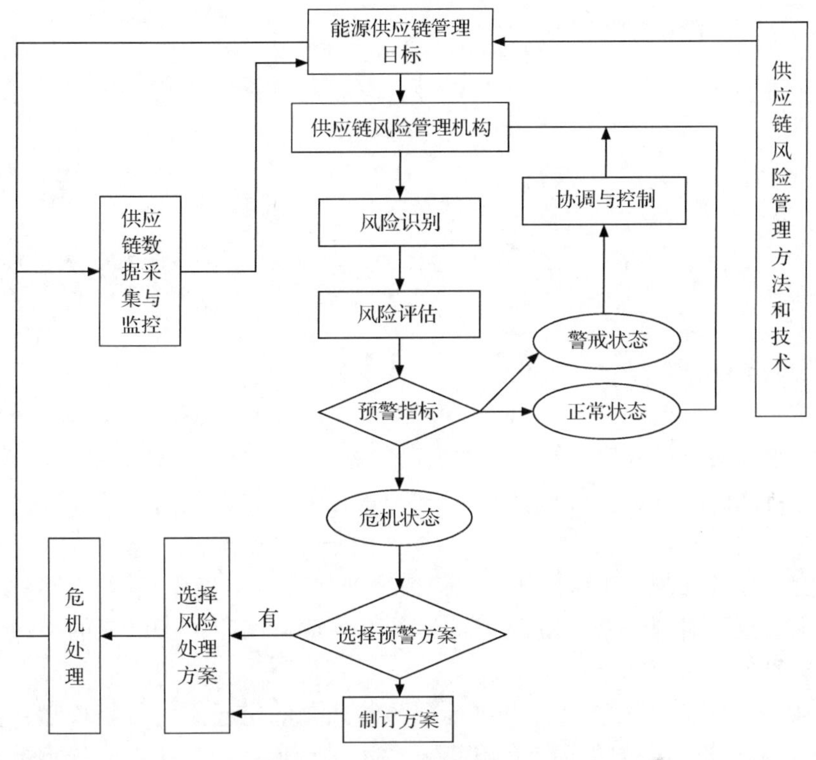

图 6-16　能源供应链研究思路图

主要体现为资金、信息、价格等。

4）风险接受者：风险对于供应链的影响必须通过风险接受者才能够体现出来，风险接受者明确了风险的最终去向。

能源供应链的风险传递是一个极其复杂的过程，风险在传递过程中会在风险发出者和风险接受者之间相互传递，造成了风险传递具有双向性。同时，当同一节点处在同一时段具有两种或者两种以上风险时，由于风险的相互影响，可能形成叠加效果，甚至放大效果。风险的这种复杂性大大加大了风险传递的研究难度。

能源系统存在着以需求为驱动力形成的能源供应链，物质流、资金流和信息流沿着能源供应链进行流动。因此，通过能源链式预警可以寻找到能源系统“牵一发而动全身”的因素，并能追踪该因素对整体能源系统的影响，采用风险评估方法，研究能源供给链中风险的传递、积累和耦合效应将为能源预警的相关研究提供新的视角和崭新的思路，为进一步探究能源安全相关的议题提供了可能。

第 7 章
结论与展望

7.1 可能的创新点

能源预警研究是我国能源研究的前沿领域。本项目在对现有的能源-环境-经济模型进行调研的基础上，将自上而下的 CGE 模型与自下而上的 TIME 模型连接，构建中国能源预警模型。同时，结合中国能源预警指标体系，实现对我国中长期能源需求预测、预警的研究。该模型的建立对于指导我国能源系统管理、保证能源安全和实现经济的健康运行具有重要意义。相较于已有的能源预警研究，本研究含有如下优点：

1）研究和构建了适合于中长期能源预测预警的定量系统分析模型：①将自上而下的 CGE 模型和自下而上的 TIME 模型进行连接，基于混合模型的建模思路构建了中国能源预警模型。因此，本项目构建的中国能源预警模型融合了自底向上的部门分析与自顶向下的宏观经济分析，能够全面反映能源系统和经济系统的相互作用。②进一步细化了部门划分，将原有部门扩展至 40 个部门，从而提高了模型的应用领域和综合能力。

2）通过大量的文献调研，完成了本项目研究成果和国内外研究成果的横向比较研究，并且用国内外研究成果对本项目模型的参数进行校准。

3）从预警机制、应急响应机制、预警主体的反应层次、预警储备管理模式和预警资金筹措模式方面研究我国预警施行机制，为预警结果的施用提供可能的操作性平台。

7.2 结论汇总

（1）国内外能源预测预警系统研究综述

本章节讨论了本项目的研究背景、主要研究内容与目标，并从国内外能源预警研究进展、能源-经济-环境模型研究进展和能源预警指标体系研究进展三个方面进行了文献调研，可以看出，当前的能源安全预测预警模型仍存在如下问题：

1）从国内外能源预警研究进展综述来看，问题主要集中于：①能源综合预测预警模型多停留于理论框架方面，预警模型框架的完整性和实用性尚待完善，距离真正的监测及定期发布预警信息的预测预报系统还相距甚远；②只是利用历史数据进行回溯型安全评价的体系已较完整，而与能源综合预测模型相结合的预警式预报系统尚待突破，预警系统与预测系统的对接需要进一步的研究。

2）从国内外能源-经济-环境模型研究综述来看，目前主要的能源-经济-环境模型迅速发展，但是还存在着不少难关需要攻克。例如，目前混合模型的构建还不成熟，自下而上的技术性思路和自上而下的经济性思路如何在建模过程中协调起来是很大的难题。

3）从国内外能源预警指标体系研究综述来看，从能源安全的影响因素出发建立的能源预警指标体系对能源安全内涵的诠释不同，因此归纳出的能源安全的影响因素也各有差异，使得最后构建的指标体系也不尽相同；引入“压力-状态-响应”（pressure-state-response，PSR）模型框架构建能源安全指标体系，由于指标间具有因果关系，所以该方法可以反映能源安全指标间的相互联系。

针对现有的问题，提出了本项目主要研究内容和研究思路，包括：对国内外能源预测预警系统发展现状进行总结，在此基础上归纳出中国能源预测预警系统的特点、优势和存在问题；在对已有研究进行详细调研的基础上，选择并设计能源预测预警模型，预测方面建立混合型能源中长期预测模型，并实现能源模型与一般均衡模型接口的连接；预警模型结合专家意见，进一步识别能源系统的主要影响因素，建立嵌套型链式能源预警指标体系，设定各指标权重和能源预警标准；结合模型预测结果和预警指标体系进行多情景分析，从而更好地指导能源系统相关政策的制定和实施。

（2）中国能源预测预警混合模型的建立

本章节初步建立中国能源预测预警混合模型，将 CGE 模型与 TIME 模型相结合，融合两种模型的优点，自下而上模型涵盖中国 40 个子部门，包括原油、天然气、煤炭、焦炭、风能、核能、太阳能、汽油、柴油、煤油、燃料油、液化石油气、热力、电力、生物能、水能在内的 16 种能载体，2 项加工工艺和 17 项转化工艺；自上而下模型涵盖生产模块、价格模块、国际贸易模块、投资模块、市场均衡模块和能源环境模块，将收入与需求模块与上述终端能源需求的计算结果进行接合，并对模型进行准递推动态模拟，以实现中长期预测的需求。

模型结合部分包括：①能源服务需求变量。分为农业、工业、交通、商业、居民五大部门，每个部门都包含多种能源服务需求，有的以活动水平、终端用能、有用能，TIME模型中由对应的参数把活动水平、终端用能都转换为有用能。②能源效率变量。需要通过 TIME 模型获得减排引起的能源系统效率的变化，然后输入 CGE 模型。

利用 CGE 模型以 2005 年为模型基准年，2010 年为模型校核年。在模型时间跨度内，分为 8 个周期，每个周期固定为 5 年，2050 年为模型终止年。主要通过 2015～2050 年 7 个水平年的模拟结果来反映未来经济及能源需求的增长路径。

(3) 模型参数估计与情景设计

本章节通过历史数据归纳和国内外研究比较，对能源预测预警模型进行了参数估计和情景设计，其中，建立了各部门能源服务需求的计算方法，包括钢铁、水泥、合成氨、铝产量，机制纸及纸板产量和其他工业能源服务需求，交通能源服务需求，农业、商业、居民能源服务需求等。

在模型参数校准过程中，本章节重点归纳与比较了当前国内外研究结果，以此校准模型中所用基本参数，校准基本结果如下：

1）中国 GDP 增长的预测研究结果相差较大，本研究采取了两种经济增长方案——低经济方案和高经济方案。

2）三大产业结构预测研究重点参照姜克隽和胡秀莲（2008）的研究结果。

3）人口和城市化率预测参照《21 世纪中国人口发展战略研究》以及姜克隽和胡秀莲（2008）的研究结果。

这样，情景分析设计成一个参考情景及一个政策情景，并结合不同经济增长速度预测情况，在此设定四种情景：低经济参考情景、低经济政策情景、高经济参考情景、高经济政策情景。

(4) 能源预警方法及体系构建

本章节将中国能源预警系统划分为资源安全、生产安全、使用安全、运输安全、消费安全五大部分，并分别根据煤炭、石油、天然气和电力四个要素子系统进行指标筛选，基于能源的生产供应过程，遵循“科学性、重要性、系统性、可比性、动态性和简洁性”原则构建了中国能源预警指标体系框架。

根据国内外相关文献及国内国际当前指标发展趋势，确定了各个指标的预警界限值。

采用未确定测度的方法，确定能源的安全等级，建立了能源预警步骤框架。

步骤一：确定能源预警评价因子。按照能源预警所涉及的 5 个要素：资源安全、生产安全、使用安全、运输安全、消费安全。

步骤二：确定能源预警评价等级标准。本项目在能源预警评价中，划分了五个评价等级：极危险、危险、警戒、较安全、安全。

步骤三：建立分类标准矩阵。

步骤四：构造单指标未确知测度。

步骤五：确定指标的方法总体上分为客观赋权法和主观赋权法两大类，本研究使用主客观赋权相结合的方法。

步骤六：计算多指标综合未确定测度。

步骤七：样本等级的识别。

(5) 能源预测预警结果及中国能源安全预警运行机制研究

本章节分为两个部分，分别是能源中长期预测结果（2015～2050）和能源预警预报，预测结果分别表示为四个情景，包括低经济参考情景、低经济政策情景、高经济参考情景和高经济政策情景。预警结果仅选用低经济参考情景的结果来进行计算，难以用模型模拟出的数据我们用 1999～2010 年的数据回归得到。

对于中国能源中长期预测，我们可以得出以下初步的研究结论。

1）参考情景和政策情景下 2050 年我国能源需求将分别达到 60.5 亿 tce（低经济参考情景）、56.8 亿 tce（低经济政策情景）和 84.7 亿 tce（高经济参考情景）、78.0 亿 tce（高经济政策情景）亿 tce。

2）煤炭在终端能源消费中的比重将不断下降，2050 年下降到 27%，而油、气、热的消费比重将有所增长，特别是各部门内部对清洁能源的需求逐渐增强，气、电的消费比重将有较大增长。

3）与终端能源需求和一次能源消费相比，电力消费在 2010～2020 年增速略低，因为这一阶段由于工业化进程的深入和加速，主要还是对煤炭等化石能源的需求；而 2020～2050 年，电力消费的增速比终端能源需求和一次能源消费高很多。

4）未来我国 CO_2 排放增速将逐渐趋缓。2035 年之后，由于电力消费结构持续优化，其排放和占比将逐渐降低，而交通运输部门的持续快速发展将导致其 CO_2 排放量持续增加，所占比重也将逐步提升，并在 2050 年取代电力部门成为第一大排放部门。

5）为了验证和比较本研究的结果与现有国内外研究成果的不同，本研究将现有成果的预测结果列于此作为参考，为下一步模型的进一步修正做参考。

对于中国能源预测结果进行预警，我们得出以下初步的研究结论。

1）资源安全子系统在2010～2050年整体的安全程度在下降，其中煤炭采储比和石油进口依存度一直处于“危险”范围内，到2050年达到“极危险”。天然气进口依存度的安全程度也下降很快，到2050年达到“极危险”的程度，而煤炭进口依存度一直处于“安全”和“较安全”的范围内。

2）生产安全子系统在2010～2050年整体的安全程度在上升，其中百万吨产煤死亡率到2050年达到“较安全”程度。CO_2排放量增长率持续下降，2050年健康程度也将达到安全。

3）对于供给安全系统，由于政府对于能源价格的调控，能源价格波动率都处于较低的水平，但是如果在开放型自由市场的模拟前提下，后期能源价格波动率都会提升，拉低了其安全水平，而能源行业平均利润值都会逐步逼近国际能源行业平均利润值，所以会有先升后降的趋势。而当前规划中较看重的煤炭库存率和石油储备天数，我们考虑其会上升到国际平均储备天数后达到稳定。能源供给子系统整体的安全程度在2010～2050年逐步下降。

4）对于消费安全系统，当前中国由于不完全市场化的供给，其安全程度较高，若用一般均衡市场化模型计算后，能源供需比产生波动，会影响其安全程度；但能源消费弹性系数的下降使得能源安全程度有所提升；而由于逐步摆脱煤的依赖，对石油、天然气、电力的消费增多，其安全程度有所下降。

7.3 研究展望

《国家能源科技“十二五”规划》指出，“十二五”期间国家将积极优化能源结构，合理控制能源总量，坚持以科技为支撑加快向资源节约型和环境友好型社会的经济发展方式转变。同时，温家宝在主持讨论《节能减排“十二五”规划》时也强调，“十二五”期间要调整优化产业结构，提高能效水平，强化电力、钢铁行业的污染物防治。确保到2015年中国实现单位国内生产总值能耗比2010年下降16%，化学需氧量、SO_2排放总量减少8%，氨氮、氮氧化物排放总量减少10%的约束性目标。在国家的这种规划背景下，同时考虑到能源预测预警作为一项十分复杂的工作在我国的研究尚处于起步阶段的研究现状，未来中国能源预测预警系统的研究工作应主要针对如下几个方面展开。

1）在全球气候变化的背景下，中国“十二五”中不仅提出了单位GDP能耗相比2010年减少16%的目标，同时设置了SO_2、氨氮化物等的减排目标。因此，未来在中国能源预测预警模型的环境模块中应进一步细化环境模块中对环境问题的考虑，在能源安全的定义中也应该更加强调环境维度。

2）对未来我国能源需求进行预测时，要考虑国家“十二五”能源规划中优化电力布局，合理控制火电建设规模，大力促进水电、风电和太阳能光伏发电等可再生能源产业的发展的目标。同时由于我国能源需求的定量预测模型精确性和可靠性较差，因此应提高能源需求预测的精确性和可靠性，另外保证预警结论的准确性也是有待深入研究的方向。

3）规划能源系统是一个非常复杂的过程，存在诸多不确定，因此如何选取准确反映能源安全的指标体系相对较难。同时结合预警指标确定合理的警限范围，从而客观反映预警对象的实际状态，也是目前能源预警研究中的一个难点。由于时间、人力和物力的限制，本项目建立的指标体系和设定的警限阈值仍具有一定的局限性。因此，预警指标选取和警限设置方面的工作仍然有待深入研究。

由于能源系统的复杂性，上文中提出的基于供应链和风险理论展开中国能源预警的研究将有助于从整体把握中国的能源的安全，同时为能源预警的研究提供新思路。但是如何度量供应链的风险、如何研究风险在能源供应链上的传递、积累与扩散将成为这种思路下一步研究的重点。

附　　录

附录一　专家咨询表

中国能源预警评价指标体系调查问卷

尊敬的专家：

您好，我们正在进行一项中国能源预警系统指标体系建立的研究课题，需要您的指导和帮助。本问卷的目的是为了调查当前应用较为广泛的能源预警指标所应采用的权重比例。您在能源安全领域的渊博知识和丰富经验，将对我们的研究提供宝贵的指导性意见。您的填答没有对错之分，我们也一定会为您的填答保密。

专家背景：

1. 您主要从事能源经济哪些领域的工作：______________________________

2. 您从事能源经济研究或工作的时间：__________

　A. 1～3 年　　B. 3～5 年　　C. 5～10 年　　D. 10 年以上

3. 您工作于：__________

　A. 公司/企业　B. 研究机构　C. 政府部门　D. 其他，请写出____________

填答说明：

本研究采用层次分析法确定评价指标的权重，中国能源预警系统评价体系中设置煤炭、石油、天然气和电力四个子系统，从能源生产供应流程涉及的资源因素、生产因素、供给因素、运输因素和消费因素选取相应的评价指标。请您将各层次因素进行两两比较，按照相对重要性打分，分值的标度见下表：

打分值	含义
1	表示因素 i 与因素 j 相比，具有同样的重要性
3	表示因素 i 与因素 j 相比，因素 i 比因素 j 稍微重要
5	表示因素 i 与因素 j 相比，因素 i 比因素 j 明显重要
7	表示因素 i 与因素 j 相比，因素 i 比因素 j 非常重要
9	表示因素 i 与因素 j 相比，因素 i 比因素 j 极其重要
2，4，6，8	分别表示相邻判断 1～3，3～5，5～7，7～9 的中值

表一：对中国能源生产流程中涉及的五大因素打分（只在空白格处打分即可）

	资源因素	生产因素	供给因素	运输因素	消费因素
资源因素					
生产因素					
供给因素					
运输因素					
消费因素					

表二：对资源因素的三个子系统打分（只在空白格处打分即可）

	煤炭子系统	石油子系统	天然气子系统
煤炭子系统			
石油子系统			
天然气子系统			

表三：对生产因素的三个子系统打分（只在空白格处打分即可）

	煤炭子系统	石油子系统	天然气子系统
煤炭子系统			
石油子系统			
天然气子系统			

表四：对供给因素的四个子系统打分（只在空白格处打分即可）

	煤炭子系统	石油子系统	天然气子系统	电力子系统
煤炭子系统				
石油子系统				
天然气子系统				
电力子系统				

表五：对运输因素的四个子系统打分（只在空白格处打分即可）

	煤炭子系统	石油子系统	天然气子系统	电力子系统
煤炭子系统				
石油子系统				
天然气子系统				
电力子系统				

表六：对消费因素的四个子系统打分（只在空白格处打分即可）

	煤炭子系统	石油子系统	天然气子系统	电力子系统
煤炭子系统				
石油子系统				
天然气子系统				
电力子系统				

表七：对资源因素中煤炭子系统的三个指标打分（只在空白格处打分即可）

	煤炭储采比	煤炭资源等级	煤炭进口依存度
煤炭储采比			
煤炭资源等级			
煤炭进口依存度			

表八：对资源因素中石油子系统的五个指标进行打分（只在空白格处打分即可）

	石油储采比	石油资源等级	石油进口依存度	石油进口运输集中度	石油运输通道可靠性
石油储采比					
石油资源等级					
石油进口依存度					
石油进口运输集中度					
石油运输通道可靠性					

表九：对资源因素中天然气子系统的三个指标打分（只在空白格处打分即可）

	天然气储采比	天然气资源等级	天然气进口依存度
天然气储采比			
天然气资源等级			
天然气进口依存度			

表十：对生产因素煤炭子系统的两个指标打分（只在空白格处打分即可）

	百万吨产煤死亡率	煤炭开采环境影响因子
百万吨产煤死亡率		
煤炭开采环境影响因子		

表十一：对供给因素中煤炭子系统的四个指标打分（只在空白格处打分即可）

	煤炭行业投入产出比	煤炭行业平均利润率	煤炭库存率	煤炭价格波动率
煤炭行业投入产出比				
煤炭行业平均利润率				
煤炭库存率				
煤炭价格波动率				

表十二：对供给因素中石油子系统的四个指标打分（只在空白格处打分即可）

	石油行业投入产出比	石油行业平均利润率	石油战略储备天数	石油价格波动率
石油行业投入产出比				
石油行业平均利润率				
石油战略储备天数				
石油价格波动率				

表十三：对供给因素中天然气子系统的三个指标打分（只在空白格处打分即可）

	天然气行业投入产出比	天然气行业平均利润率	天然气价格波动率
天然气行业投入产出比			
天然气行业平均利润率			
天然气价格波动率			

表十四：对供给因素中电力子系统的三个指标打分（只在空白格处打分即可）

	电力行业投入产出比	电力行业平均利润率	装机容量
电力行业投入产出比			
电力行业平均利润率			
装机容量			

表十五：对消费因素中煤炭子系统的三个指标打分（只在空白格处打分即可）

	煤炭消费增长率	煤炭消费弹性系数	煤炭供需比
煤炭消费增长率			
煤炭消费弹性系数			
煤炭供需比			

表十六：对消费因素中石油子系统的三个指标打分（只在空白格处打分即可）

	石油消费增长率	石油消费弹性系数	石油供需比
石油消费增长率			
石油消费弹性系数			
石油供需比			

表十七：对消费因素中天然气子系统的三个指标打分（只在空白格处打分即可）

	天然气消费增长率	天然气消费弹性系数	天然气供需比
天然气消费增长率			
天然气消费弹性系数			
天然气供需比			

表十八：对消费因素中电力子系统的三个指标打分（只在空白格处打分即可）

	电力消费增长率	居民用电增长率	电力供需比
电力消费增长率			
居民用电增长率			
电力供需比			

附录二　文献中的能源安全评价体系

1）von Hippel 等（2011）将能源安全的内涵归纳为能源供给、经济、技术、环境、社会文化和军事六个维度，在每个维度上分别选取能源安全的测度指标，构建了针对东北亚地区的能源安全概念评估框架。同时该评估框架列出了各指标变化对应的能源安全演变趋势（附表 2-1）。

附表 2-1　能源安全评估的概念框架

能源安全的维度	测度指标	指标解释
能源供给	一次能源总消费量	值越大对其他指标影响越大
	一次能源进口的比重	值越小越安全
	多样性指标（能源类型，一次能源）	根据 Neff（1997）的指数方程，值越小表明多样性越高，能源系统越安全
	多样性指数（供应源，主要能源类型）	值越小越安全
	能源储备量（主要能源类型）	值越大表明应对能源供给中断的恢复力越强
经济	能源系统总支出	值越小越安全
	总的能源成本	值越小越安全
	能源进口的支出	值越小越安全
	能源价格增长的经济影响	值越小越安全
技术	重点行业能源技术类型的多样性指数（如发电）	值越小越安全
	研发投资的多样性	越高越安全（定性）
	对现有技术的依赖度	越高越安全（定性）
	技术可变性	越高越安全（定性）
环境	温室气体排放（CO_2，CH_4）	值越小越安全
	酸性气体排放（SO_x，NO_x）	值越小越安全
	局部空气污染（可吸入颗粒物，烃类等）	值越小越安全
	其他的空气和水体污染（如海洋油溢）	值越小越安全
	固体废弃物（底灰、粉尘灰等）	值越小越安全
	核废料	值越小越安全
	生态系统和美学影响	越低越好（定性）
	环境风险	越低越安全（定性）
社会文化	能源系统的社会文化冲突风险	越低越安全（定性）
军事	军事风险	越低越安全（定性）
	能源安全部署的相对投入水平	值越小越安全

2）Vivoda（2010）在 von Hippel 等（2011）构建的能源安全评估框架基础上，进一步将人类安全、国际合作、公共关系和政策纳入能源安全的考虑范畴，针对亚太各国构建了一个包括 12 个维度、46 个指标的能源安全评估体系。该指

标体系将之前研究中被忽略的能源安全政策维度纳入评价范畴，是对之前构建的能源安全指标体系的有益补充（附表 2-2）。

附表 2-2　能源安全评估工具

能源安全涉及的维度	测度指标	指标解释（能源系统更安全）
能源供给*	一次能源进口的比重*	越低
	多样性（能源类型）*	越高
	多样性（进口来源）*	越高
	多样性（运输路线）	越高
	电力生产多样性（发电的能源类型）	越高
	输配电网的质量	越高
	能源储备量（如战略石油储备）*	越高
	能源精炼能力	越高
	依赖市场机制保证能源进口的程度	市场
需求管理	能源政策（节能或能源替代）减少能源需求的程度	是
	需求侧风险	越低
效率	能源效率	越低
	能耗增长与经济增长的比值	越低
经济	总的能源支出/GDP*	越低
	进口能源支出/GDP 或出口能源收益/GDP	低或高
	与能源相关的经济或财政风险	越低
环境*	化石能源依赖度	越低
	温室气体排放（CO_2、CH_4）/GDP*	越低
	酸性气体排放（SO_x，NO_x）/GDP*	越低
	其他污染物（大气、水和固体污染物）*	越低
	核废料*	越低
	与能源相关的环境风险（如海平面上升、气候变化、极端气候事件等）*	越低
人类安全	享有基本能源服务（如电力）的人口比例	越高
军事*	能源相关的基础设施面临的军事风险（如恐怖袭击，资源战争，海盗，核武器等）*	越低

续表

能源安全涉及的维度	测度指标	指标解释（能源系统更安全）
国内社会文化/政治*	能源系统的社会文化风险（如能源部门的劳动力罢工）*	越低
	能源相关的政治风险	越低
公共关系**	公众对于能源安全信息的可获得性**	越高
	能源安全决策的公众参与**	越高
技术**	重点能源行业（电力）技术类型的多样性	越高
	总的能源相关的研发支出/GDP	越高
	能源研发投入的多样性*	越高
	能源技术风险	越低
国际关系	能源相关议题的国际或区域合作（诸如在能源储备、《京都议定书》和类似的国际能源协议方面的国际能源议题合作）	越高
政策	现存能源安全政策	是
	能源安全政策的透明度	越高
	定期的政策评论	是
	解决能源供给议题的政策	是
	解决能源需求议题的政策	是
	解决能源效率议题的政策	是
	解决能源经济型议题的政策	是
	解决环境议题的政策	是
	解决人类安全议题的政策	是
	解决军事安全议题的政策	是
	解决社会文化和政治议题的政策	是
	解决技术议题的政策	是
	解决国际合作议题的政策	是

*标注的指标来源于 von Hippel 等（2009）；**标注的指标来源于 Sovacool（2011）。

3）Sovacool（2011）认为，Vivoda（2010）构建的能源安全评价指标体系未考虑亚洲的实际情况，同时能源安全涵盖的维度尚不全面。因此，Sovacool（2011）在专家咨询的基础上，针对亚洲各国的状况，构建了一个包含 20 个维度、200 个指标的能源安全评价指标体系（附表 2-3）。

附表 2-3　亚洲能源安全评价指标

维度	指标
可利用性	能源总储量
	人均资源拥有量
	人均煤炭拥有量
	人均石油拥有量
	人均铀拥有量
	人均天然气拥有量
	石油总储量
	铀矿总储量
	天然气总储量
	煤炭总储量
	能源资源禀赋（包括进口）
	自给率（国内能源生产满足需求的比例）
依赖度	进口依赖度
	能源进口和出口占总消费的比例
	进口总额变化
	进口地区
	与主要能源供应国的历史关系
	财富转移/净借贷额/收支平衡
	中东能源进口比例
	区域进口比例
	主要出口地区的不稳定性
	净电力进口
多样性	供应源多样性
	发电燃料的多样性
	运输部门燃料的多样性
	供暖与制冷能源的多样性
	能源设施的空间分布
	能源公司所有权的多样性
	混合燃料汽车的数量
	可选用多种燃料发电的电厂数量
分散化	新建能源基础设施所需时间
	分布式发电满足的能源需求（%）
	热电联共满足的能源需求（%）
	住宅安装太阳能光伏系统的数量
	燃料电池的装机容量
	燃气涡轮发电机的装机容量
创新	能源研发总支出
	专利数量
	公共能源研发强度（政府对于能源研发投入占总支出的比例）
	私人能源研发强度（私人对于能源研发投入占总支出的比例）
	可再生能源研究预算
	能源研发总支出（公共+私人）占 GDP 比例
	研发投入的一致性［年际能源研发投入变化率（%）］
投资	输电设备投资（十亿美元/年）
	能源基础设施的净资本投资
	搁置成本
	直接就业量
	间接就业量
	联动就业量
	专家数量（电气工程师或采矿工程师数量）
	资本存量的年限
	电厂平均年龄
	计划装机容量
	计划的新能源项目，包括已审批项目的建设状况
	能源部门失业率
	能源的平均投资回报率

续表

维度	指标	维度	指标
可得性	能源总消费量	恢复力	装机电量的利润率
	传统能源依赖度		储备量的利润率
	电网连接度		基本负荷与峰值负荷的比值
	电气化普及程度		发电配置（夏季）/（冬季）
	漏电的收益损失		石油应急储备量
	家庭平均电器数量		石油应急储备量进口比例
	机动车驾驶证		煤炭应急储备量
	能源用量后 20%人口的收入分布		煤炭应急储备量进口比例
	家庭平均能源支出		天然气应急储备量
	家庭年度电力消费（kW·h）		天然气应急储备量进口比例
	交通用能需求模式		专业维修人员数量
	人均私家车行驶公里		配件的可得性
可靠性	电网频率		电容量充裕性
	电网的电压控制		能源系统充裕性
	能源基础设施破坏和袭击事件数量	土地利用	能源设施总的环境足迹
	自然灾害的数量		农业和渔业能源使用损失量
	煤矿事故每年致死人数		能源使用污染对生境的影响
	尘肺病数量		能源相关的工业和城市生产的固体废弃物
	每年能源事故		与能源相关的有害废气物
	停电或能源供给中断的频率		与能源相关的放射性废弃物
	停电或能源供给中断持续的时间		能源利用与开采导致的森林采伐
	停电或供给中断造成的年度经济收益损失	水	与能源利用相关的水体汞排放
	每年每户电力供应中断次数		每年由气候变化引起的干旱灾害数量
知识水平	用户对能源议题的认知		水体的热排放
	年度的外部性成本		每千瓦时用水量
	每年车祸的成本		每千瓦时水耗
	采用净电计量法的用户		每千瓦时用水量
	享有实时定价的消费者数量	贸易	海运的海盗破坏活动
	高品质能源信息的可得性		跨国油气管道的数量

续表

维度	指标	维度	指标
贸易	液化天然气运输港口数量	可负担性	工业用电价格
	进口能源中铁路运输量		军民用电价格
	出口地区		汽油零售价
	协同生产协议		单位 GDP 居民用电的平均价格
	超大油轮数量		单位工业 GDP 的工业用电额
	贸易/关税/地方贸易保护主义的限制		独立电力供应商提供装机容量占的百分比
	能源相关的自由贸易协定签署的数量		竞争力（最大三家能源公司的市场份额）
	跨国电网互连数量		能源进口费用引发的通胀
	电力交易数量（kW·h）		能源消费中通过自由贸易实现的成交份额
	电网互联总容量	政府	政府腐败指数的透明度
	紧急状况下能源共享数量		政府对能源收入的依赖度（%）
	能源政策和投资决策的协作状况		采用一个新业务获取电力的时限
生产	储采比		审查国家能源文件的频率
	提炼能力（占能源生产的比例）		现存的应对气候变化目标
	提炼能力（年提炼数量）		国家脆弱性指数评级
	总能源生产		全球政府治理指数排名（世界银行）
	人均一次能源需求量		满意度（对政策和规划满意的人口比例）
	单位 GDP 一次能源需求量		能源相关的抗议的数量
	煤矿数量或煤炭生产能力	污染	NO_x 排放量
	勘探钻油井数量		N_2O 排放量
	年能源生产或发电增长量		SO_2 排放量
价格稳定性	历史燃料价格波动		有机挥发物排放量
	价格历史上涨情况		苯排放量
	能源价格未来增长的风险		可吸入颗粒物排放量
	能源长期利用协议签署情况		铅排放
	能源价格波动引发的宏观经济影响		油溢
	平均价格最高的十种能源与平均价格最低的十种能源用量比		镉排放
			炭黑排放
可负担性	能源津贴占 GDP 比例		汞排放量
	某些能源的价格涨幅		CO 排放量

续表

维度	指标	维度	指标
污染	配备防尘设备的电厂数量	效率	新款车型燃料的经济性
	户用改进炉灶的安装数量		客运汽车燃料的经济性
	造林地年度收益		家庭标准评估程序评级
效率	能源投资回报率	温室气体排放	CO_2 总排放
	经济的能源强度		人均 CO_2 排放
	建筑终端用能效率		CH_4 排放
	LEED 认证的建筑数量		总温室气体排放
	货运的能源效率		运输部门碳排放强度（每行驶 1km 的碳排放量）
	客运的能源效率		
	户用能源效率		电力的碳强度（每千瓦时的碳排放量）
	燃料电厂热效率		每单位工业产出的碳强度
	输配电损失		每平方尺碳强度（建筑）
	空间加热效率		燃料燃烧的 CO_2 排放量
	过程效率		电力部门的 CO_2 排放量

4）国际能源署（International Energy Agency，2011）提出，能源安全的测度包括能源系统面临的风险和能源系统的恢复力两个方面。因此其从风险和恢复力两个角度出发，分原油、石油制品、天然气、煤炭、水电和核电六个能源子系统，选取了 29 项指标构建能源安全的评估框架。该评估框架主要适用于国际能源署各成员国进行短期能源安全的评估（附表 2-4）。

附表 2-4　短期能源安全评估指标

能源种类	维度		指标
原油	国外	风险	净进口依赖度
			供应国家政治稳定性的加权平均值
		恢复力	原油进口通道（港口和油气运输管道）
			供应源多样性
	国内	风险	近海原油生产的比例
			国内原油生产的波动性
		恢复力	存货水平

续表

能源种类	维度		指标
石油制品	国外	风险	净进口依赖度
		恢复力	供应源多样性
			原油进口通道数量（港口和油气运输管道）
	国内	恢复力	原油精炼厂数量
			炼油基础设施的适应性
			存货水平
天然气	国外	风险	供应商政治稳定性的加权平均值
			净进口依赖度
		恢复力	原油进口通道数量（港口和油气运输管道）
			供应源多样性
	国内	风险	近海生产天然气比例
		恢复力	天然气日输送能力
			天然气强度
煤炭	国外	风险	净进口依赖度
		恢复力	原油进口通道数量（港口和油气运输管道）
			供应源多样性
	国内	风险	地下煤矿比例
水电	国内	风险/恢复力	水电生产的年际波动
核能	国内	风险	非计划停运率
			核电厂平均运转年限
		恢复力	核反应堆的多样性
			核电厂数量

5）荷兰能源安全研究中心（Energy Research Centre of the Netherlands，ECN）受MNP委托，从供需角度出发构建了针对欧洲各国的能源安全评价指数。该评价指数侧重于中长期能源安全研究，主要包括能源需求、能源转化与运输和一次能源供应三个方面的内容，见附表2-5。其创新之处在于综合地考虑能源系统要素影响。目前该评价模型已被广泛运用于欧洲能源供应安全的研究中，如能源安全现状分析、能源供应安全脆弱性分析、能源供应安全对温室气体排放影响等。

附表 2-5　供需指数的模型结构

<table>
<tr><td rowspan="25">供需指数</td><td rowspan="4">需求（0.3）</td><td>工业</td><td>—</td><td>—</td><td>—</td><td>—</td></tr>
<tr><td>居民</td><td>—</td><td>—</td><td>—</td><td>—</td></tr>
<tr><td>第三产业</td><td>—</td><td>—</td><td>—</td><td>—</td></tr>
<tr><td>运输部门</td><td>—</td><td>—</td><td>—</td><td>—</td></tr>
<tr><td rowspan="21">供给（0.7）</td><td rowspan="13">能源转换和运输（0.3）</td><td rowspan="6">电力（0.3）</td><td rowspan="3">电力转换（0.6）</td><td>效率（0.3）</td><td>—</td></tr>
<tr><td>充分性（0.6）</td><td>—</td></tr>
<tr><td>可靠性（0.1）</td><td>—</td></tr>
<tr><td rowspan="3">电力运输（0.4）</td><td rowspan="2">充分性（0.8）</td><td>内陆堵塞（0.2）</td></tr>
<tr><td>进口电量（0.8）</td></tr>
<tr><td>可靠性（0.2）</td><td>—</td></tr>
<tr><td rowspan="3">供暖（0.5）</td><td rowspan="2">热能转换（1）</td><td>锅炉（0）</td><td>—</td></tr>
<tr><td>热电联产（1）</td><td>—</td></tr>
<tr><td>供热运输（0）</td><td></td><td>—</td></tr>
<tr><td rowspan="4">运输燃料（0.2）</td><td rowspan="3">燃料转换（1）</td><td>效率（0.3）</td><td>—</td></tr>
<tr><td>充分性（0.7）</td><td>—</td></tr>
<tr><td>可靠性（0）</td><td>—</td></tr>
<tr><td>燃料运输（0）</td><td>—</td><td>—</td></tr>
<tr><td rowspan="8">主要能源供给（0.7）</td><td rowspan="3">石油</td><td>国内</td><td>—</td><td>—</td></tr>
<tr><td rowspan="2">进口</td><td>EU＋NO</td><td>—</td></tr>
<tr><td>Non－EU</td><td>长期能源合作协议</td></tr>
<tr><td>天然气（如石油）</td><td>—</td><td>—</td><td>—</td></tr>
<tr><td>煤炭（仅国内/进口）</td><td>—</td><td>—</td><td>—</td></tr>
<tr><td>核能（仅国内/进口）</td><td>—</td><td>—</td><td>—</td></tr>
<tr><td>RES（仅国内/进口）</td><td>—</td><td>—</td><td>—</td></tr>
<tr><td>其他（仅国内/进口）</td><td>—</td><td>—</td><td>—</td></tr>
</table>

6）联合国经济社会事务部（United Nations Department of Economic and Social Affairs，2005）从能源效率和能源管理政策的角度入手，构建了针对各国能源系统的可持续发展评价指标体系。该指标体系涉及社会、经济和环境三个维度，分 7 项、19 个子项（附表 2-6）。

附表 2-6　可持续发展能源测度指标

主题		子主题	能源测度指标		组分
经济	能源利用和生产模式	综合利用	ECO1	人均能耗	能源利用（一次能源总供给，总的终端能源消费和电力消费）
					人口总量
		综合生产力	ECO2	单位 GDP 能耗	能源利用（一次能源总供给，总的终端能源消费和电力消费）
					GDP
		能源利用效率	ECO3	能源转换和配置效率	电力生产，运输和配置过程中的电力损失
		能源生产	ECO4	能源储采比	探明的可采储量
					能源生产总量
			ECO5	资源储采比	总的资源评估量
					总能源生产
		终端使用	ECO6	工业能源强度	工业和制造业能源利用
					工业附加值
			ECO7	农业用能强度	农业部门能源利用
					农业附加值
			ECO8	服务业能源强度	服务业能源利用
					服务业附加值
			ECO9	居民用能强度	居民用能
					居民户数、楼层、人均居住面积和电器拥有量
			ECO10	运输部门能源强度	客运和货运用能
					客运和货运行驶的公里数
		多样性（能源体制）	ECO11	能源和发电燃料份额	一次能源供给、终端消费、发电量和发电燃料
					总的一次能源供给、终端能源总消费量、总的发电量和装机容量
			ECO12	能源体制中非碳能源的比例	一次能源和电力中非碳能源的数量
					一次能源总量、总的发电量和装机容量

续表

<table>
<tr><th colspan="2">主题</th><th>子主题</th><th colspan="2">能源测度指标</th><th>组分</th></tr>
<tr><td rowspan="8">经济</td><td rowspan="3">能源利用和生产模式</td><td rowspan="2">多样性（能源体制）</td><td rowspan="2">ECO13</td><td rowspan="2">能源和电力中可再生能源的比例</td><td>一次能源总量、终端消费总量、发电总量和利用可再生能源的发电量</td></tr>
<tr><td>一次能源总量、总的发电量和装机容量</td></tr>
<tr><td>价格</td><td>ECO14</td><td>各部门各种终端消费能源的价格</td><td>能源价格（包括有津贴和无津贴的情况下）</td></tr>
<tr><td rowspan="4">安全</td><td rowspan="2">能源进口</td><td rowspan="2">ECO15</td><td rowspan="2">净进口依赖度</td><td>能源进口量</td></tr>
<tr><td>一次能源总供应量</td></tr>
<tr><td rowspan="2">战略能源储备</td><td rowspan="2">ECO16</td><td rowspan="2">单位能源消费对应的能源储备量</td><td>主要能源的储备（如石油、天然气等）</td></tr>
<tr><td>主要能源的消费</td></tr>
<tr><td colspan="5"></td></tr>
<tr><td rowspan="9">社会</td><td rowspan="7">公平性</td><td rowspan="2">可得性</td><td rowspan="2">SOC1</td><td rowspan="2">未通电和享有商业能源服务的居民比例</td><td>未通电或主要依赖非商业能源的居民户数</td></tr>
<tr><td>居民总户数或人口总数</td></tr>
<tr><td rowspan="2">可负担性</td><td rowspan="2">SOC2</td><td rowspan="2">居民收入在能源和电力的支出比例</td><td>居民在能源和电力的支出</td></tr>
<tr><td>居民收入（总人口和最贫穷的 20%的人口）</td></tr>
<tr><td rowspan="3">差异性</td><td rowspan="3">SOC3</td><td rowspan="3">各收入阶层居民的能源用量和对应的能源体制</td><td>各收入阶层的每户用能量</td></tr>
<tr><td>各阶层的居民收入</td></tr>
<tr><td>各收入阶层的能源体制</td></tr>
<tr><td rowspan="2">健康</td><td rowspan="2">安全性</td><td rowspan="2">SOC4</td><td rowspan="2">各能源生产链的事故</td><td>能源生产链的事故数量</td></tr>
<tr><td>年度能源产量</td></tr>
<tr><td rowspan="5">环境</td><td rowspan="4">大气</td><td rowspan="2">气候变化</td><td rowspan="2">ENV1</td><td rowspan="2">单位 GDP 和人均的温室气体排放量</td><td>能源生产和利用的温室气体排放量</td></tr>
<tr><td>人口和 GDP</td></tr>
<tr><td rowspan="2">空气质量</td><td>ENV2</td><td>城市周围大气污染物浓度</td><td>大气污染物浓度</td></tr>
<tr><td>ENV3</td><td>能源系统大气污染物排放</td><td>大气污染物排放</td></tr>
<tr><td>水</td><td>水质</td><td>ENV4</td><td>能源系统污水排放中污染物浓度</td><td>污水中污染物浓度</td></tr>
</table>

续表

主题		子主题	能源测度指标		组分
环境	土地	土壤质量	ENV5	酸化土壤的面积	影响的土壤面积
					土壤酸化的临界值
		林地	ENV6	能源利用导致的森林采伐量	两个时期的森林面积
					生物量利用
		固体废物的产量与管理	ENV7	单位能源生产导致的固体废物排放量	固体废物量
					能源产量
			ENV8	处置的固体废物量与总的固体废物量的比值	处置的固体废弃物数量
					总的固体废弃物数量
			ENV9	单位能源生产导致的放射性废物产量	放射性废物的产量（特定时间的累积量）
					能源产量
			ENV10	处理的放射性废物产量与总的放射性废物产量的比值	处理的放射性废物的产量
					总的放射性废物产量

7）迟春洁和黎永亮（2004）对影响能源安全的因素进行分析，归纳出影响能源安全的六方面要素。在此基础上，运用 PSR 模型分析能源安全机理，提出用压力指标、状态指标和响应指标描述和解释影响能源安全的六个方面因素，并选择了 35 项指标，初步建立了我国能源安全测度指标体系的基本框架（附表 2-7）。

附表 2-7　能源安全测度指标体系汇总

能源因素	能源对外依存度	能源保障度	能源储备率
	能源价格波动系数	能源进口份额	能源进口集中度
政治因素	能源地缘政治格局变动	对外关系稳定度	能源合作与交流程度
	国际冲突政局变化	内部稳定度	能源外交
经济因素	世界及国内市场景气评价指数	短期能源进口能力指数	外汇储备能力
	国际收支变动指数	长期能源进口能力指数	扶持政策变动评价指数
运输因素	能源运输市场份额变动率	运输距离	能源管线控制能力
	运输线的安全度	能源运输路线变动	能源运输承载能力

续表

军事因素	突发性军事事件	对主要能源产地控制能力	外交手段
		对重要运输通道控制能力	危机控制体制
可持续发展因素	碳强度指标	环境承载能力	能源利用效率指标
	能源强度指标	环境污染程度	技术进步率

8）刘强等（2007）以实现稳定、可靠、安全、清洁、经济的能源供应为目的，遵循“全面性”“关键性”“代表性”“反馈性”“科学性”“动态性”和“定性与定量相结合”的原则，在分析我国能源系统特点的基础上，分 4 个子系统、5 个构成要素、46 个评价指标构建了我国能源安全预警评价指标体系（附表 2-8）。

附表 2-8　中国能源安全预警指标框架体系

构成要素	煤炭子系统	石油天然气子系统	电力子系统	能源综合评价子系统
供需状态要素	煤炭储采比	石油储采比	电力供需比	能源供需比
	煤炭供需比	石油供需比	电力消费增长率	能源消费增长率
	煤炭库存量	天然气供需比	电力区域供需平衡度	—
	煤炭区域供需平衡度	石油储备天数	人均生活用电增长率	—
	煤炭资源等级	进口油气依赖度	—	—
	—	国际油气资源供应安全度	—	—
	—	油气区域供需平衡度	—	—
	—	油气资源等级	—	—
运输通道要素	煤炭运输能力满足率	油气进口运输通道安全度	电网输送能力	重大输能工程安全度
突变影响要素	煤炭突变影响因子	油气突变影响因子	负荷变化因子	能源突变影响因子
	—	—	电力突变影响因子	—
经济安全要素	煤炭价格波动率	国际油价影响因子	电力行业平均利润率	能源消费弹性系数
	煤炭行业平均利润率	油气行业平均利润率	电力企业投入产出比	技术综合节能率
	煤炭行业投入产出比	油气行业投入产出比	—	可再生能源增长率
生态环境要素	煤矿安全生产评价	油气田生态环境状况评价	电力行业 SO_2 减排率	SO_2 减排率
	煤矿生态状况评价	—	—	CO_2 排放增长率
	煤矿环境影响评价	—	—	—

9）吴初国等（2011）认为，能源安全既是一种状态，也是一种风险防范能力。描述这种能力，可分为国内资源保障能力、国内生产供应能力、国际市场获取能力、国家调控和应急能力、环境安全控制能力五个方面。其设计了三个层次、共选取了10个指标构成了能源安全评价指标体系，并用Delphi法对指标赋予权重（附表2-9）。在此基础上进一步将能源安全度划分为五个等级，并对中国当前的能源现状进行了定量评估。

附表 2-9　能源安全评价指标体系

综合指数	基本指标	要素指标
能源安全度	国内资源保障能力	（0.16）综合能矿储采比
		（0.12）综合能矿储量替代率
	国内生产供应能力	（0.13）一次能源产量占世界总产量比例
		（0.09）一次能源自给率
	国际市场获取能力	（0.12）一次能源进口量占世界总进口量比例
		（0.09）综合能矿价格
	国家应急调控能力	（0.1）综合能矿资源储备水平
		（0.07）综合能矿消耗强度
	环境安全控制能力	（0.05）化石能源消费CO_2排放量
		（0.07）清洁能源消费量比重

参考文献

北京君略产业研究院. 2010. 2009～2010年水电行业市场供求分析.

柴松岳. 2008. 中国能源战略展望. http://www. cers. org. cn/nyyjh/xhdt/201101/P020110128370091324615. doc.

常军乾. 2010. 我国能源安全评价体系及对策研究. 北京：中国地质大学.

陈长虹，科林，格林，等. 2002. MARKAL模型在上海市能源结构调整与大气污染物排放中的应用. 上海环境科学，21(9)：515-519.

陈国阶. 1996. 对环境预警的探讨. 重庆环境科学，18(5)：1-4.

陈文颖，高鹏飞，何建坤. 2004. 二氧化碳减排对中国未来GDP增长的影响. 清华大学学报（自然科学版），44(6)：744-747.

陈文颖，吴宗鑫. 2001. 用MARKAL模型研究中国未来可持续能源发展战略. 清华大学学报（自然科学版），41(12)：103-106.

成升魁，徐增让，沈镭. 2008. 中国省际煤炭资源流动的时空演变及驱动力. 地理学报，63 (6)：603-612.

程国平，邱映贵. 2009. 供应链风险传递模式研究. 武汉理工大学学报，(3)：36-41.

迟春洁，黎永亮. 2004. 能源安全影响因素及测度指标体系的初步研究. 哈尔滨工业大学学报，6(4)：80-84.

崔民选. 2008. 中国能源发展报告. 北京：社会科学文献出版社.

丁伟东，刘凯，贺国先. 2003. 供应链风险研究. 中国安全科学学报，(4)：64-66.

杜祥琬. 2005. 中国能源的可持续发展前景. http：//news. xinhuanet. com/ politics/2006-11/17/content_5341182. htm[2006-11-17].

樊杰，李平星. 2010. 基于城市化的中国能源消费前景分析及对碳排放的相关思考. 地球科学进展，26(1)：57-65.

房树琼，杨保安，余垠. 2008. 国家能源安全评价指标体系之构建. 中国国情国力，(3)：32-36.

付娟，金菊良，魏一鸣，等. 2010. 基于遗传算法的中国清洁能源需求Logistic预测模型. 水电能源科学，28(9)：175-178.

高虎，梁志鹏，庄幸. 2004. LEAP模型在可再生能源规划中的应用. 中国能源，26(10)：134-137.

高芸. 2010. 2010年中国生物质发电行业风险分析.

高鹏飞，陈文颖. 2002. 碳税与碳排放. 清华大学学报(自然科学版)，42(10)：1335-1338.

管卫华，顾朝林，林振山. 2006. 中国能源消费结构的变动规律研究. 自然资源学报，21(3)：401-407.

耿志成. 2010. 中国煤炭行业分析. 国家发展和改革委员会能源研究所.

郭保雷，王彦佳. 2002. 中国居民生活用能现状及展望. 可再生能源，5：4-7.

郭小哲，段兆芳. 2005. 我国能源安全多目标多因素监测预警系统. 中国国土资源经济，2：13-15.

国际能源署. 2000. 世界能源展望. http://www.iea.org/publications/freepublications/publication/weo2000_chinese.pdf.

国际能源署. 2007. 世界能源展望. http://www.iea.org/publications/freepublications/publication/weo2007_chinese.pdf.

国家发改委能源研究所课题组. 2009. 中国 2050 年低碳发展之路：能源需求暨碳排放情景分析. 北京：科学出版社.

国家发展和改革委员会能源研究所. 2009. 能源问题研究文集. 北京：中国环境科学出版社.

国家发展和改革委员会能源研究所课题组. 2009. 中国 2050 年低碳发展之路：能源需求暨碳排放情景分析. 北京：科学出版社.

国家发展改革委员会能源研究所课题组. 2010. 中国 2050 年低碳发展之路——能源需求暨碳排放情景分析. 北京：科学出版社.

国家能源局，国家风电信息管理中心. 2010. 2010 年度全国风电开发企业建设成果统计报告. http://www.cweea.com.cn/html/hangyeshuju1/201108/10-3574.html.

国家气候变化对策协调小组办公室. 2007. 中华人民共和国气候变化初始国家信息通报(INCCC). 北京：中国计划出版社.

国家统计局能源统计司. 2010. 中国能源统计年鉴——2010. 北京：中国统计出版社.

国家统计局. 2011. 2011 年中国统计年鉴. 北京：中国统计出版社.

国家统计局. 2012. 2012 年中国统计年鉴. 北京：中国统计出版社.

国家统计局能源统计司. 2011. 中国能源统计年鉴——2011. 北京：中国统计出版社.

国家统计局能源统计司. 2005. 中国能源统计年鉴——2005. 北京：中国统计出版社.

何建坤，刘滨. 2006. 我国减缓碳排放的近期形势与远期趋势分析. 中国人口·资源与环境，16(6)：153-157.

贺菊煌，沈可挺，徐嵩龄. 2002. 碳税与 CO_2 减排的 CGE 模型. 数量经济技术经济研究，10：49-58.

胡家香，赵林度，江亿平. 2007. 基于面向服务架构的供应链风险预警与决策管理系统. 东南大学学报，(11)：450-456.

胡金环，周启蕾. 2005. 供应链风险管理探究. 价值工程，(3)：36-39.

胡秀莲，姜克隽. 2001. 中国温室气体减排技术选择及对策评价. 北京：中国环境科学出版社.

胡秀莲，刘强，姜克隽. 2007. 中国减缓部门碳排放的技术潜力分析. 中外能源，12(4)：1-8.

黄东风. 2006. 利用 MESSAGE 模型优化浙江电源结构初探. 能源工程，4：6-9.

黄英娜，王学军. 2002. 环境 CGE 模型的发展及其特征分析. 中国人口·资源与环境，12(2)：34-38.

姜克隽，胡秀莲，庄幸，等. 2008. 中国2050年的能源需求与CO_2排放情景. 气候变化研究进展，4(5)：296-302.

姜克隽，胡秀莲，庄幸，等. 2009. 中国2050年低碳情景和低碳发展之路. 中外能源，14(06)：1-7.

姜林. 2006. 环境政策的综合影响评价模型系统及应用. 环境科学，27(5)：1035-1040.

雷站波，袁彩燕，刘二鹏. 2004. 基于UML的供应链危机预警支持系统的建模与开发. 系统工程，(12)：38-43.

李继峰. 2006. 构建能源-经济-环境评价模型及分析我国节能战略选择. 北京：清华大学博士学位论文.

李继峰，张阿玲. 2007. 混合式能源-经济-环境系统模型构建方法论. 系统工程学报，22(2)：170-175.

李继尊. 2007. 中国能源预警模型研究. 北京：中国石油大学.

李京文. 1999. 当代中国经济热点分析与展望. 北京:社会科学文献出版社.

李俊峰，施鹏飞，高虎，等. 2010. 中国风电产业发展报告. 海南：海南出版社.

李雷，郭焱. 2010. 中国光伏产业发展现状及若干问题的思考，中外能源，15(9)：38-42.

李善同，何建武. 2007. 2006～2020年中国经济前景分析. http://carnegieendowment.org/files/polaski_chinaecon_chinese.pdf.

李善同，何建武. 2010. 基于DRCCGE模型的2030年中国经济增长的前景展望. http://www.esri.go.jp/jp/prj/2010/prj2010_03_02.pdf.

梁燕华，王京芳，葛晓梅. 2006. 供应链危机预警指标体系的研究. 情报杂志，(5)：24-25.

梁优彩，等. 2002. 未来50年中国经济增长轨迹. http://www.china.com.cn/chinese/EC-c/241761.htm

刘建翠. 2011. 中国交通运输部门节能潜力和碳排放预测. 资源科学，33(4)：640-646.

刘立涛，沈镭，刘晓洁. 2012. 能源安全研究的理论与方法及其主要进展. 地理科学进展，31(4)：403-411.

刘强，姜克隽，胡秀莲. 2007. 中国能源安全预警指标框架体系设计. 中国能源，29(4)：16-20.

刘伟，蔡志洲. 2004. 宏观调控状态下的中国经济增长. 经济理论与经济管理，7:5-12.

刘晓明. 2008. 基于港口供应链的风险预警与实证研究. 物流技术，(11)：96-100.

刘永胜，杜红平. 2008. 供应链风险预警机制的构建. 中国流通经济，(6)：15-18.

林伯强. 2010. 2010. 中国能源发展报告. 北京：清华大学出版社.

吕伟业，汤蕴琳，方正. 2002. 中国火电结构优化和技术升级研究概论. 电力建设，23(11)：99-102.

马丽，张光明. 2008. 供应链风险预警管理研究. 价值工程，(2)：69-72.

马林. 2004. 供应链风险管理下供应商选择熵权多目标决策分析. 统计与决策，(1)：43-44.

马士华，林勇. 2009. 供应链管理. 2版. 北京：机械工业出版社.

明玥. 2009. 浅谈影响我国能源安全的因素. 学理论，(32)：47-48.

牟书令，王庆一. 2005. 能源词典. 北京：中国石化出版社.

清华大学核能与新能源技术研究院《中国能源展望》编写组. 2004. 中国能源展望(2004). 北京：清华大学出版社.

沈可挺，徐嵩龄，贺菊煌. 2002. 中国实施CDM项目的CO_2减排资源：一种经济-技术-能源-环境条件下CGE模型的评估. 中国软科学，7：109-114.

史丹. 2013. 全球能源格局变化及对中国能源安全的挑战. 中外能源，18(2)：1-7.

世界银行. 1993. 1993年度报告. http://books.google.com.hk/books/about/%E4%B8%96%E7%95%8C%E9%93%B6%E8%A1%8C1993%E5%B9%B4%E5%BA%A6%E6%8A%A5%E5%91%8A.html? id=5cHUMgEACAAJ.

宋杰鲲，李在旭，李继尊. 2008. 我国能源安全状况分析. 工业技术经济，27(4)：10-13.

汪贤裕，肖玉明，钟胜. 2008. 基于资源的供应链风险分析. 软科学，7(22)：1-6.

王灿. 2003. 基于动态CGE模型的中国气候政策模拟与分析. 北京：清华大学博士学位论文.

王灿. 2004. 基于动态CGE模型的中国气候政策模拟与分析. 北京：清华大学博士学位论文.

王礼茂. 2002. 资源安全的影响因素与评估指标. 自然资源学报，17(4)：401-408.

王梦奎. 2005. 中国中长期发展的重要问题(2006-2020). 北京：中国发展出版社.

王梦奎，等，2006. 中国经济. 北京：五洲传播出版社.

王梦奎，陆百甫，卢中原. 2002. 新阶段的中国经济. 北京：人民出版社.

王庆义. 2005. 2005能源数据. 北京：冶金工业出版社.

王思强. 2009. 中长期能源预测预警体系研究与应用. 北京：北京交通大学博士学位论文.

王小鲁. 2000. 中国经济增长的可持续性与制度变革. 经济研究，(7)：3-12.

王铮，蒋轶红，吴静，等. 2006. 技术进步作用下中国CO_2减排的可能性. 生态学报，26(2)：423-431.

魏一鸣，刘翠兰. 2008. 中国能源报告(2008)：碳排放研究. 北京：科学出版社.

魏一鸣，吴刚，刘兰翠，等. 2005. 能源-经济-环境复杂系统建模与应用进展. 管理学报，2(2)：159-170.

翁非. 2011. 我国煤炭价格波动趋势及发展前瞻. 经济论坛，11：145-147.

姚愉芳，依绍华. 2010. 中国能源温室气体排放与可持续发展. 中外能源，15(3)：1-8.

叶雷. 2004. 2004年中国电力可持续发展战略研究//中国科协. 2004. 中国科协2004年学术年会电力分会场暨中国电机工程学会2004年学术年会论文集：866-873.

叶勇. 1996. 中国温室气体减排宏观经济评价. 北京：清华大学博士学位论文.

原诗萌. 2011. 中国石油新闻中心. http：//news. cnpc. com. cn/system/2011/07/05/001340203. Shtml[2011-07-05].

张阿玲，李继峰. 2007. 构建中国的能源-经济-环境系统评价模型. 清华大学学报(自然科学版)，47(9)：1537-1540.

张阿玲，梁优彩，张希良，等. 2003. 研究中国能源发展和能源安全战略选择. 北京：清华大学

3E研究院.
张阿玲，郑淮，何建坤. 2002. 适合中国国情的经济、能源、环境(3E)模型. 清华大学学报(自然科学版)，42(12)：1616-1620.
张春生，计金华. 2010. 新形势下我国抽水蓄能电站发展前景. http//www. psp. org. cn：8080/news_view. asp? id=1630[2010-12-09].
张存禄，黄培清. 2004. 数据挖掘在供应链风险控制中的应用. 科技管理，(1)：12-14.
张雷. 2001. 中国能源安全问题探讨. 中国软科学，(4)：5-10.
张丽峰. 2006. 中国能源供求预测模型及发展对策研究. 北京：首都师范大学博士学位论文.
张生玲. 2007. 中国的能源安全与评估. 中国人口·资源与环境，17(6)：101-104.
张树伟. 2010. 能源经济环境模型研究现状与趋势评述. 能源技术经济，22(2)：43-49.
赵吉博，杨晓玲，雷战波. 2005. 基于平衡记分卡的敏捷供应链危机预警系统. 统计与决策，(2)：13-15.
郑通汉. 2003. 论水资源安全与水资源安全预警. 中国水利，6：19-22.
中电联络计信息部. 2006～2010. 中电联国家电力工业统计快报.
中国2007年投入产出表分析应用课题组. 2011. "十二五"至2030年我国经济增长前景展望. 统计研究，28(1)：5-10.
中国电力企业联合会. 2010. 2010年电力工业统计资料汇编.
中国能源中长期发展战略研究项目组. 2011. 中国能源长期(2030、2050)发展战略研究：可再生能源卷. 北京：科学出版社.
中国气候变化国别研究课题组. 1999. 中国气候变化国别研究. 北京：清华大学出版社.
中国煤炭工业协会. 2011. 中国煤炭工业发展研究报告.
周大地. 2003. 2020中国可持续能源情景. 北京：中国环境科学出版社.
朱永彬，王铮，庞丽，等. 2009. 基于经济模拟的中国能源消费与碳排放高峰预测. 地理学报，64(8)：935-944.
朱跃中. 2001. 中国交通运输部门中长期能源发展与碳排放情景设计及其结果分析(一). 中国能源，12：29-31.
邹艳芬. 2007. 国家能源供应安全的系统影响因素分析. 内江科技，28：67-68.
2050中国能源和碳排放研究课题组. 2009. 2050中国能源和碳排放报告. 北京：科学出版社.
Alhajji A F. 2007. What is energy security? Definitions and Concepts. Middle East Economic Survey，L(45)：5.
ARCADIA and CLIPPER Consultant. MED -PRO Technical Documentation Version 1.0. Grenoble，ARCADIA.
Asia Pacific Energy Research Centre(APERC). 2007. A quest for energy security in the 21st century. http：www. aperc. ieej. or. jp/file/201019/26/APERC_2007_A_Quest_for_Energy_Security. pdf.
Babiker M H M，Reilly J M，Mayer M，et al. 2001. The MIT emissions prediction and policy

analysis(EPPA) model: revisions, sensitivities, and comparison of results. MIT Joint Program on the Science and Policy of Global Change, Cambridge, MA, Report 71.

Bernstein P M, Montgomery W D, Rutherford T F. 1999. Global impacts of the *Kyoto Agreement*: results from the MS-MRT model. Resource and Energy Economics, 21(3): 375-413.

Bhattacharyya S C, Timilsina G R. 2009. Energy demand models for policy formulation—a comparative study of energy demand models. Policy Research Working Paper. WPS4866; World Bank.

Bohi D R, Toman M A. 1996. The Economics of Energy Security. Boston: Kluwer Academic Publishers.

BP. 2011. Statistical Review of World Energy (2011). http://www.bp.com/statisticalreview.

Brenkert A L, Kim S H, Smith A J, et al. 2003. Model Documentation for the Mini-CAM. U.S. Department of Energy, 12-116.

Burniaux J M, Martin J P, Martins J O. 1992. The effect of existing distortions in energy markets on the costs of policies to reduce CO_2 emissions: evidence from GREEN. OECD Economic Studies, 19: 141-165.

Böhringer C. 1998. The synthesis of bottom-up and top-down in energy policy modeling. Energy Economics, 20(3): 233-248.

Böhringer C, Löschel A. 2006. Computable general equilibrium models for sustainability impact assessment: status quo and prospects. Ecological Economics, 60: 49-64.

Chateau B, Lapillonne B. 1978. Long-term energy demand forecasting: a new approach. Energy Policy, 6(2): 140-157.

Christian W. 2012. Conceptualizing energy security. Energy Policy, 46: 36-48.

Daniëls B W, van Dril A W N. 2007. Save production: a bottom-up energy model for Dutch industry and agriculture. Energy Economics, 29(4): 847-867.

Dorian J P, Franssen H T, Simbeck D R. 2006. Global challenges in energy. Energy Policy, 34(15): 1984-1991.

Edgrard G. 2008. Assessing the energy vulnerability: case of industrialized countries. Energy Policy, (36): 3734-3744.

Fishbone L G, Giesen G, Goldstein G, et al. 1983. User's guide for MARKAL(BNL-51701). Brookhaven National Laboratory, Upton, New York.

Francisco J D M, Manuel A C, Jesús P. 2009. Effects of the tax on retail sales of some fuels on a regional economy: a computable general equilibrium approach. The Annuals of Regional Science, 43(3): 781-806.

Galinis A, Marko J A. 2000. CGE model for Lithuania: the future of nuclear energy. Journal of Policy Modeling, 22: 691-718.

Gaonkar R S, Viswanadham N. 2007. Analytical framework for the management of risk in supply chains. Automation Science & Engineering, IEEE Transactions, 4(2): 265-273.

Gupta E. 2008. Oil vulnerability index of oil-importing countries. Energy Policy, 36: 1195-1211.

Gürkan K, Reinhard M. 2003. Energy and climate policy analysis with the hybrid bottom-up computable general equilibrium model SCREEN: the case of the Swiss CO_2 act. Annuals of Operations Research, 121(1-4): 181-203.

Heaps C. 2008. An introduction to LEAP. http://www. energycom munity. org/documents/LEAPIntro. pdf.

Hoffman K. 1973. A unified framework for energy system planning//Searl M. Energy Modeling. Washington, D. C: Resources for the Future.

Hutchinson C F. 1991. Use of satellite data for famine early warning in sub-Saharan Africa. International Journal of Remote Sensing, 12(6): 1405-1421.

IEA. 2010. Energy Prices and Taxes, Volume 2010 Issue 1 First Quarter 2010. DOI: 10.1787/energy_tax-v2010-1-en.

International Energy Agency(IEA). 1985. Energy Technology Policy. Paris: OECD/IEA.

James V, Robert K. 2002. Grid-cell-based crop water accounting for the famine early warning system. Hydrological Processes, 16: 1617-1630.

Jansen J C, Arkel W G, Boots M G. 2004. Designing Indicators of Long-term Energy Supply Security. Energy Research Centre of the Netherlands(ECN). http://www. ecn. nl/docs/library/report/2004/c04007. pdf.

Jayashankar M S, Stephen F S, Norman M S. 1998. Modeling supply chain dynamics: a multiagent approach. Decision Sciences, (3): 29.

Joint Energy Security of Supply Working Group(JESS). 2002. First Report of the DTI-Ofgem Joint Energy Security of Supply Working Group. http://webarchive. nationalarchives. gov. uk/20060715170643/dti. gov. uk/files/file10729. pdf.

Juttner U H, Peck. 2003. Supply chain risk management: outlining an agenda for future research. International Journal of Logistics: Research & Applications, 6(4): 197-210.

Kainuma M. 2000. The AIM/end-use model and its application to forecast Japanese carbon dioxide emissions. European Journal of Operational Research, 122(2): 416-425.

Kainuma M, Matsuoka Y, Morita T. 1997. The AIM model and simulations. Interim Paper, National Institute for Environmental Studies, Tsukuba, Japan.

Kruyt B, van Vuuren D P, deVries H J M, et al. 2009. Indicators for energy security. Energy Policy, 37(6): 2166-2181.

Lashof D, Tirpak D. 1990. Policy Options for Stabilizing Global Climate(including Technical Appendix). Washington, D. C. : Hemisphere Publishing Corp.

Lin F R, Tan G W, Shaw M J. 1998. Modeling supply chain networks by a multi-agent system.

Proc. 31rd Annual Hawaii International Conference on System, 5: 247-253.

Loulou R, Goldstein G, Noble K. 2004. Documentation for the MARKAL family of models. http: //www. eprc. re. kr/upload_dir/board/996338814c4ce3d49fd7c. pdf.

Manne A S. 1976. ETA model for energy technology assessment. Bell Journal of Economics, 7(2): 379-406.

Manne A S. 1992. Global 2100: alternative scenarios for reducing emissions. OECD Working Paper 111.

Manne A S, Mendelsohn R, Richels R. 1995. MERGE: a model for evaluating regional and global effects of GHG reduction policies. Energy Policy, 23(1): 17-34.

Manne A S, Oliveira-Martins J. 1994. Comparisons of model structure and policy scenarios: GREEN and 12RT OECD Model Comparison Project(Ⅱ)(draft). Annex for the WP1 Paper.

Manne A S, Richels R G. 1978. A decision analysis of the U. S. breeder reactor program. Energy, 3(6): 747-767.

Manne A S, Richels R G. 1992. Buying Greenhouse Insurance: The Economic Costs of CO_2 Emission Limits. Cambridge, Mass. : MIT Press.

Manne A S, Wene C O. 1992. MARKAL-MACRO: a linked model for energy-economy analysis. Brookhaven National Lab. , Upton, NY(United States).

Maria C L, Barbara J M. 2005. The co-production of science and policy in integrated climate assessments. Global Environmental Change, 15: 57-68.

Messner S, Schrattenholzer L. 2000. MESSAGE-MACRO: linking an energy supply model with a macroeconomic module and solving it iteratively. Energy, 25(3): 267-282.

Messner S, Strubegger M. 1995. User's guide for MESSAGE Ⅲ, WP-95-69. International Institute for Applied Systems Analysis, Laxenburg, Austria.

Moore P G. 1983. The Business of Risk. Cambridge: Cambridge University Press.

Morita T, Kainuma M, Harasawa H, et al. 1994. Asian-Pacific integrated model for evaluating policy options to reduce greenhouse gas emissions and global warming impacts. AIM Interim Paper, National Institute for Environmental Studies, Tsukuba, Japan.

Morita T, Kainuma M, Harasawa H, et al. 1996. A guide to the AIM/ENDUSE model-technology selection program with linear. AIM Interim Paper, National Institute for Environmental Studies, Tsukuba, Japan.

Mustafa H B, John M R, Monika M, et al. 2001. The MIT Emissions Prediction and Policy Analysis(EPPA)Model: revisions, sensitivities, and comparisons of results. MIT Joint Program on the Science and Policy of Global Change, 71: 4-82.

Nguyen N. 2012. Assessment of energy security using social network analysis and food web analysis. Central European University, Budapest. Master Thesis.

Nordhaus W D, Yang Z L. 1996. A regional dynamic general-equilibrium model of alternative climate-change strategies. The American Economic Review, 86(4): 741-765.

Nyboer J. 1997. Simulating evolution of technology: an aid to energy policy analysis—a case study of strategies to control greenhouse gases in Canada. Simon Fraser University, School of Resource and Environmental Management, Doctoral Thesis.

Paltsev S, Reilly J M, Jacoby H D, et al. 2003. Emissions trading to reduce greenhouse gas emissions in the United States: the McCain-Lieberman proposal. MIT Joint Program on the Science and Policy of Global Change, Cambridge, MA, Report 97.

Paulsson U. 2003. Managing Risk in Supply Chains. http://www. cranfield. AC. uk/sum/lscml.

Peck S C. 1993. Global warming uncertainties and the value of information: an analysis using CETA. Resource and Energy Economics, 15(1): 71-97.

Russ P, Criqui P. 2007. Post-Kyoto CO_2 emission reduction: the soft landing scenario analysed with POLES and other world models. Energy Policy, 35(2): 786-796.

Rutherfod T. 1992. "The Welfare Effects of Fossil Carbon Restrictions: results from a Recursively Dynamic Trade Model," OECD Dept. of Economic Statistics, Resource Allocation Division, Working Paper No. 112OECD/GD(91), Paris.

Sands R D. 2004. Dynamics of carbon abatement in the Second Generation Model. Energy Economics, 26(4): 721-738.

Scheepers M, Seebregts A, Jong J. 2007. EU standards for energy security of supply updates on the crisis capability index and the supply/demand index quantification for EU-27. Energy Research Centre of the Netherlands(ECN).

Sovacool B J. 2011. Evaluating energy security in the Asia-Pacific: towards a more comprehensive approach. Energy Policy, 39(11): 7472-7479.

Sovacool B K. 2012. The methodological challenges of creating a comprehensive energy security index. Energy Policy, 48: 835-840.

Svensson G. 2000. A conceptual framework for the analysis of vulnerability in supply chain. International Journal of Physical Distribution & Logistics Management, (9): 731-749.

Tae Y, Kim K J, Insuk S, et al. 2004. Usefulness of artificial neural networks for early warning system of economic crisis. Expert Systems with Applications, (2): 234-238.

Tang C S. 2006. Perspective in supply chain risk management. International Journal of Production Economics, (3): 72-74.

United Nations Department of Economic and Social Affairs. 2005. Energy Indicators for Sustainable Development: Guideline and Methodologies. http://www. nuclear. jp/nem2013/docs/Energy%20for%20Indicators%20Sustainable%20Development_Pub1222. pdf.

Vivoda V. 2010. Evaluating energy security in the Asia-Pacific region: a novel methodological approach. Energy Policy, 38(9): 5258-5263.

von Hippel D F. 2004. Energy security analysis: a new framework. http://www. energycommunity. org/reCOMMEND/reCOMMEND2. pdf.

Vouyoukas L. 1992. Carbon taxes and CO_2 emission targets: results from the IEA model. OECD Economics Department Working Paper, 114.

Whalley J, Wigle R. 1991. Cutting CO_2 emissions: the effects of alternative policy approaches. The Energy Journal, 0(1):109-124.

World Energy Council(WEC). Energy efficiency policies around the world: review and evaluation. http://www. worldenergy. org/documents/energyefficiency_final_ online. pdf.

Yergin D. 2006. Ensuring energy security. Foreign Affairs, 85(2): 69-82.

Zhang Z X. 1988. The economics of energy policy in China: implications for global climate change. Cheltenham, UK: Edward Elgar.